谷口雅春とその時代

小野泰博

法蔵館文庫

本書は一九九五年三月一〇日、東京堂出版より刊行された。

文庫版まえがき

本書は一九九五年に東京堂出版から刊行された『谷口雅春とその時代』の文庫版である。谷口雅春（一八九三―一九八五）は、昭和の日本宗教界に大きな足跡を残した人物である。生長の家教団は一九三〇年に発足し、霊友会・ＰＬ教団・創価学会・世界救世教・立正佼成会などとともに昭和期に急速に成長した新宗教教団の代表的なものの一つである。

教祖の谷口雅春は早稲田大学を中退した後、青年期には大本教に属していたが、一九二一年の第一次大本教事件の後、大本教を脱退し、新たな宗教的立場を模索する過程を経て、生長の家教団の発足させるに至る。谷口のこの歩みは、当時の思想史・文化史のなかで捉えてこそよく理解できるものである。

しかし、一般読者向けの書物で若き谷口雅春の歩みと生長の家の発足に至る経緯を叙述したものはこの書物以外にはない。著者の小野泰博（一九二七―九〇）は浄土宗の寺院に生まれ宗教学を学んだが、とくに宗教心理学や宗教民俗学の領域に詳しく、新宗教や癒しの文化史について独自の業績をあげた学者である。

本書刊行に向けて長い時間をかけて準備を重ね、まとめておられたが、その完成を前にして病で世を去った。未完ではあるが、十分に読み応えのあるその未完稿を、筆者が編集者と共同作業を行い書物にしたのは、一九九五年のことである。その後も読み応えのある書物であり続けてきているが、入手が困難になっており、文庫版での刊行を行うことにした。

生長の家は戦後、政治活動に積極的に取り組み、生長の家政治連合（一九六四―八五年）が成立し、自民党の右派と連携して政界にも一定の影響力を及ぼした。その後、生長の家の青年組織に属した人々が日本会議の政治活動をリードする役割を果たすようになる。また、生長の家の信仰をもつ経営者らによる「栄える会」もある時期までは大きな勢力をもっていた。

現在の生長の家は大きく立場をかえており、環境問題を重視する方向に転じ、右派の政治活動からは完全に手を引いている。しかし、安倍晋三政権の時代には日本会議の存在がたいへん目立ったことからも分かるように、生長の家と谷口雅春が現代日本社会に及ぼした影響は無視できないものである。その意味で本文庫版が刊行されることには大きな意義があると思う。

文庫化にあたっては、筆者および編集部によって初版本文や引用文への最小限の校訂を施すとともに、表記や語句の統一を試みた箇所がある。しかし、引用のもとの文献にあたるなどの作業には限界があることも確かである。

なお、本文および引用文中に現在の社会通念上、差別的であったり不適切であったりする表現が用いられている場合もあるが、当時の時代状況を考慮するとともに、本書の資料的価値を尊重すべく、初版のまま掲載している。

法藏館編集部の丸山貴久さんには多くのご援助をいただいた。記して感謝の意を表したい。

二〇二四年一〇月

島薗　進

目次

文庫版まえがき　島薗　進　3

第一章　谷口正治……13
谷神死せず／家系への誇り／谷口正治／殺生／投書少年／文学乞食／耽美への道／カチューシャかわいや／罪な「言葉の芸術」

第二章　世界立替説……53
紡績工場にて／心霊治療を求めて／世界立替説／霊動にふれる／鎮魂帰神／本田霊学／変態心理的解釈／霊縛と霊眼／綾部の金神さま／キリスト再臨論

第三章　蛇と蛙……101
紫陽花の君／亀岡にて／美しい人／医書あさり／蛇と蛙／下座の人・西田天香との出会い／武者小路実篤批判／一輪思想をめぐって／大本事件（第一次）

第四章　神を審《さば》く……141
神を審く／幽祖西田天香／「救いは創造主から来るか」／賀川豊彦の宇宙悪／ニーチェとトルストイに学ぶ／人格価値と生命価値／火事と花見／守銭奴／百姓愛道場／創造主はあるか／谷口式自然哲学／真如と無明／菜食主義

第五章　雪溶け……199
高岡から神戸へ／聖フランシスに倣《なら》いて／善中の悪／近江商人西田天香に学ぶ（宣光社的はたらき）／雪溶け／汝が性のつたなきを

泣け／信仰革命——心霊主義／浅野和三郎との出会い／心霊研究的時代背景／太霊道など

第六章　生命讃歌 …… 241

ニューソートとの出会い／ホルムスの思想／無相の神／神想観における観普賢菩薩行法／就職／生命讃歌／天理教祖と大本教祖について／求道者谷口雅春の誕生／世界救済の大導師

第七章　『生長の家』創刊 …… 293

『生長の家』創刊／精神分析の紹介／生命教としての生長の家／乳母車に雑誌を積んで／生長の家の守護神／如意宝珠／声字即実相／経済倫理

第八章　甘露の法雨 …… 341

呪詛の否定／思考万能の思想／神想観の公開／遠隔指導／『甘露の法雨』／『甘露の法雨』と「罪」

解　説　島薗　進　365
あとがき　377

谷口雅春とその時代

第一章　谷口正治

谷神死せず

三十九歳の谷口雅春は、昭和七年五月五日の神示のなかで、「生長の家が日本に現われたのも因縁のあることである。老子が谷神《こくしん》死せずと云ったのも吾《わ》れのことである。釈迦が過去無量千万億阿僧祇《あそうぎ》東方世界に国あり。此《こ》の国に仏いまして多宝如来《たほうにょらい》と称《とな》うと云いたりしも吾れのことである……」と記している。これはもちろん谷口自身のことばではなく、神が人間谷口の口を借りて語られたのだから神示なのである。

さて、この文中の谷神《こくしん》の名は列子「天瑞篇」に、「黄帝書曰、谷神死せず、是を玄牝《げんぴん》と謂ふ、玄牝之門、是れ天地之根と謂ふ、綿々存するがごとく、用ゐず、勤めず、一に動きを作す」という。この文は老子経にも一章をなしてあげられている。またわが国では儒教や仏教の用語に代わって神仙道家の言葉が上表や賜書に出てくるのは九世紀の頃で、大同四年(八〇九)の嵯峨天皇の玄賓法師への賜書にし「……屣《し》を紫宸に脱し、谷神玄牝、懐を白雲に記す……」などとその言葉のかもし出す雰囲気や調子が喜ばれるようになる。さて谷神とは、奥深くて空虚な所にひそむ不思議な力で、老子は、万物を生み出す働きに譬《たと》えており、玄牝は万物を生ずるもの、牝が陰門の穴から子を生むように、道が万物を生み出すことの意、したがって「玄牝之門これを天地の根と謂ふ」。

谷口は謙虚にこう述べている。『生命の實相』の本当の著者は、谷口といういつから生まれて、いつかは死滅してしまうような儚《はかな》い人間なのではない。それらの著者は、「『久遠を流るるいのち』である。私はただ久遠を流るる『いのち』の流出口となったに過ぎない」といい、いわば釈迦八万四千の法も実は久遠実成の仏陀《ぶつだ》の金口《こんく》であるという表現を思わせる言い方であって、そのあと「谷口という名はよく附けてくれたものだと思う。私は老子が『谷神不死』と云ったところの、死なず不滅の『久遠を流るるいのち』の喇叭《らっぱ》口になったに過ぎないのである」と述べている。よほど谷神と谷口という姓とのつながりに神秘的なものを感じていたようである。

家系への誇り

谷口は、祖先が勤皇家新田義貞の一門であったことに誇りをもっていた。彼の祖先は、「湊川《みなとがわ》の戦争の時、足利尊氏の軍と戦って敗れて、湊川の上流地なる烏原《からすはら》村に落ちのび、そこに名を隠して谷口氏を名乗ったということ」を、彼は神戸新聞の「史蹟研究」で知らされたという（『新日本の心』昭和十七年、三五七頁）。この帰農した人物は谷口泰重という人物であることが知られている。

彼はそうした遠い祖先ではなく、祖父重兵衛の弟にあたる谷口福松という人物に子供心に接した感銘を後年よく伝えている。

「神道本局（黒住《くろずみ》教とも書いている）の少講義とかいう低い階級の布教師で、なかなかいい人であって誰にでも、自分より貧しき人を見ると自分は裸になって、その人に物を供養した。一寸馬鹿みたいな人だ」（『新日本の心』三五九頁）

と書き、この福松さんはだれかれの区別なしに自分のものをくれてやり、せっかく人からもらった羽織でも、その場ではよろこんでいても、あくる日みると寒中でももう羽織を着ていない、見知らぬ人に呉れてやってしまうのである。そして谷口は「そういうようなお目出度い人だった。何時もすっかんぴんで、施与が好きだった。そう云う人が吾々の祖先にいた」（同書）と結んでいる。しかしこの福松さんは人がよいだけではなく、人の病気治しもできる人だった。小学二年だった正治は、養母の病気をこの福松さんが治すのを目撃している。

「ある日、黒住教の谷口福松先生が母の病気見舞に来て下さった。そして病気の母の枕元にすわって、天津祝詞《あまつのりと》を高らかに声をあげて読み、終りに、『遠神《とおかみ》、笑み給め、祓《はら》い給え』と誦《とな》えて『イューッ』と気合をかけて、『息吹』といって、唇を細くつぼめて、そこから息をフーッと吹き出しつつ、病気の母の額や体のぜんたいに吹きかけるのであった。すると母の病苦はやわらぎスヤスヤと快い眠りに入るのであった」

（「愚人千一夜物語」）

と、後に生長の家で説く神癒《しんゆ》を、彼は小学二年のときに見せられていたのである。ちなみに、こうした息を吹きかけることをモットーにしている宗教団体が今もある。丹後《たんご》のほうにあるフット教である。正式には出雲大社教厳教会ということだが、「信燃ゆるところ心行花と咲き、自ず世をうるおさん。一喝の息吹き万霊の救いなれば、我等欣びてこれを行わん」と称して、「清め」ということで息を吹きかける。生きものだけではなく、丹後の特産である織物にも吹きかける。道端に咲く花に花の「ひびき」があるだけでなく、無情物にも「ひびき」があるのである。「息吹き」をかけることで生命があたえられるとする（八木康敞《やすたか》『丹後ちりめん物語』一一〇頁）。

また正治の養父母は信心深く、子供の頃から西国《さいごく》三十三ケ所の観音霊場巡りに連れてゆかれている。養父はその後生長の家の熱心な信奉者になったが、養母の方は、あまり生長の家へ出入りしなかったようである。谷口は、そのことを、「もっとも参詣するというような拝むお堂がないのが物足りないのでしょう」（『新日本の心』三五七頁）、しかしお寺まいりや、お宮まいりには熱心だった。「そう云う性格の人が谷口家には無数にいる」（同書）と述べている。その往年の養母の気持ちを汲んでか否か、とにかくお詣《まい》りの出来る対象がやがて生長の家でも必要となり、修養道場だけではなく宇治の別格本山や、長崎の斎宮住吉《すみよし》本宮などが出来てきたのではあるまいか。

谷口正治

谷口正治の誕生に先立つこと五年（明治二十一年）には賀川豊彦《かがわとよひこ》（一八八八―一九六〇）が生まれ、二年先立つ明治二十四年には倉田百三《くらたひゃくぞう》（一八九一―一九四三）が生まれている。いわばこの三者は同時代人であり、それぞれ深い宗教的感動に動かされた人物であるが、そのたどった人生には、大きな隔たりがあった。しかもこの三者のなかでなお生存し、活動を続け永遠に現役でいるのは谷口雅春（昭和四年改名）だけである。息の長い活動家であると共に、これほど多くの人に渇仰されて今日に及んでいる宗教家も少ない。

谷口正治は、明治二十六年十一月二十二日、父谷口音吉と母つるの子、六人兄弟の次男として、兵庫県八部《やたべ》郡 烏原《からすはら》村字東所（現神戸市〔兵庫区〕）に生まれる。実父音吉から聞いた話として、その誕生の時刻は暁の六時で、

「陰暦にすれば十月十五日の満月の暁でちょうど満月が西の山の端《は》に沈みかかってはいたが、まだ耿耿として光を失わず、そして朝日が東の方に差し昇りつつあったとき、太陽と月と二つの光に照らされつつ護られつつ生まれたのである」（『生命の實相』自伝篇・上、五頁）

と輝かしい誕生の時を語っている。

神戸は今では百三十万人余の人口をかかえる政令指定都市であるが、明治の開港を迎えるまでは一寒村に過ぎなかった。明治になって造られた湊川神社は別としても、神戸はその名神戸《かんべ》のとおり神社の多いところである。いま昭和五十一年作成の『神戸市神社参拝絵図』によると百二社を数えることができる。その中で現に区名として生きている生田《いくた》神社（生田区〔現中央区〕）、長田《おさだ》神社（長田《ながた》区）を筆頭に由緒ある古社が瀬戸内の海岸線に沿って並んでいる。この生田神社こそ神戸の産土神《うぶすながみ》で、神戸の地名も当社の神戸《かんべ》、つまり神を祀るための封戸《ふこ》として成り立った地名である。

旧官幣《かんぺい》中社生田神社は延喜式《えんぎしき》の名神大社に列し、祭神は稚日女尊《わかひるめ》（天照大神の妹神）で、神功皇后征韓のみぎり、神記のあった四所の大神の一柱であって、皇后が新羅から凱旋《がいせん》の途次、難波に向かう船が廻って進まず、務古《むこ》の水門《みなと》に還って神誨を受けたところ、この神は、「吾ら活田《いくた》の長峡《ながお》の国に居らまし」とのお告げあり、ここに祀《まつ》ったという。『日本書紀』巻第九「気長足姫尊《おきながたらしひめのみこと》・神功皇后」のところに出てくるこの物語について、郷土史家の落合重信氏は興味ある説を立てられている。

つまり『記紀』の古典のできあがる以前すでに生田の社があり、それは海部の民が日を神と仰いだことにはじまるという。日神を祭る巫女によって大日女《おおひるめ》（日の妻）尊となり、それが更に上昇したものが天照大神である。大日女が神となって後、これを祭る巫女が若日女であるというのが柳田国男の解釈である（『妹の力』）。さらに石田英一郎『一寸法師』によると、大隅《おおすみ》正八幡宮の古い記録では、海から流れついた母子神を祭り、母神を大比留女と称したことが見えているのである。要するに生田の神は海部の祭る若ヒルメであったとされ、大和朝廷の勢力がのびてきたことによって、その祭祀権を海部が中央政府に奉った後に出来たのが神功皇后創祀説話だという。

ともあれ事代主命《ことしろぬしのみこと》を祀る長田神社、それに神功皇后伝説につながる天照大神の荒魂《あらみたま》を祀るとする西宮の広田神社など、それに生長の家とゆかりの深い本住吉神社など、いずれも神功皇后の事跡と結びつけられているが、実は七世紀になって女帝斉明天皇が皇太子中大兄皇子《なかのおおえのおうじ》、大海人皇子《おおあまのおうじ》をつれて、瀬戸内海を航行して百済《くだら》救援に向かった頃、大いに国威の伸長をたたえるため四世紀にさかのぼる神功皇后伝説ができたとする見方もある（直木孝次郎氏など）。いずれにせよ海上交通の要路にあたる神戸の地は、神々の祀りに縁の深い土地柄であることには間違いない。

谷口の生地 烏原《からすはら》村は、明治三十三年に水道の貯水地として神戸市に買収されるまで、美しい自然のなかで「戸数五十一、水車二十軒、人口三百余」（『西摂大観』）の生活が営まれていたという。谷口はここで数え年の四歳まで過ごす。その祖先は新田義貞の部下の谷口泰重なるものが、兵庫和田岬に陣せしが、戦利なくして深谷に入り、農に帰したものと伝える。烏原村の村長にも何代か谷口姓のものがなるという家柄でもあったようである。

正治という名は実父の命名ではなく、伯母谷口まさの良人《おっと》で、多少学者であった植木忠次郎によるものだという。

生母つるから後年聞いた話として「それは四歳の時、私が余り可愛らしいから、どこかへ遊びに連れて行くのに一日だけ貸してくれと叔母さんに云われて、それ切り」養子にされてしまったのだと述べている。（自伝篇・上、六頁）。いささか簡単な養子縁組のようだが、子どもも多かった実父母にとっては、本人が大事に養育してもらえるなら出してもよいという判断が働いたのではあるまいか。正治は、養子になったおかげで、中学・大学まで進学させてもらえた幸いを述懐している。養父の石津又一郎という人は広島県の士族の出で、礼儀作法にやかましい厳格な人柄であったという。小学校の間はこの石津姓であったが、戸籍の上では養母谷口きぬの姓であったので、中学へ入るときから谷口姓に変わるとともに、自分が養子であることを知ったという。しかし正治は、このことにそれほどショックを受けなかったといい、「実父母を伯父、伯母と思っていたし、その実父母に愛着して私の愛着が実父母の方へ向いて行ったら困ると思ったと見えて、義母は時々、その伯父伯母（実は実父母）の悪評を私にきかせていたので、私はそれを信じていて、その実父母に愛情を感じなかったのかもしれない」(『理想世界』昭和四十四年六月「法語」)と表現している。

その養家へもらわれていった前後のことであろうか、三宮にある生田神社の前の神木を玩具《おもちゃ》の軍刀で斬《き》り、大きな樟樹の皮から樹脂のにじみ出た思い出が生田神社の森の記憶と結びついている。どうやら養家での最初の生活は生田神社前であったらしい。後年、この養家の住まいは、鬼門《きもん》の方角に厠《かわや》があったため、祖母はその家相を気にしており、養父は気にとめずにいたが、あとで天然痘になって避《ひ》病院(法定伝染病患者収容病院)へかつぎ込まれたという。

その同じ生田神社前に住んでいた頃、正治は非常にヒステリックになって夜になると慴《おび》えて泣いたそうで、泣く子を養父は「うるさい」といって雨戸の外へ放り出すことがあった。この火のついたように泣き叫び、雨戸をたたく子を助けてくれるのが養母の役であった。こんなことがあって、虫封じの灸につれてゆかれたこともあったという。

正治が最初に入学したのは大阪市立蘆分《あしわけ》尋常小学校(明治三十一年)であって、数え年の六歳であった。ませていた子だったのか、いたずら気をおこしたのか、一年生のとき、「六を三遍加えたら幾つになるか」という口頭試問にわざと二十一と答えている。そんなことがあって算術の成績が三十六点(百点満点)になったことがあるという。おそらく、教師との間に何か気まずい雰囲気があったのかもしれない。成績もさることながら、そのとき養父から手ひどく叱られたことが強い印象として残り、またこれが発憤の動機ともなって優等生の道を歩むことになる。養父は「不合格とはあたりまえの人間ではない」、まともな人間とはいえないぞ、とたたみかけるように致命的なけなし方をした。

この思い出を投稿好きの少年正治は、中学五年になって『文章世界』という雑誌に「成績表」と題して送り、掲載されている。そこでは「誰がお前のような子供を拵《こしら》えた！　何もそない不具な子を生んだ覚えはないぞ」という表現になっている。実父でもない養父への面当てのような気持ちが含まれていたのであろうか。成績の悪かったのを恥じた養父は、正治を神戸の兵庫永沢小学校へ転校させている。

この養父は、「安芸門徒《あきもんと》といわれたカチカチの真宗信者」であったことから、一時真宗の小学校にも通わしている。その学校では「幼い身体に裃《かみしも》をつけ威儀を正して『正信偈《しょうしんげ》』を棒読みさせられたものである」（『親鸞の本心』）という。

またこの二年の頃、ふたたび大阪の蘆分尋常小学校へ復学している。外へ蜻蛉《とんぼ》釣りに行って「眼が赤くなって、黒目に星が来ている」症状が出て、養母が夏の盛りを強い日照りにもかかわらず、一里もある道程《みちのり》を手をひいてつれて行ってくれた献身的なひたすらな愛情と、そのおかげで全治したはずの眼を校医がいとも簡単にトラホーム（トラコーマ、伝染性の結膜炎〕だといっておどかした誤診に（あとで判明）、すでに彼は「医者の診断に批評を加える傾向が芽生えていたものらしい」（自伝篇・上、一五頁）とつけ加えている。

殺生

明治三十五年、十歳になった正治は春日出《かすがで》尋常高等小学校に入る。草の葉でつくった偽《にせ》の餌《え》に喰いつく蛙釣りにふけったことがある。「蛙が餌でないものを餌と間違えて飛びつく、その『間違い』」に興味を覚えたのである。人間の知恵の優位をいささか誇示できるたわいもないよろこびかもしれないが。友達の中には、蛙の後ろ脚の指先からクルリと蛙の全身の皮をむいて、肉ばかりにしてピョンピョン躍《おど》らせるものもあった。さすが正治には「そんなのを見ていると可愛相《かわいそう》な、自分の皮膚が痛いような気」がして、その真似だけはできなかったようである。総じて虫類には臆病で、蛇は大嫌いであったという。蛙釣りをやったあとしばらくして、彼の全身いたるところに疣《いぼ》蛙のような疣ができた。義母は、「お前があまり蛙を殺すさかいや」といったことに、そのときはそんな馬鹿なこととも思ったが、多少気のとがめるところが残っていたのだろうか、「自伝」の中では生長の家らしい説明が付与されている。「蛙の怨みの念波が私に作用して、蛙の肌のような醜い疣をわたしの身体全面に作ったものらしい」と。

明治三十九年、正治は大阪府立市岡中学校（現大阪府立市岡高校）へ入学する。中学では家庭の都合で自炊生活をはじめる。その頃養母は神戸の川崎造船所の前で工員相手の日用品店を開くことになり、養父の方は大阪の西九条で職人十人ほどかかえた石津鉄工所を経営していたが、仕事のうえで地方出張も多かったからである。

谷口少年には性のめざめ、性への疑惑が妙なことから芽生える。彼はある日登校の道すがら犬の交尾の光景を目撃することになる。それは激しいショックらしく、「人間もやっぱりあんないまわしい行為をするのだろうか。私は『そんな筈《はず》はない』と考えた。彼らは獣であるからあんな醜怪な真似をするのだ。だからあれを獣欲というではないか」（『白鳩』昭和四十四年二月号）。

しかし、こうしたショックに追い打ちをかけるような体験をする。呉《くれ》から来た叔母なる人によって彼は「枕絵」（けむ）にあたる「交接の写真」を見せられるのである。「どういう目的で見せたのか私には知らないが、私にとっては一つのショックでした」（「第二青年の書」）と述懐し、自分をこうした醜悪な行為の果てに産みすてて養子にやってしまった実父母の所為に疑惑をもつようになった。

投書少年

少年正治は六歳で入学し、十歳（明治三十五年）で蘆分尋常小学校を卒業したあと、大阪市立春日出《かすがで》尋常高等小学校に十歳から十四歳まで学び、主席で卒業し、明治三十九年大阪府立市岡中学校に入学している。一級上に、のち早稲田で一緒になる直木三十五《さんじゅうご》こと植村宗一がいたという。

正治の文筆へのなじみと憧《あこが》れは少年期の雑誌投稿によって育まれる。明治も二十年代になると、わが国でははじめての少年雑誌が登場する。博文館が『日本の少年』を出し、石井民司が『少国民』を発刊するのが明治二十二年である。正治が中学生になっていた明治四十年には、博文館だけでも『少年世界』『少女世界』『幼年画報』『中学世界』『文章世界』などを出す盛況であった。その最後の『文章世界』を主宰していたのが自然主義作家の田山花袋《かたい》（一八七一―一九三〇）であった。花袋は西洋文学をよく読み、創作に評論に筆をふるい大胆な所説を述べていた。その花袋が、「インキ壺」という欄にしたためた随筆に正治は強い感銘をうけている。それは「無理想無解決」という文句で、赤裸々《せきらら》な自然主義の生き方と、どこかニヒルな態度に心を惹《ひ》かれたのであろう。

「人生が本当に解ったら、人生の無理想無解決だと云うことが判るのだと、独断的に書いてあった。そんなものを始終喜んで読んでいた私であるから、人生は無理想無解決、それを支配しているのは盲目的性慾であって、その性慾に従えば、次へ次へと子が生れ、次ぎ次ぎとその子供達に苦しみを嘗《な》めさすことになる。そうかと云って、子孫のためを慮《おもんぱか》ってその盲目的性慾を禁断することは本人自身の苦痛である。――と云うような暗い板挟みの生命を悩む人生観を抱いていたのであった」（自伝篇・上、三一頁）

と述懐する。この盲目的性欲ないし盲目的意志についての主張を打ち出した厭世思想家ショーペンハウエルの『意志と現識としての世界』（姉崎正治訳、明治四十三年）に谷口正治が接するのは、のち早稲田の学生になった十九歳のときである。そして、この人生の「楽しみは虚仮不実《こけふじつ》の存在」であることを知り、この哲学こそ当時の自然派文学論を証明するものであるとの共鳴の感を述べている。

ともあれ明治四十二年から四十四年へかけて正治少年は八回にわたり、自分の投書文が掲載されたことに心を躍らせ、物書くこと、文章表現に格別のよろこびを抱くようになる。花袋の小説『蒲団《ふとん》』（明治四十年）は、作者と思われる妻子ある中年の小説家が同居させている美しい女弟子に愛着を覚えるが、その女弟子に愛人ができると嫉妬にかられ、邪魔したい衝動に駆られ、最後にはその女性の父親に彼女をつれ帰らせることでけりがつくのだが、その女弟子のいなくなったあと、その女の残していった蒲団のビロードの襟に顔をおしあてて、その移り香にむせび泣くという話であるが、こうした当時の小説を正治はどう考えていたであろうか。「ある友へ」という題で『文章世界』明治四十二年の投書では、「君は、人間は兎角悪に近づき易いものだから、小説を読むと善くないと云うけれど、よく考えて見給え！　社会そのものが一つの大なる小説でないか。字に書いた小さい小説を読んでさえ堕落するような者は、この現に活動して居る大きな小説――社会に処して行くことが出来るかどうか。君、しっかり小説でも読んで修養して置き給え」と、小説の中に実人生の教訓を読みとることを示唆している。ちなみに島崎藤村の『破《は》戒《かい》』は明治三十九年に出ている。

文学乞食

養父母は、三年やったら一生食えるだけ稼げる医者になるか、海軍兵学校に入って海軍士官になってくれるように願った。そして正治が早稲田の文科へ行きたいといったところ、「文学乞食」になるのかとたしなめられたという。明治四十四年、早稲田大学高等予科（文科）に入学する。

ちょうどその頃（明治四十三～四十四年）、早稲田の学生だった広津和郎（一八九一―一九六八）は、美学の島村抱月の講義を聴いていた。明治の立身出世主義の空しさを感じ、デカダンを語ったという（『同時代の作家たち』）。

他方、青年の間には、熱弁をふるう演説会が流行し、東大の法科に「緑会弁論部」が生まれる頃（明治四十二年）、早稲田の弁論部では、後に西武鉄道を起こす堤康次郎（一八八九―一九六四）が野村秀雄たちとともに弁論に花を咲かせ、大日本雄弁会（現講談社）は、明治四十一年に雑誌『雄弁』を創刊、たちまち一万四千部を売りつくしたという。世知にたけた早大生堤は、今日でいうアルバイトを本業とし、二十一歳で日本橋蠣殻町で三等郵便局長におさまっていた。

そんな頃、文学への憧れを捨て切れなかった正治は、「死んでも好《い》い。俺はどこまでも文学をやろう。天才は不断の忍耐ではないか。俺は死ぬまで文学をやろう」（「本所の二階から」『文章世界』明治四十四年六月号）という覚悟で早稲田の門をくぐっている。早稲田の学生になってからも、雑誌『文章世界』や『新潮』にしきりに投書入選している。

同じく明治四十四年、評論家の木村毅《き》（一八九四―一九七九）は正治よりは二歳若い十七歳で早大高等予科に入学している。ただし木村は中学校を卒業していない。当時は試験さえ受かれば中学校卒であることを前提条件としなかったという（『現代文学大系』第一巻「月報」五八号、筑摩書房、一九六七年十月）。この木村が正治のことを激賞している。「とびぬけた秀才で、平均点を九十何点か取り、文科生がこんな高点を取ったのは、まことに驚異とせられた」(『生長の家五十年史』一一六頁)。

その頃(明治四十四年)、早稲田には、正治の先輩で、同じく雑誌『少年文集』などに投書しながら文学に志して、四国松山から上京し、早稲田に学び、その母校の教壇に立ち、イエイツやカーライルを論じていた二十八歳の片上伸《のぶる》(天弦。一八八四―一九二八)がいた。片上はこの時期、自然主義文学の中から新しい兆《きざ》しの仄《ほの》見えてきたことを予感し、つぎのように述べている。

「藤村、花袋二氏は近頃の作風に多少の変化があったと言うにもせよ、二氏の特色は依然として『最も忠実な現実の観照的抽出者』(抱月のことば)という言葉が尽している。……二氏の態度は飽くまでも描く人であって歌う人ではない。……藤村氏も花袋氏も本来極めてセンティメンタルな人である。その生地はいつまで経ってもなかなか失せない。少し油断をすれば詠嘆の調子が出て来るのである。しかし本来がセンティメンタルであるからして、……二氏の現在も、また恐らく将来も、静かに現実を観照して、自家の経験を保持し描出するの人となっている。少なくとも此の態度を明らかに標榜している。氏等が自然主義の本流と見られるのは、勿論自から本意とするところであらねばならぬ。

これに対して、この一二年の間に、現実を静観し描出する態度を飽き足らずとするらしい意気込みが、さまざまの新らしい人の作に現われて来たのである。かの観照者が人生の経験を保存しようとするに対して、この人々は生の燈し火に油を注ぎ尽くしてまでも、自己の生を味い尽くし用い尽くそうとする意気込みを持っているらしいのである。彼等は生活の歴史を記録し描出する人になるよりも先ず自からの生活の歴史を作ろうとするのである。芸術家になるよりも先ず芸術品そのものになろうとするのである。彼等の欲するところは生の観照ではなくて、生の享楽である。芸術の製作ではなくして、寧ろ自己の生活そのものを芸術品とすることである」（「四十四年文壇の記憶」明治四十五年一月、『文章世界』）

そして、この生を享楽する人たちとして永井荷風《かふう》や鈴木三重吉《みえきち》の名をあげている。この片上からエドガー・アラン・ポーの講義を聞いていた正治は、この文芸思潮の移りゆきを鋭敏に受けとめ、こう述べている。

「その頃鈴木三重吉氏が新浪曼派の作家としてみとめられ始め、谷崎潤一郎氏が尖鋭なる感覚を『刺青』をはじめその初期の作品に表現し始めた。私はこの鈴木三重吉氏のロマンチックな作品が好きであった。殊に出世作『赤い鳥』の空想的な恋愛の世界に這入って行くのが好きであって何遍も繰返して読んだ。……人生は暗い暗いと思っていたが、人生は暗くないのではないか。人生は斯くの如くいみじくも美しいではないか。私もその美しい人生を歩みたいと云う気になったのは其頃からであった。苦しい世界をその頃の文壇と一緒に見詰めていた私は、その頃の文壇と一緒に空想美と感覚美の世界へ一転向しはじめたのであった」（自伝篇・上、三七頁）

そしてこの耽美《たんび》主義への糸は、さらにオスカー・ワイルドに触れることで決定的となるが、ロシア留学（大正四年）以前、ウィリアム・ジェームスにも興味をもっていた片上天弦にジェームスの「人生は生きる価値ありや」という論文の講義をうけて感銘をうけ、正治は、この講義に接しなかったら「心によって人生を支配することが出来るということを説く生長の家の種子は私の心の中に蒔《ま》かれなかったかもしれないのであります」（「人間の運命・私の運命」）と述懐している。

とりわけ正治が自伝に記しているように、ジェームスの「人生観は人の肝臓のいかんにある」という内容に興味を覚え、「Liver と云う字を〈肝臓〉と〈生活者それ自身に依る〉との両方の意味にかけてあるのであって、結局、厭世的人生観を抱くようになるのと、楽天的人生観を抱くようになるのとは、生活者それ自身の肝臓（血液、健康、元気）如何《いかん》にあるので、光明方面《ブライト・サイド》を見る人には楽天的人生観が抱かれるし、暗黒方面《ダーク・サイド》を見る人には厭世的人生観が起ってくると云うようなことが書いてあった」と記憶し、またショーペンハウエルの厭世哲学も胃病に苦しめられていたからだという説明にも感心し、自分が彼に遇《あ》ったなら、「彼の慢性胃病を治しておのずから彼の哲学的天才をして、曠世の大楽天哲学を組立てさせてやっただろうに」（自伝篇・上、三五頁）と生長の家哲学を援用している。ウィリアム・ジェームスの有名な『宗教経験の諸相』（一九〇一―一九〇二年）の中で展開される気質と信仰態度のあり方の違いといったものに正治は触れるチャンスを持ったものと思われる。

この片上天弦は、文学評論のことだけではなく学問の仕方についても述べるところがあったらしく、文学を志す学生に対しても「うかうかと新刊雑誌などを読んで過さないで、英語をみっちり勉強しておくのがよい」とか、「いまのうちから小説家になるとか、評論家になるとか、戯曲にゆくとか、専門をきめてしまわないで、それらのどれにも共通な教養をみっしり積んで」おくように、根底を培うことによって将来に備えるように教えたらしく（木村毅『青年の夢』洋々社、一九五六年）、五十年史の編者は、こうした片上天弦の影響があってか、正治の雑誌投稿のことがこの期を境に止むことを述べている。

正治が早稲田の英文科に進学するのは大正元年のことである。

耽美への道

一八九一年（明治二十四）、三十七歳のオスカー・ワイルドは、クリスマス前の数週間、新約聖書の「マタイ伝」と「マルコ伝」に見えるエピソードを基にして、一幕ものの劇をフランス語で書いた。これが『サロメ』である。イエス在世の頃、パレスチナの北部ガリレア地方に、ヘロデという王があり、ヘロデは兄フィリポの妻ヘロデヤを奪い自分の妻としていた。この地方にその頃、近いうちに世の終わりがきて最後の審《さば》きがあり、良いことをした者は天国に入り、悪いことをした者は地獄に入れられて火で焼かれると説いて歩く気違いじみた予言者ヨカナーン（ヨハネ）がいた。ヨカナーンはこれも当時のきまりではこれを近親相姦にもあたるし、兄の妻と別れるようにヘロデ王に忠告した。王妃ヘロデヤはこれを聞いて立腹し、ヘロデをしてヨカナーンを捕えさせて、牢につないだ。しかしヘロデはヨカナーンの説教に耳を傾け、ヘロデヤの言うようヨカナーンを殺せなかった。ところがヘロデヤの連れ子サロメは踊りがうまく、その王の誕生祝いに踊ったサロメに望みのものを何でもとらせると約束したため、サロメは母とはかり、ヨカナーンの首を所望した。かくて、ビアズレーの絵をはじめ、度々《たびたび》画題にされるヨカナーンの首が盆の上にのせられてサロメの前に差し出される光景となる。このもとの話をオスカー・ワイルドは、サロメがヨカナーンをひそかに愛しており、それが報いられないので殺させるという話に発展させた。

ワイルドでは銀の大皿でヨカナーンの首が運ばれてくる。そしてサロメは、

「ヨカナーン。そなたはあたしをしりぞけた。あたしにむごいことをいった。売女《ばいた》か、淫婦みたいにあたしを扱った。ユダヤの王女、ヘロデヤの娘たるこのサロメを！　でも、ヨカナーン、あたしは生きているのに、そなたは死んでしまって、そなたの頭はあたしのものになっている。どうにでも好きなようにできる。……ああ！　ヨカナーン、ヨカナーンそなたこそあたしのこれまで愛した、たったひとりの男だった。ほかの男という男はあたしを嫌悪の念で一杯にした。でもそなたは美しかった。……そなたの体ほど白いものはこの世に何ひとつなかった。そなたの髪ほど黒いものはこの世に何ひとつなかった。世界中で、そなたの唇ほど赤いものは何ひとつなかった。そなたの声は妖しい香りをはなつ香炉、そなたを見ると甘美な楽の音が聞こえてきた！　ああ！　どうしてあたしを見てくれなかったの」（西村孝次訳『オスカー・ワイルド全集』第三巻、青土社）

と恨《うら》みごとをつらねる。このサロメの劇を松井須磨子《すまこ》（一八八六―一九一九）の演ずる姿で帝劇の舞台で観た谷口正治は、当時を回想してこう綴っている。

「その血のしたたる首が銀の皿に載せられてサロメの前に置かれる。それは月の夜である。月に照らされている血のしたたるヨカナーンの首にサロメが接吻する場面があるのですが、それはサディスチックな（加虐症的）異常な美ですけれども、月と血と美貌の女との配合が、惨酷なという感じよりも、なんともいえない美感をもって、私はそのころ青年の心に感じたものであります」（「私の学生時代の回想」）

と昨日のことのように想い起こしている。松井須磨子の声で、おそらく正治はサロメ最後のセリフ――、

「ああ！　そなたの口にくちづけしたよ、ヨカナーン、そなたの口にくちづけしたよ。そなたの唇には苦い味があった。あれは血の味だったのか？……もしかしたら恋の味だったかもしれない。恋には苦い味があるとか……」

を聞いたであろう。

この須磨子が大正八年一月五日、二カ月前に死去した島村抱月（四十八歳）の命日に後追い自殺を行う事件があった。正治はこの事件についても、これを情死ととらえ、「それは幾分、オスカー・ワイルドの耽美主義の影響があって、情死の中に、『美的生活』を見出したのではないか」（同書）と述べ、この耽美主義に触れたことによって「私は美しく生きなければならない。肉体の美しいうちに此の世から姿を消そう」（同書）とさえ考え、

日本の作家の中では、谷崎潤一郎の中にワイルドの面影《おもかげ》を読みとっている。

ワイルドのオックスフォード時代の師であるペイターは『文芸復興』（一八七三年）の中で芸術の自律性を主張して「体験の結果でなく、体験そのものが目的なのだ。……絶えず、固い、宝石のような焔《ほのお》とともに燃え、恍惚の状態を維持すること、ここに人生の窮極の到達点がある」と述べているが、ワイルドも小説『ドリアン・グレイの画像』（一八九一年）の中で、主人公の純真で美貌の青年ドリアンは、「あの苛酷で不愉快なピューリタニズムから人生を解放すべき、新しい快楽主義《ヘドニズム》が生ずべきだ」と主張している（以上、平井正穂『イギリス文学史』筑摩書房、一九六八年参照）。

こうした体験の重視は、正治の後の恋愛沙汰の中にいささか尾を引いて残っていたかもしれない。人間生活の中心に美的生活をおくというワイルドの思想は、さらに「美のための美」という考えから、「自然が芸術を模倣する」という逆説的な表現となる。そして正治はワイルドの『獄中記』（一八九七年）の中に出てくる「ロンドンの霧は、詩人がそれを認めて表現するまでは存在しなかったのである。そして芸術は人生に先だち、人生は芸術を模倣する」という言葉に感銘し、それを後の生長の家の教えである「事実に思念が先立つ」という考えと結びつけて、

「『生命の實相』の本を読むことによって病気が消えるなどということが今起こってい

るのは、『生命の實相』の本は、一種の文章芸術であってその中に書かれている「病気なし」の言葉を読者の人生が模倣するから」(「私の学生時代の回想」)であると述べている。

ワイルドは一八八二年(二十八歳)一月ニューヨークに赴《おもむ》いているが、上陸してきた彼の服装《いでたち》をみて人々は度肝《どぎも》を抜かれた。いわゆる彼の工夫した美的服装(aesthetic costume)というもので、「びろうどの上着、はでな大幅のネクタイ、膝の下までの半ズボン、絹の靴下に短靴、髪は長く肩まで垂らし、そして百合や向日葵の花を襟元に……」(西村孝次訳『オスカー・ワイルド全集』第三巻、「年譜」)という派手ないでたちであった。正治は、これを耽美《たんび》衣装の名でよび、

「彼(ワイルド)は金持ちで、華族で、文学的天才で、女にはもてるし、性的遊戯は無論のこと、五色の酒も飲むし、……現代の日本ならサイケもいるし、ビートルズもいるし、ヒッピー族もいるし、何の不思議もないけれども、あの時代の英国の保守的な生活を好む英国人にとっては異常に派手な感覚の快美感を追求する生活を送っていたのです……」

とし、さしずめ今の英国にもみられる髪を染めたパンク族の服装のようなものを連想しているが、これについても今日的視点からこうコメントをつけ加える。「感覚の快美感とい

うものは、『魂の悦び』の〈影〉であります。感覚の快美の奥に『魂の悦《よろこ》び』がないものはごまかしのくすぐりの、つまり皮膚や粘膜の表面の擽《くすぐ》りの快感でありますから、内面的な快感じゃないのであります」(「私の学生時代の回想」)と、暗に男女間の接触が視覚で相手を認識することから、粘膜どうしの接触に終わる快楽のあり方の空しさを述べている。

ワイルドが「数人の男子と著しく卑猥行為を犯した」かど、すなわち男色を理由に、「重労働を伴う二年間の懲役」に服するため下獄するのは一八九五年(四十一歳)のことであるが、その獄中にあった一八九七年の一月〜三月の期にしたためたさきの『獄中記』(本間久雄訳)の中に、表面的な美的生活とは違う魂の美的生活者を正治は読みとってしまう。

それはワイルドが刑務所内で体験したささやかな善意からくるよろこびであった。刑務所では、既決囚が未決囚に対して世話をすることになっていたが、「ある老人の腰の曲がったひょろひょろの痩せ衰えた病人のような既決囚が重い水桶をかついで未決囚のところへ水を配達してくる痛々しいいかにも気の毒な姿を見た」ワイルドは、その老人に代わって水桶を運んでやった時の、その老人が見せた感謝と悦びの表情にえも言われぬよろこびを感じとってしまう。置かれていた境遇が境遇であったためか、その代苦ということにキリストの生き方を読みとり、ワイルドは、「キリストこそ世界の最大の美的生活者」であると、人間行為、態度の美しさこそほんとうの美的生活と悟るに至る。この官能美から霊的美への移行ということに正治自身強い感動をうける。そして、

「ここに彼（ワイルド）は、肉体的耽美生活者から、魂の美的生活者に転じたのでありますす。それを読んで感動した私も肉体的耽美者から魂の美的生活者になろうと決意したのであります」（「私の学生時代の回想」）

と若い日の感動を懐古している。

カチューシャかわいや

トルストイが七十一歳の時（一八九九年、明治三十二年）に書いた小説『復活』は、大正三年三月、帝劇で上演され、松井須磨子がカチューシャを演じ、劇中で唄《うた》ったのがその女主人公の名にちなんだ「カチューシャの歌」であり、島村抱月・相馬御風《ぎょふう》作詞、中山晋平《しんぺい》作曲になるこの「カチューシャかわいや別れのつらさ」は一世を風靡《ふうび》した。

トルストイは社会のあらゆる不正にはげしく抗議したが、第一次革命後のロシア社会の趨勢の中に、自分の考えによっては解決しがたい矛盾を認め、貴族の名門出という自分の生活とまわりの人民の貧困との間の矛盾にますます苦しみ、財産をすてて土地を農民に分配しようとの彼の計画も、家族のつよい反対にあって実現できず、最後には生活上の一切

の特権をすてて一農民としての素朴な生活に徹しようと、ひそかに家を出たが、まもなく肺炎のため志も満たされず死去してしまう。明治四十三年のことである。

この同じ年にトルストイの人道主義に感銘した人々によって雑誌『白樺《しらかば》』が創刊されている。ここに集った青年たちも生活の困難を知らない恵まれた家庭の御曹子《おんぞうし》たちであった。公卿の息子武者小路実篤、実業家の息子志賀直哉に有島武郎たちであった。社会における善意の達成を素直に信じた彼らの中、有島は後年（大正十一年）、父が死んだ後、父の所有にかかわる北海道の広大な農場を小作人たちに解放し、武者小路は大正七年宮崎県に一種の理想的な小社会「新しき村」の村づくりのため、そこへ移住する挙に出る。

主人公が大地主のネフリュードフ公爵である『復活』を内田魯庵《ろあん》（一八六八—一九二九）訳で読んだ谷口正治は、これを幾度も繰り返し読んで「非常に胸打たれた」という。ネフリュードフは、召使カチューシャのもとにある夜ひそかに忍んでゆき肉体関係を結ぶが、後年、陪審員《ばいしんいん》となって裁判所の法廷に立った彼は、ほんの少し斜視のある被告席の女に見《み》覚《おぼ》えがあった。それは、自分がその処女を奪った当のカチューシャであり、その事がもとで人生に絶望した彼女は、自暴自棄的に淪落《りんらく》し、やがて罪を問われる身になったことをネフリュードフは知る。彼女の堕落は自分に原因があると感じた彼は、その道徳的償いとして、シベリアへ徒刑囚として流されるカチューシャについてゆきたいと、自分のもてる土地財産を売り払い、あるいは農民にわけてやり、結婚してカチューシャに同行することを申し出るが、彼女はこの申し出をことわり、自分は政治犯で服役中の青年と言いかわした仲である、「その人と夫婦になるのが自然である。そういう〈罪の償い〉みたいな不純な動機で結婚して貰いたくない」といいきる。

この作品について正治は、「それを読んだときに、私はまた非常に感動したのです。そして、世の中にはこういう刑務所に繋《つな》がれたり、罪を犯したりしているところの婦人が沢《たく》山《さん》あるんだが、そういう人達を救わなければならないという気が純粋な青年的な私の心の奥底から起ってきたのであります」(「私の学生時代の回想」)と述べるとともに、このあと正治自身が体験する恋愛事件との結びつきを、後年の谷口理論に伴わせて、「ところが人間は何でも心に思うものを引き寄せるということになるのであります」(同書)とつけ加えている。

明治四十五年七月、谷口正治は、早稲田大学高等予科を文学科九十四名中の主席として修了する。この前後、彼は鈴木三重吉の作品『千鳥』(明治三十九年)に、忍ぶ恋に恋するロマンチックな感動を呼び起こしている。西の小島の宿りで会った「藤」という若い女とのたった二日間の出会いのあと、去ったあと男の部屋には恋したしるしとして「千鳥の紋柄の襦袢《じゆばん》の小袖《こそで》」が残されていたという話である。そして彼は「文学に於て味はれる恋愛の美感は、現実性を遊離して了《しま》っていればこそ味える美感」（自伝篇・上、三九頁）であるとし、「肉体的衝動を全然昇華したような恋」（同書）を想《おも》い描いていた。

罪な「言葉の芸術」

早大生正治は明治四十四年の夏休み、帰省先の神戸で妙な実験を思いたった。自宅近所のある貧しい家の娘で、両三度顔を見合っただけで話ひとつしたことのない相手であった。「私はその娘を少しも恋いている訳ではなかった。恋いしていたならば、もっとその娘の近くである故郷の家に出来るだけ長くいて逢引きを楽しみたがったに違いない」。その恋もしていない相手に文章に自信のある正治はいたずら心にも「つけ文」をしたためたのである。そして「ある青年が私を恋いしていて、ただ一分間の語らいにそれを打ち明けたかと思うと、その夜のうちに、どこかへ往《い》って了って今はどこにいるか判らない。思い出すと懐しいような淡い哀愁を感ずる」（自伝篇・上、四三頁）ような情景を心に描き、こうすることで乙女の胸の画布《カンバス》に非現実的な「感情の芸術」を描いてみようと思ったのである。そして、次のようなラブレターを夕暮れの六時、共同水道栓のところに水汲《く》みにきた彼女に手渡した。

「これで私はあなたにお目にかかりません。今夜の九時の汽車で私は上京することになっているのです。東京の何処《いずこ》に私がいるかと云うことは知ろうとしないで下さい。私は貴女を恋いるものです。併《しか》し私は二度と貴女に会うことはないでしょう。左様なれば御機嫌よう。ただ貴女を恋いていた一人の青年が或る深い事情があって、永遠に別れねばならない。その日に恋を打明けて、どこへともなく行衛《(ママ)》も知れず消えて了ったと云うことを時々思い出して、淡い哀愁の美しい感情にひたって下さるならば喜びます」（同書、四四頁）

と思わせぶりたっぷりなひとりよがりな恋の実験を試みた。相手にただ淡い仄《ほの》かな思い出を残すだけで、相手の心を傷つけるなどとはつゆ思わなかった。「本当でも嘘でもそんなことはどうだって可《い》い、それは言葉の芸術であった」（同書）と、当時の気持ちを率直に述べている。このエロチックでなくロマンチックなラブが意外な結果を生むことになってしまった。神戸駅を発《た》って東京に向かう正治を改札口で待っていた二人がいた。それは彼がつけ文《ぶみ》を手渡した当人と、その娘の手荷物らしいトランクをさげた「中老婆」であった。単なる「見送り」と思ったが、それは違った。その老婆から正治は、「娘を東京へやらせますから、どうぞ宜しく」という懇《ねんご》ろな挨拶をうけてしまった。もはや薬が効《き》きすぎたことの、後にも引けぬ場面に立ちいたった正治は、二人で車中の人となってしまった。

東京の下宿に着いた二人は不思議な会話をする。

「私と貴女とは一週間だけ此処《ここ》で恋を楽しむことに致しましょう。恋と云うものは、永引《ながび》けば現実の色々な問題のつながりが出来て面白く無くなるものです。芝居でも面白いのは何幕で終ると云うことに定まっているから面白いのです」（同書）

正治はまだこれをカンバスの上に描いた美わしの恋に終わらせることを空想していた。「恋愛も日を限ることに致しましょう」と虫のよい話を持ち出した。ところが返答は意外であった。「私、始め《ママ》から貴方のお側《そば》にながく置いて頂こうなどとは決して決して思って来たのではございませんわ」。彼女もいわゆる押しかけ女房にしては妙な表現であった。彼は怪訝《けげん》な気持ちで末永く自分の側にいたいと言わないわけを聞いた。彼女は自分の素性を知られて彼に捨てられることを案じて、却《かえ》って束《つか》の間《ま》の恋を綺麗《きれい》に過ごしたいと思ったのである。思惑はそれぞれ違うにしても、両人ともが恋らしい恋の形に憧れていたことだけは真実であったように思われる。お互いに美しい思い出だけを秘めて別れるつもりで七日目を迎え、正治は彼女の切符を買ってやり、駅に見送った。彼はその時の気持ちを「見届けたあとは清々とした気がした」（同書）と述べている。言葉の芸術の仕上げが見事に成功したという気持ちも、一時はどうなるかと思った押しかけ女房との同棲が短期で終わったという安堵感であったろうか。

彼女を送り出したあと正治はショーペンハウエルの『意志と現識としての世界』（明治

四十三年、姉崎正治訳）を読み、感覚の快楽は所詮種族保存の盲目的な本能にうながされてなすわざで、「火を見て快美の幻想を描きながら焔《ほのお》の中に飛び込む夏の虫が、結局その焔の中で焼け死ぬ」のや、「射精を終わる刹那に腹部が破裂して死んで了う或る蜂の雄《おす》のこと、交接したまま雌に食われて個体としての姿を没して了う蟷螂《カマキリ》」（同書、四九頁）などの例に、快楽の餌を与えられ、快楽の幻想に導かれながらやがて種族の目的に利用されているに過ぎない人間の生を考えた。そして彼は、その「餌だけをとって釣針にかからなかった魚のような誇らしい気持」（同書）にほくそえんだ。

しかし、事はそれだけではすまなかった。あれからまだ何日もたたないで、こんな気持ちでいたところ、裏木戸を開いて入ってくる人の気配《けはい》を感じた。そしてそこには、神戸へ帰るのをしっかり見とどけたはずの彼女が立っていたのである。彼の仕組んだ芝居の幕はまだ全部終わっていなかったのである。

その彼女は「お目に掛れて嬉しかった。私、もう此《こ》れで死んでも好《い》い、死んでも好い」と泣きじゃくるのである。一瞬、正治は厭《いや》な感じを覚えた。「私は平和な生活を掻《か》き乱されたような気がして幾分不機嫌であったのだ。芝居の舞台上の出来事だと思われていたものが、実生活にまで延長されて来て、舞台の人物が観客席まで侵入して悲劇の仲間入りをせよと迫っているような不自然さを私は感ぜずにはいられないのであった」（同書、五一頁）という。

意外というか、思いがけない場面の展開に当人自身の当惑がいかにも読みとれる表現である。しかし娘は案外純情で、素直だった。

「私、来る筈でなかったのです。どうぞ御免下さい」とわびている。そして実は思い切ろう、諦《あきら》めようと思ったが、複雑な思いから汽車の線路に身を投げて死のうと決心したのだが、「もう一度貴郎《あなた》にお目にかかってから死のうと云う考え」がひらめき、とって帰してきたのだという。その泣きじゃくる彼女の態度にこれは何かあると気付いた正治は、「本当のことを被仰《おつしや》い。貴女は何かを隠しているのです」と尋ねた。「それを云ったら、私貴郎に棄てられる。……せめて私は貴郎の心の中だけでは謎のような女としていつまでも残して置いて欲しい」と訴える。さらに問いただす前に、正治はその情にほだされて、「死なないで何時《いつ》までも僕の側にいれば好いじゃないの」と思い切ったセリフを言ってしまった。そうして彼女は、私は前科のある身だと告白する。かえって正治はこの自分の言葉に『復活』の中のネフリュードフ公爵を想《おも》い描いていた。そして「前科者か！　よし、生涯僕はお前の護り手だ。もう見捨てないぞ」と決意してしまう。

彼女は幼い時に貰われてきた娘だが、後、その養家に男の児が生まれ、その家も貧しいため、十四歳になると芸者にするため大阪のお茶屋に出された。そのとき、朋輩《ほうばい》の衣類を二度ばかり盗んだことがあり、未成年の少女囚として一カ年半の収容生活を送っている。正治との出会いは、この出所した直後であったという。こうした彼女の告白に、若かった正治は、さらにオスカー・ワイルドのキリストを最大の芸術家であると述べた言葉通りに、自分のこれからの行為、この近親《みより》なく、取りすがってきた少女を身体を張って救うことこそ「人生に芸術」をつくることだと感じとった。なにより彼女は「赦さるべきもの」であり、自分は彼女を赦すのだという自己への説得が働いたのであろうか。

しかし、現実は収入のない二十歳の大学生が十七歳の少女と同棲するという形は、今日では、決して珍しい状況ではないかもしれないが、当時としては破天荒の事態であったに相違ない。同棲してみると彼女は、主婦らしい仕事よりも、出歩きたく、近所の女の人とおしゃべりを楽しみにし、正治が自分に愛想《あいそ》をついて捨てるのではないかという不安にも駆られていた。そんな頃、彼女が近所づき合いをしていた家庭に、何か故《ゆえ》あって落魄《らくはく》の態《てい》で、日銀副総裁を伯父にもつ夫妻があり、そこに十歳になる娘と四歳になる男の子があり、正治のところへも遊びに来るようになった。彼は睫毛《まつげ》の長い竹久夢二式の黒目がちの瞳と上品な鼻すじの通った顔立ちに、素性《すじよう》の正しい、品位のある容貌を見た。そして正治はこの娘にほのかな憧れを抱くようになる。後年彼は、大本教で出会うことになる現夫人輝子の中に、この娘の品位ある清楚な面影《おもかげ》を再発見する。彼はふと光源氏の君が「紫の上」を幼いときから自分の好ましいタイプに育てあげる話を思い浮かべる。

酌婦《しゃくふ》に出ても生活を助けようと申し出る彼女（自伝では房江という）であったが、正治は次第に「私が彼女を恋していないのも事実で、……彼女をかばってやることは、私の憐憫《あわれみ》の感情を満足させるからに過ぎなかった」と告白している。そして一方で「一人になりたい！　一人になって勉強したい！」という、彼女からの解放を思う。

厄介なことに、さらに面倒なことになった。彼女が妊娠し、流産するというさわぎであった。金策のために東京にいる親戚へ行くと、もう神戸の養家から、正治に同情して金貸すなと連絡がいっており、正治の身内の者は、大事な正治が「前科者の女に迷わされて同棲している」としかとってくれなかった。

房江は、神楽坂の芸者置屋《おきや》に出ても「私のこの手で学資を出して、（正治を）卒業させたいのよ」とけなげな気持ちになったりして、彼女がすっかりその手続きを終えたあたりで、正治はしゃにむに「そんな所へ行くことならぬ」とつっぱねてしまう。そして彼は「みずから悲壮な立場にあることを喜んでいた」（同書、九一頁）。まだ、ニーチェの「悲劇の中にこそ美がある」という言葉や、オスカー・ワイルドの「悲哀《かなしみ》の奥には聖地がある」などという表現に酔心地の甘さがあった。こうしたセンチメンタリズムを自伝の後智慧で「自分自身に同情しつつ、此の世は不幸に満ちていると心に描きつつ」あった自分をこれも「念《こころ》の具象化力」のなせるわざと述懐している。

大正二年の頃であろうか、二人はとうとう神戸へまいもどって養家を頼るが、故あって養父母がすでに別居の状態になっており、やさしかった義母《はは》も、夫と子ども双方の裏切りにあい、金銭こそ最後の依《よ》り処《どころ》と、女をつれた正治に出す金を拒んだ。致《いた》し方なく、おめと房江の親もとにころがりこみ、数カ月ゴロゴロして過ごしている。この房江の家は労働者で貧しく、母親はマッチの箱貼り、父親は神戸の港湾で働く荷揚《にあ》げの人夫であった。畳一畳に一人ぐらいのひどい住まいであった。

その当時、正治より五歳年長の賀川豊彦（一八八八―一九六〇）はすでに明治四十二年、二十一歳で神戸葺合の貧民窟新川で路傍伝道を行い、肺結核の身であったが、死ぬまでの間だけでも全力をふるって神と人に奉仕したいと願っていた。このように彼を駆り立てたものの一つに、ウェスレーの日記を読みその貧民窟伝道に感激したことがある。そして明治四十五年、賀川のスラム救済活動を知り、自らも眼病で右目が失明状態になりながらスラムで看護活動をやっていた女性ハルと豊彦の結婚するのが大正三年のことである。のちのすぐれた宗教者二人が共に神戸の貧しい町でお互いに相知ることなく、それぞれの人生に苦闘していたことは、興味ある対照である。

しかし、意外なことで正治の恋愛沙汰《ざた》は落ちがつくことになった。あてもなく房江の家を出た二人が湊川神社近くの宿に文《もん》なしで泊まり、房江が金策に出て警察沙汰になるようなことをしてしまい、二人は浮浪者、氏名詐称宿泊として拘留され、翌朝の新聞には、仮名ではあるが、両人のことが「大学生を弄《もてあそ》ぶ不良少女」という見出しで出て、幸い正治は被害者という立場から親に引きとられるという始末になり、この事があった後、房江が台湾芸者に売られていったことを知る。

どう言い訳《わけ》してみても、あまり立派な結末とはいえまい。しかし、こうした青春のつまずきを自伝にかなり詳しく叙述している。

正治は房江の家に厄介《やっかい》になりながら八方塞《ふさが》りを感じて自殺を考えたことがあった。死の讃美が心をかすめたといい、「死のう。私は情痴のために、死ぬのではない」と言い訳をしている。たとえ、この自伝にいかほどかの自己弁護的潤飾があるにしても、かなり率直なある種の告白文学になっており、その意味で伊藤整が言った、社会からの逃亡者か、「文士の仲間だけの一種の荒々しい修業僧の団体のような特殊社会」(『文学入門』光文社、一九五四年)を形成する、私小説に近いものを書く文壇人に彼自身ならずに済んだのも、この自伝のおかげかも知れない。

しかし彼には、早稲田きっての英才で特待生であったプライドから、こうした結末で大学を中退するはめになったことに対し、「特待生の位置もその儘《まま》持続して今頃は母校の大学教授にでも成って」いたであろう別の人生を考えることもあったようである。

島崎藤村は四十過ぎて妻を失い、自分のところへ手伝いにきてくれていた姪と通じるという事件を起こしたあと、その強いエゴイズムの中から「自分のような者でも生きたい」という言葉を吐いていたようだが、正治にとってのエゴイズムとの闘いはどんな形で展開されてゆくであろうか。

大正三年、大学を中退する。二十二歳であった。後年谷口は、その頃のことを、「私はその頃、女囚カチューシャに結婚を申し込んだ『復活』の主人公、ネフリュードフ公爵と自己同一していたのである」と述べるとともに、「この青年時代の私の自叙伝を読んで、殊更《ことさら》に『生長の家』の名誉を傷つけてやりたいと思って書く人は、私を『文学くずれの不良青年』と意地悪く批評するのですけれども、私は何も隠さないで、正直に自伝を書いているのです」（昭和四十四年『光の泉』十一月号）という。彼の場合、トルストイの『復活』には感動し、共鳴するところが多かったようだが、ドストエフスキー（一八二一―一八八一）の作品からの影響はどうであろうか。ドストエフスキーに展開される近代的エゴのいがみ合い、傷つけ合いに対する正治の理解はどうであったのであろうか。

第二章　世界立替説

紡績工場にて

谷口正治は、大正三年二月大学を中退するとともに、大阪の摂津紡績（現ユニチカ）の木津川工場に入る。小学校出の職工とは違って、中学校出の資格で、一定の訓練期間を終えると工務係という名の中級技術者として職工を指導する立場におかれるシステムであった。しかしもともと勉強家で、負けず嫌いの彼は、午前八時から午後六時までの長い勤務を終えたあと、商工夜学校へ通った。高等工業学校（現阪大工学部へ合併）の教師が専門的な知識をさずけてくれるもので、ここで彼は、今までとは全く違う世界の知識に触れることになった。つまり機械工学や建築工学の知識である。しかし、正規の高等工業卒や大学卒の者とは会社内での処遇、昇進の制度に大きな差のあることを知った彼は本格的にその高等工業に入学することを思い立ち、受験するが、自伝によると身体検査で不合格になったという。このため生涯にわたって単なる中級技術者に甘んじなければならない自分の将来を考えると「会社はおもしろくなく、工場は不愉快」（自伝篇・上、一一二頁）になってきた。

そんな気持ちの挫折感に沈んでいた頃、紡績雑誌に、近着の外国の紡績雑誌の内容を翻訳紹介する仕事を得、収入の面ではいささか足しになることで満足した。そして「弱肉強食の世」であれば、「強き者として這《は》い上ろうとして失敗した弱者」を感じた彼の「魂は喜ばなかった」。こうしたとき、若い者の走る誘惑の世界は女か酒である。一度経験のある彼は、女性に慰めを求めた。

しかし文筆家の彼は、「魂が喜ばないとき、人間は五官の歓びでその悩みを胡麻化《ごまか》そうとするものである」とやや難しい表現で語っている。そして谷口は二人の女を同時に知ることになる。一人はその紡績会社の上役の姪であり、もう一人は色街の遊女であった。しかも彼は、これについて「一人と一人の関係よりもその構図が三角形になる方が、絵画に於ては落付《おちつき》があるように、私は意識してその恋愛を三角形に殊更《ことさら》に構図したのであった」(同書、一一三頁)と振り返る。両手に花ともいえるが、それをことさら複雑な観念で捉えている。

彼は、源氏名《げんじな》を「高尾」という遊女となじみ、彼女が農村から売られてきたという身の上話を聞くことに楽しみを覚え、例の嘘でもよい「ただその物語が美しければ好い」ということに一時《いっとき》酔心地になれる妓楼《ぎろう》に身をゆだねた。

しかし楽しいことはそう長続きはしなかった。性病を移されたのである。何とかこっそり治したいと、専門医にかかるのを恥じて、姑息《こそく》な素人治療を試みるとともに医学書漁《あさ》りをはじめる。しかし素人が医学書を読みふけると、いよいよそこに書いてある病気や症状が自分のものだと思い込み、恐怖に駆《か》られることがある。そのご多分にもれず、「全身の細胞が黴菌のために蝕《むしば》まれて、生きながら全身が腐蝕する時が来る」という予想がさらに彼を襲った。工場の回転する機械の中に身を投げて死んでしまおうとさえ思った。

とうとう神経衰弱にかかり、一睡もしない晩が十幾晩も続き、思いあぐんで高麗橋筋《こうらいばしすじ》に、名の知れた催眠術家三好霊峰《みよしれいほう》なる人のもとへ治療をうけにいったが、彼はその催眠術師の催眠術にはかからなかったという。しかし身体が起きられないように痛み、致し方なく医者をたずね、手術を受けた。会社はために二カ月余休むはめになってしまった。その病気の治る頃、明石工場へ転勤の辞令が出ていた。性懲《しょうこ》りもなく、病気が癒えると月に一度あて、高尾という彼女に大阪まで会いに行くことに、かえってロマンチックな気分を楽しんでいた。

やがて彼の職種は、機械保全の仕事から、女工を監督しながら女工と共に一週間交替に徹夜作業もしなければならぬ工務係に配転された。そして女工たちの工場生活をつぶさに観察する立場に立った。十二時間勤務の昼夜交代で一週間ぶっ通しに夜勤ばかりの徹夜作業をすることは、発育期の女工たちには苛酷な仕事であった。しかもこの苛酷な労働を強いられている女工の収入は少なく、一日三十銭が限度であった。昼間はソファーで惰眠を貪っていて、夜になるとホテルで大饗宴にうつつをぬかしている資本家が利益を独占する社会の仕組みの中にあって、その資本家と女工との間に立って、その惨めな女工の仕事を監視しながら資本家の搾取に貢献し、自ら精根を涸《か》らしながら、細々生活《ほそぼそくらし》を立てている自分がいかにも惨めに見えてきた。

後になって大本教の人となってから「富豪の手先となって労働者を虐め、富の分配を一層不公平ならしめつつ給料を貰う生活！　ああ何と云う醜い生活であろう」（『皇道霊学講話』）と記している。しかし不眠続きと神経衰弱気味であった彼は、ささやかな事で工場長と衝突し、激論のあげくあっさり工場を辞《や》めてしまった。そして神戸の川崎造船所の入口の角のところで、この造船所へ出入りする人を相手にたばこと雑貨をひさいでいた、いまは一人暮らしの養母のもとへ帰っていった。

谷口よりも四歳若かった細井和喜蔵《ほそいわきぞう》（一八九七―一九二五、京都府生まれ）は、六歳で両親を失ったため小学校五年で学校をやめざるを得ず、十三歳から近所に年季奉公、十六歳（大正二年）で大阪の浪華紡績西成工場をふりだしに鐘紡など、十数年間紡績工場で働き、大正十四年、紡績労働者の生活記録として『女工哀史《あいし》』を出版する。そこには「工場は地獄よ主任が鬼で廻る運転火の車。籠の鳥より監獄よりも、寄宿住まいは、尚《な》おつらい」という女工小唄《こうた》を書き入れている。細井は上京後、東京モスリン亀戸工場で働いたあと、この本の出版された年、工場労働者に多かった肺結核と腹膜炎のため二十八歳で死去している。同じく紡績工場に身を寄せ、当時の女工生活の惨《みじ》めさに同情を示しながら、二人の人生は自《おのず》ら道を分けていった。

谷口が紡績工場を辞めた大正六年の頃、彼の学んだ早稲田大学ではいわゆる早稲田騒動があり、政府の干渉もあり、教師の罷免、学生の処分などを惹き起こしたが、この事件は、早稲田本来の個性的な在野精神が次第にはぎとられてゆく兆《きざ》しとなった。またその前年の大正五年には、大阪毎日新聞に河上肇《はじめ》（一八七九―一九四六）が『貧乏物語』を連載した。河上はかつて伊藤証信《しょうしん》（一八七六―一九六三）の宗教団体「無我苑《むがえん》」に身を投じたこともある多感な学徒であった。そして「如何に多数の人が貧乏して居る乎」、「何故に多数の人が貧乏して居る乎」、「如何にして貧乏を根治し得べき乎」という問題提起から、人々の間には、貧乏を自分個人だけの問題でなく、社会の問題として考えようとの気風が起こってきた。

心霊治療を求めて

かつて正治は、睫毛《まつげ》の長い夢二《ゆめじ》式の黒目をした十歳の久子にあこがれたと「自伝」に記しているが、この竹久《たけひさ》夢二（一八八四―一九三四）が冥途《めいど》への旅路を意味する幽冥路《ゆうめいじ》から夢二に名をあらためるのが明治四十年（二十四歳）頃である。彼はその頃、早稲田鶴巻町《つるまきちょう》の新聞店の絵はがき屋つるやの店頭に彼の絵のモデルになる眼の大きな若い未亡人を見初《みそ》めている。そしてこの夢二が、人口に膾炙《かいしゃ》した詩、

　　まてどくらせどこぬ人を
　　　宵待草のやるせなさ

を詩集『どんたく』におさめるのが大正三年のことである。そしてこの夢二も正治同様、オスカー・ワイルドのファンだったらしく、その晩年の滞欧メモでも「『人生は芸術を模倣する』とフランスで死んだイギリス人が言いました。私の人生は幼いとき受けた芸術を脱し得ないばかりでなく、身に実践しているかも知れません」（細野正信『竹久夢二』保育社、一九七二年、一一二頁）と述べている。夢二も正治もともに、目を見開いて見る現実よりも、目を閉《と》じてみる世界を夢見る人であったのかもしれない。

　妓楼でもらってきた性病という現実に引きおろされた正治が一番悩んだのは何かというと、その彼のいう美的調和の三角形の関係の一方の女性から感染した病気が、他方の女性にも自分を介してうつっていないかという心配であった。そしていう。「ただ上役の姪だけは素人であり、処女であったから、私は如何にも罪を犯したと云う気がするのであった。それに私が恐れていたのは、あの病気が彼女に感染していなかっただろうかと云うことであった」（自伝篇・上、一二九頁）。そしてさらに彼はつぎつぎと取り越し苦悩する。もし

彼女がはにかみ屋で、素人娘であるため専門医の治療もうけないままに結婚してしまうようなことがあり、その相手の男にもこの病気が感染するようなことになってしまったら、彼女のせっかくの幸福も破局に追いやられるのではないか。そう思うと矢もたてもたまらず、「彼女は悪くないのです。彼女の病気のすべてを私に身代りさせて下さい」と天に向かって祈るとともに、キリストの奇跡を思い出し、遠隔ながら当人にもわからない方法で、相手の病気を治せないものかと切羽つまった思いに駆られる。つまり「相手が治療されている事を知らずに治る神術もがな」（『皇道霊学講話』）と考え、新聞広告をかたっぱしから見ていろんな民間療法や心霊療法の手引きを漁《あさ》り集める。これが彼の後年の「心による治療」運動のきっかけになるとは当人も気づかなかったであろう。そしてあげくの果て、「よい明案もないので私は黴菌《ばいきん》の伝染と云う思想を否定し出しました。伝染病と雖《いえど》も各自に特発するものであって決して伝染するものではない」と信じ込むことで「自己の内なる霊の呵責を出来るだけ軽減しよう」（同書）とつとめた。

幸い、この彼女も郷里に縁談がもちあがったということで遠退《とおの》いていった。そして正治は、「私は、会社から解放されると同時に、一人の女からも解放された」（自伝篇・上、一二七頁）と思う。かくて「三人の女は、みんな私に対して向こうの方から手を引いていった」（同書）と、女性遍歴の一コマの終わりを安堵の思いで迎える。しかし一見、エゴイズムと見られるこうした表現を自伝に書き記す彼の著述には、やはり近代のエゴを描く私小説に通ずるあっけらかんとした正直さがにじみ出ているように思われる。

　正治が早稲田をやめて社会へ出ていった頃、明治の末年から大正へかけては、心霊術的なものの流行を見た時代でもある。そのことは催眠術関係の図書が大いに出ていることでもわかる。さきに明治二十年頃流行したものにコックリさまがあるが、その四月二十四日の郵便報知新聞には、「一両年より各地方に行われしコックリ様と称《とな》うる一種の幻術様のもの近来頻りに府下に流行して種々の奇談あり、なかにはこれを狐狸妖怪の所為《せい》に出るものとなし、ついに狐狗狸の三字をくみ合わして……」とあり、五月一日の東京日日新聞には、「先頃より流行する狐狗狸は此程にいたりて益々甚しく、あたかも巫子のごとく、今は遊戯にあらずして、縁談病気より百般の事を説いて信用するものあり」（日置昌一『ものしり事典　宗教篇』所収）とある。このように明治二十年代から流行をみたコックリさんが再燃するのは、明治四十年代のようである。しかもそれはただ興味ある珍奇な事象としてではなく、何か合理的な意味づけを求めようとする努力があらわれてきたように思われる。コックリの原型であるプランセット（Planchette）は、もと死霊と交霊するため、霊媒《れいばい》によって使われる道具との定義（*Dictionary of Mysticism*, Philosophical Library, 1953）があるように、心霊術、催眠術の一例として考えられるようになってきた。明治四十年代に数多

くの催眠術の著作をものした古屋鉄石はプランセットについて、

「〔この〕原理に就《つい》て現今有力なる学説二あり、曰《いわ》く潜在的精神の活動による、曰く人格変換によると、余は後説を是と信ず」（『驚神的大魔術』精神研究会刊、明治四十一年）

前者の説はこの現象を自動書記によるものとみるのに対し、後者の説は、ヒステリー患者にみられるように、「統一が欠けて意識が分裂して、同時に二個若くは二個以上の意識又は人格が存在す、例えば二人の人が同一の身体に共棲するが如き状態になる、或は又昨日の我と今日の我と、否一分間前の我と一分間後の我とは全く異れる人となりて過去の人格に属することは全く忘れて仕舞う」（同書）。かくて狐憑《つ》きも夢中遊行、降神術もこの人格変換の理によって説明できるとなし、また疾病のため偶然に人格の変換することがあるし、また催眠術によっても人為的に惹《ひ》き起こし得るものとする。そして人格変換を、次の三種に分ける。

(1) 両人格が交互に活動する場合で、第一人格の表に出て活動するときは、第二の人格はかくれている、あるいは休息しているとき。

(2) 両人格が同時に活動する場合で、この場合、両人格が独立平行して働くとき、あるいは一方の人格が活動するとき、これに干渉せずただこれを傍観する立場に立つとき、あるいは両人格が互いに衝突して争うときがある。

(3)　両人格が官能的に影響する場合で、一方の人格の経験せる内容が、他人格に何らかの形で相互影響し合っている場合。

かくてプランセットは、この第二のケースにあたり、一方の人格が他の人格を傍観する場合で、実験者つまり第一人格の意思とは独立に、思いもよらないような文章または絵あるいは方向を自動的に書き出すものだという。これは知能テストの創始で知られる心理学者ビネ（Binet 一八五七―一九一一）の『暗示性』（一九〇〇年）や『人格の変換』（一八九二年）などの諸説がとりいれられたものとみられる。

このような時代背景のもとに、谷口は種々の心霊療法（太霊道、健全哲学、渡辺式心霊療法、耳根円通法など）を渉猟したという。

また大正六年には常盤大定《ときわだいじょう》、荻原雲来《おぎわらうんらい》、渡辺海旭《かいきょく》、木村泰賢《たいけん》、椎尾辨匡《しいおべんきょう》等による画期的な国訳大蔵経、洋装本三十冊（各冊菊判八百頁）のものが国民文庫から出はじめていた。そしてその売れゆきは約一万八千部に及んだという（杉村武『近代日本大出版事業史』出版ニュース社、一九六七年）。谷口はいちはやくこれを手にし読破していったという。やがて彼は仏典から多くの影響を受けることになるが、とりわけこの時点で、「三界《さんがい》は唯心《ゆいしん》の所現であり、心外に別に存在なし」とか身口意《しんくい》の三業《さんごう》や、業による輪廻《りんね》の思想に心を惹かれてゆく。

世界立替説

大正七年頃、後に大本教第二次弾圧の舞台になる山陰の松江は大本教の教線が強くのびていた地域で、雑誌『彗星』『心霊界』が発行されていた。谷口はその頃松江市の木原鬼仏の主宰する耳根円通法講習会の会員に名をつらねていた関係からか、同年四月同じ松江の岡田建文《たてぶみ》という人物の名で彼のもとに『彗星』がとどけられた。その中に彼ははじめて丹波の綾部に皇道大本があることを知った。大正五〜六年から続く九〜十年は大本発展のピークにあった。大本の第一期黄金時代ともいわれる（出口京太郎『巨人出口王仁三郎』）。大正七年五月、松江では大日本修斎会松江支部（大本教）が結成され、会員五百人を擁していた（『大本七十年史』）。この雑誌の中に、医師井上留五郎が魂返《たまがえし》の鎮魂法によってすでに縡切《こときれ》れていた病人を蘇生させたという記事を見いだし、谷口は感動する。毎号送られてくる雑誌を披読するだけでなく、批評と自説をもってこの雑誌にも投書した。岡田建文は、一般の心霊療法のあり方は谷口の解説通りかもしれぬが、「皇道大本ばかりは別物である。一度綾部に到ってその実際を見聞せられよ」と勧めた。

もう一つこの『彗星』に心を惹かれたのは、そこに記された世の立替えの説であった。大本教の機関誌『神霊界』（大正六年創刊）には、編集者友清天行《ともきよてんこう》（一八八八―一九五二）によって「神と人との世界改造運動」と題し、こう記されている。

「此の二三年来の世の中の色々の出来事を何《ど》う考えて居りますか。普通の人間から言えば天災地変、又は人間社会の一波《は》一瀾《らん》に過ぎないと思ってるで有りましょうが、……何《い》れ《ず》も皆悉く神慮の発現ならざるはありませぬ。……けれども心無き者には如何なる神の啓示も、いつも鳴く烏が啼《な》く程にしか感ぜられませぬ。……繰返して申します。時期は日に日に刻々と切迫して参りました。モウ抜き差しならぬ処まで参りました。眼の醒める人は今の間に醒めて頂かねばなりませぬ。……今から一千日ばかりの間に、其れ等すべての騒動が起って、そして解決して静まって、大正十一、二年頃は、此の世界は暴風雨の後の様な静かな世になって、生き残った人たちが神勅のまにまに新理想世界の経営に着手している時でありあります」

としきりに危機感が煽《あお》りたてられている。今日の小松左京の小説『日本沈没』を地でゆく緊迫感が世の中全体にただよっていたことも事実である。当時、神経衰弱気味で、いままでの仕儀にいささか手ひどい罪悪感を抱くようになっていた谷口にとって、「一切の罪人と罪業が焼滅ぼされて清浄無垢の新天新地が創造される」（自伝篇・上、一三二頁）という「実に喜ばしき福音であると同時に恐怖すべき福音」（同）とを読みとっていた。この大本の終末論と最後の審判にひかれて綾部を訪れることになる。

霊動にふれる

大正七年九月、二十五歳の谷口は綾部を訪れている。綾部は古くは漢部ともいわれたが、綾絹《あやぎぬ》の生産にもちなむという。由良《ゆら》川の清流に沿ってひらけた盆地の町で、明治二十八年郡是《ぐんぜ》製糸ができて以来、蚕都《さんと》の名がある。大正十四年には五千戸近くが養蚕農家で、それは全戸数の五四・九パーセントに達したという（辻田右左男『京都府新誌』）。距離的には京都へ十五里、舞鶴へ六里といわれた。また、丹波は山が名物で、あちらを向いてもこちらを向いても山また山ばかりで、里の人は「丹波よいとこ女の宵ばい……」と言われていた。蚕都であると共に大本教ができて以来神都ともいわれ、ここへ詣《もう》でる人を大本では「神の綱」にひかれて来るという。そして、噂を聞いてとびこんで来るどんな初詣《はつまい》りの者に対しても麦飯ではあったが、わずか三銭か五銭で接待してもらえた。それゆえ義理にでも、次に参るときは、二倍か三倍のお礼をするような結果になるといわれた（石田春洋『大本教の裏表』大正九年）。

大本教では広前の二階を臨時宿泊所にして来訪者を泊めてくれた。谷口はそこにゴロゴロしている修行者たちの群れと、その人たちの話す人間霊や動物霊が人に憑《つ》いたこと、神がかりによる予言とか、その予言が的中したこと、失《う》せ物の見つかった話など、そしてそれをさも日常茶飯事に語り合っている光景をいぶかった。トルストイの影響もあって天地遍満する唯一神だけを考えていた彼にとって、かくのごとき個別霊の存在に見当がつかず、早速、周囲の人たちと議論した。修行者たちは、論より証拠、明日からの実況を見よといった。

その翌日は、金龍殿という四十八畳敷の広間で鎮魂帰神《ちんこんきしん》が行われた。鎮魂の印《いん》を結んで静坐している人たちに対し、指導者が「ウーン」と下腹に力を入れて気合《きあい》を掛けると十人に二人ぐらいは、手を合掌の形で合わしたままに上下に顫《ふる》わす者や、身を変に跳躍させる者がでてきた。憑《かか》っている霊がその人の中で発動するのだといって、これを霊動という。

この身体を跳躍させている者の前にピタリと対座した審神者《さにわ》が、あなたの「肉体と問答するのではない。憑《かか》っている霊に話しかけるので」あるといって、憑依者《ひょうい》と審神者との間でことばのやりとりがはじまる。憑《つ》いている方は、「どなたですか」というと、狐だの、狸だの答えてしまうものがあるが、ことばの出にくい者については、審神者は、手伝ってやって、一言ずつ、ウー、シーといわせて、大本の神艮《うしとら》の金神《こんじん》といわせることもある。

この審神者を演じていたのが、実は谷口よりさき大正五年十二月に入信、大本の人となった海軍機関学校教官・浅野和三郎（一八七四―一九三七）、四十二歳であった。浅野は、大正四年、三男三郎が病名不明の微熱を発し、なかなか全快せず、苦慮せる結果、横須賀の三峯山と称する不思議な霊力を発揮する行者にお伺いをしてもらったところ、その子どもの病気は気管支の故障で、そら豆ほどの疵《きず》が治《なお》りかけては皮が剝《は》げ、又治りかけては剝げるけれども、十一月四日には必ず全快すると予言され、その通りに治るということがあった。そんなことから、霊能霊力というものに関心を抱くようになっていた矢先、旧友飯森中佐から大本教の話をきかされ、綾部を訪れ、丹波訛《なま》りでしゃべる「なお」が、無位無学の八十歳の老婆ながら、一心不乱、誠心誠意、世を憂い、国を思い、ひたすら神に仕えて自らを空《むな》しゅうするさまに心を打たれた。

この心の動いた浅野にさらに誘いの水をかけたのは出口王仁三郎（一八七一―一九四八）であった。浅野の名も和三郎、出口の名が王仁三郎、同意異字の通じ合いには深い因縁ありと語り、浅野の入信の決意はかたまったという。この先輩格の浅野は、谷口をはじめて見たときの印象を、次のように綴っている。

「谷口君が初めて其姿を大本の修業場たる金龍殿に現わしたのは、大正七年の九月であった。近頃は毎日の修業者が二三百人に上るが、当時はせいぜい四五十人位のもので、講演も鎮魂も主として私一人の受持であった。

谷口君は其蒼白な、いささか憔悴気味のある顔を聴講者の間に並べて、黙って聴いて居た。坐談の際にも、他の人々とは混らず控え目な、超越したような態度を執って

居た。かくて約三週間ばかり経過したが、私は其間に極めて簡短な一二語を交えたに過ぎなかった」(『皇道霊学講話』序)

と述べ、他の人たちとはいかにも変わった印象を与え、他の修行者たちが、とりわけ「立替《たてかえ》」の時間の切迫、各自《めいめい》の悔いあらため、改心にさわぎ立てる中にあって、

「谷口君には其様《そのよう》な熱はない、何所《どこ》までも冷えて居る。大声せず、叱声せず、孤座独棲そして空想と思索に耽《ふけ》ると云った風である。何《ど》ちらかといえば詩人肌といわんより哲学者肌の要素が多い。感情よりは、寧《むし》ろ理性に縋《すが》りて信仰の嶮路《けんろ》を一歩一歩に踏みしめて登り行くという趣味がある。私はこの人は早く綾部に来る人ではないと見当をつけた」(同書)

と評している。浅野の予測した通り、谷口はそのまま居坐《いすわ》らないで、翌大正八年三月、正式に綾部に来て、大本の人となる。二十七歳になっていた。

鎮魂帰神

谷口が大本以前に知った耳根円通法というのは、松江在の行者《ぎょうじゃ》木原通徳(鬼仏)の主宰する一種の精神療法であったが、この木原も大正七年には大本に入信し、『神霊界』を編集しており、大正八年四月に綾部の大本に移住したが、二、三週間たらずで去ってゆく

（『出口栄二選集』二）。

また、これも谷口が触れたことのある「太霊道」というのは、田中守平というもののはじめたもので、「顕動作用」ということを行い、これも神がかり的な烈《はげ》しい所作をなし、病気治しのことを霊子術と呼んでいたという。さらに岡田式静坐法にもフラフラ運動と称するものあり、憑依《ひょうい》状態をさすという（池沢原治郎『謎の大本教』大正九年）。長く正則学院の院長をつとめ、かつ東京帰一《きいつ》教会・日本自由宗教連盟等に属す今岡信一良（一八八一―一九八八）は、西田天香《てんこう》のすすめで、岡田虎二郎（一八七二―一九二〇）の行う静坐法を習い、師事している。このいわゆる岡田式静坐法が一世を風靡《ふうび》したのは明治の終わりから大正にかけての約十年といわれるが、今岡は木下尚江《なおえ》や田中正造とともに岡田のもとに通っている。毎朝六時から七時までの一時間静坐の会があり、七～八年毎朝通ったという。それは日暮里《にっぽり》の本行寺を借りてやり、岡田の死去する大正九年まで続けたという。ただ坐るだけで、一種の禅《ぜん》だったが、今岡は百歳を超えた今も続けているという（今岡信一良『人生百年』）。したがって坐禅的な岡田式静坐法の中で、神がかって霊動状態になる人たちもあったのではあるまいか。

ともあれ、そうした時代背景の中で大本の鎮魂帰神も行われていた。南海電鉄の乗客係長をしていた一青年池沢原治郎が大正八年、大本による鎮魂帰神を体験した例から考えてみたい。池沢は大正七年六歳になる男児を失い、打ちのめされた状況にあったが、その五月、大本教の出張所「大日本修斎会大阪支部」をたずねている。

「綾部から出張されて居る白髪《しらが》まじりの長髪を後ろで結んだ老先生からその時聞いた鎮魂の用意と心得は、……まず正しく端座して右足の拇指《おやゆび》が左足の拇指に重なる程度に足を組み、手の方はまず指先を上に向け両手の脊《せ》と脊を相接して、左の小指を下になる如く指と指とを軽く組みたる上、掌を向き合わせ、食指《ひとさしゆび》は真上に伸ばして指先を合わせ、左の拇指は右の拇指を押える。この組み合せたる手をば両手首を水平にして胸の前約一拳《こぶし》を隔《へだ》てたる位置に保ち、肩および肘《ひじ》を張ることなく首は正面に向い、眼は緩《ゆる》く閉じ、下腹を張る心持にてなるべく雑念を去る事、これが大体の姿勢および心得でありました。なお鎮魂中は、ことさらに手を動かそうとする事なく、また動かすまいとする事もなく、ただ自然に任せて置くのであります」

そのとき鎮魂をうけたのは四人で、彼は一番左に位置したという。鎮魂を受ける方が被術者（神主）、鎮魂をなす施術者の方をサニワ（沙庭、審神者）と呼ぶ。

審神者はまず柏手《かしわで》を打ち、ついで天然の石笛《いわぶえ》を吹く。単調ではあるが、澄みわたった石笛のひびきは、神の心を統一するによい。石笛の音がやむと、一種声律を帯びた声で、「ヒトー、フター、ミー、ヨー、イツー、ムユー、ナナー、ヤー、ココノー、タリー、モモー、チー、ヨロヅ……」と数の唱え言が五回繰り返される。それがすむと一人一人に対し「ウーム」「ウーム」と気合をかけて行く。かくて十分、十五分とたつ中に、彼の組み合わせた両手が、突然衝動的にごく微《かす》かに動きだした。わずかに上下に動いていただけにすぎない手が、やがて十センチばかりの振幅で動きはじめ、その速度は普通脈膊よりも少し早い程度、やがて「審神者」が柏手を打って「ハイよろしい」の合図で四人は一斉に眼を開いたという（池沢原治郎『謎の大本教』大正九年）。

池沢は翌日も鎮魂をうけ、今度は手が頭と同じ高さにまでのぼってゆき、あとで審神者から「口を切る」かもしれぬといわれる。口を切るとは発動状態がいっそう進んで、意識なしに自発的にことばが口をついて出てくる状態をさす。それはもちろんキリスト教でいう舌語《したがた》り（異言）とか仏教系の信仰で口中方便といわれるものと同様、自動言語の一種といえよう。

この一二三四五六七八九十《ひとふたみよいつむゆななやここのたり》という数を数える称《とな》え方は、すでにわが国最古の神社の一つである奈良石上《いそのかみ》神宮のタマフリのときのものである。そこでは十種類の神宝ともいうべき瑞宝《みずのたから》、玉、鏡、剣などを持ちだし、十種祓詞《とくさはらえのことば》をもって、「ふるべゆらゆら」とタマフリを行うとき、病人はおろか死人《まかりしひと》も生反《いきかえ》らん程の力ありとされた。ここでいうタマフリとは、鎮魂の字をあてるが、同じくタマシヅメともよぶ。折口信夫《おりくちしのぶ》（一八八七—一九五三）は、タマフリは外から強力な霊魂を招き入れることであり、タマシヅメはいわゆる遊離魂を呼びもどすことであるという。一般にわが国の民俗として知られている「魂呼《たまよ》ばい」というのは、死者の霊が遊離して行くのを呼びとめようとする営みであり、ハクションというくさみに際してマジナイゴトをとなえたのも霊魂の遊離を恐れたためとされる。

大本教では、神霊に対するまつり方を二大別する。顕斎《けんさい》と幽斎《ゆうさい》がこれである。顕斎とは、神社や祭壇をしつらえてあらかじめ祀ってある祭神に対し供え物（神饌《しんせん》）をしてまつるものであり、幽斎は特定の場所、時間、祭儀の方法にこだわらず、神霊に心魂をまつりあわせる神がかりをさすという。しかも鎮魂と帰神は神人感合の法であって、精神をおちつけしずめるのが鎮魂で、神がかりになる方を帰神という。つまり折口のタマフリの烈《はげ》しいものが帰神（神がかり）ということになろうか。帰神法について浅野和三郎は、

「一に神懸りという。鎮魂にて養われたる霊魂が動的状態に移りて幽冥《ゆうめい》に通じ、以て神通力を発揮するを主眼とす。其最高力を発揮するは即ち神と人、本霊と分霊と感合する場合なるが、普通は吾人の守護神の発動にかかる」（『皇道大本略説』）

と説明する。養老令の注釈書として天長十年（八三三）に完成せる令義解《りょうのぎげ》には、鎮魂について、次のように述べている。

「鎮安也。人陽気曰魂。魂運也。言招離遊之運魂。鎮身體之中府。故曰鎮魂」（『国史

大系』）

これをとって折口信夫はタマシヅメの方の鎮魂をさしている。しかし大本教では、鎮魂はただに自らの霊魂が離れ去ろうとするのを中府に鎮《しず》め安定させることではない。いわば宇宙の大霊である「宇宙の大元霊天之御中主神」のもとへ、自分の霊魂がいたりつくこと、これを感合とよんでいる。出口王仁三郎が霊学を学んだ師である稲荷講社の長沢雄楯《かつとし》の学統のもとは本田親徳《ちかあつ》にある。

本田霊学

霊学中興の祖といわれる本田親徳は文政五年（一八二二）鹿児島に典医の子として生まれ、十九歳で脱藩、水戸に赴き、藤田東湖《とうこ》と並ぶ尊攘派の急先鋒会沢正志《あいざわせいし》の門に入って学ぶこと三年、皇漢の学に親しんだ。次第にこの宇宙は霊的作用によるものと思っていた矢先、二十二歳のとき、京都にて十三歳の少女に狐が憑依し、よく和歌を詠ずと聞き、「斯くの如き事あるべき道理なし、然れ共百聞は一見に如かずと、往ってその少女を見る折りしも、晩秋の候時雨の降る頃なりき。翁（本田）は少女に向かい聞く、『汝には狐が憑依して和歌を詠ずと、果たして然るか』と。少女は忽ち相貌変わり曰く、『如何なる題にても出せ』と。翁は、『此の庭前紅葉の散り居る模様を詠ぜよ』と云い

たるに、少女は立ちどころに筆を執りて、

　庭も世に散るさへ惜しきもみじ葉を
　　打ちも果てよと降る時雨かな」（『出口王仁三郎著作集』第五巻）

こう短冊《たんざく》に書きあげるのを目撃した本田は、霊の憑依と真剣にとり組むようになり、その後二十五年、神人感合すなわち神懸りの術を自ら深山に入り、名祠《めいし》に参籠《さんろう》して会得していった。そして、

「神懸リノコト本居、平田ヲ始メ名ダタル先達モ明ラメ得ラレザリシ故ニ、古事記伝、古史伝トモニ其ノ説々皆誤レリ。親徳拾八才、皇史ヲ拝読シ、此ノ神法ノ今時ニ廃絶シタルヲ慨嘆シ、岩窟ニ求メ、草庵ニ尋ネ、終ニ三十五才ニシテ神憑リ、三十六法アルコトヲ悟リ……」（『さすら』通巻九十号）

長沢雄楯《かつとし》（一八五八―一九四〇）は、この本田を静岡にたずねている。一時、政府が教部省を設けるや、静岡県では浅間《せんげん》神社内に中教院ができ、長沢はそこで教導職として顔を出す。続いて明治七年皇学漢学の教授となるが、本居宣長《もとおりのりなが》、平田《ひらた》篤胤《あつたね》の本を渉猟し、両人の説になお訂正要すべきものありと主張する。いわば本居、平田の説は、コンクリートでいえばセメントの材料のようなもので、霊学という水がそそがれないとセメントとしての役を果たさないというような立場に立った。

出口王仁三郎は、この長沢雄楯のもとで神憑りを実習し、神憑りを審神する免許ともいうべき審神得業を明治三十四年（三十歳）に得ている。この長沢は、王仁三郎が訪ねてきたときのことを、「コチラニ参リマシテカラ神懸ノ修行ヲヤリマシタ。処ガ非常ニ神懸モ良イシ、学術モ能ク勉強シマシタ。宅へ来マス前ニモ一通リ読書ハ出来タモノデアリマス。宅ニ来マシテカラハ主トシテ古事記トカ日本書紀ダトカ平田篤胤ノ著述物ヲズット勉強シマシタ」と速記にして残している（鈴木重道『本田親徳研究』）。

この本田、長沢の系譜では、顕斎しか行わぬ国家神道のあり方に神道の本流はないとみ、幽斎の復活を志した。興味あることに、明治政府は神祇官《じんぎかん》の再興を行い、明治二年官制を定めたが、大宝令との著しい違いは、鎮魂、御巫、卜兆などに関する職掌が除かれ、代わりに陵墓所管の役があてられていることである（岸本英夫編『明治文化史　宗教編』）。したがって長沢を継いだ出口王仁三郎はいやが上にも神憑りの系譜を重視する。つまり、

「天《あま》の窟戸《いわやど》の段」における天之《あめの》宇《う》受売《ずめ》之命《のみこと》の神懸りしたるが如き、仲哀《ちゆうあい》天皇の朝に於ける三韓征伐に際し、神功皇后《じんぐうこうごう》を神主とし武内宿禰《たけのうちのすくね》の沙《さ》廷《にわ》に居て神勅を請い奉りしが如き、文徳《もんとく》天皇の斉衡《さいこう》三年（八五六）常陸国大洗磯崎に於ける塩焚の翁に神懸りありしが如き……」（『出口王仁三郎著作集』第五巻）

と強調する。つまり大洗磯崎では、鹿島の海岸に怪石が忽然《こつぜん》と出現し、それが託宣により、

「我是大奈母知（大己貴《おおなむち》）少比古奈命（少彦名命《すくなびこなのみこと》）也」（『文徳実録』巻八）と名乗られたとある（三谷栄一『古典文学と民俗』）。

また万葉巻十五の「魂はあした夕べにたまふれどわが胸いたし恋のしげきに」（三七六七）の歌は、武田祐吉校註では、この「たまふれ」をもとに「魂触れ」と解したが、いまは「賜《たまわ》っている」、つまり、あなたのお心は受けている、と解釈されているが、本田霊学の立場からは、「たまふれ」はタマフリと鎮魂の意だとする（佐藤卿彦『顕神本田霊学法典』）。

本田霊学では、鎮魂の際に「生きた化石」を用いる。直径約五分大（一・五センチ）の円形が理想とされる。石質は黒く堅くて底光りのあるものがよい。この石に審神者より、天之宇受売大神の御霊を鎮祭してもらう。さらに、この石を白地の羽二重《はぶたえ》で包み、その上になお金襴《きんらん》の袋で覆うとされる。実際に鎮魂を行うときには、この石を金襴の覆いからとり出して、「眼通り」の高さに天井からつるし、これを半眼《はんがん》で凝視し、「吾が霊魂が石に鎮まる」と強く思念するという。

かくて長沢が審神者をつとめた神憑りの中でもっとも大きな収穫は明治二十七年の宮城島金作に八千彦命が憑って日清戦争を予言したことと、明治三十四年上田喜三郎（王仁三郎）に小松林命がかかり、日露戦争の詳細な予言をしたことがあるという（佐藤前掲書）。

こうした鎮魂石代わりに綾部の和知川へ大本信者は鎮魂に使う石笛として石を拾いに行ったようで、大正九年この地を訪れて石を拾った学生に笠井鎮夫（現東京外国語大学名誉教授）がある。六月二十七日に初参し、八月の末か九月朔《ついたち》から十日間にわたって「亀嘉」という旅宿に滞在、鎮魂帰神を実習している。鎮魂は、午前と午後の講演のあとで必ず行われ、初参のときは霊の発動が激しかったが、二度目からはいたって静かで、「鎮魂中のわが心（意識）は有るが如く無きが如く、神韻縹渺として身は恰も晴れ渡った虚空にポカンと憑ったような妙境に入ったのは、一週間ばかりたった後のこと」（『さすら』第五十五号）と記しており、氏はかくて約二十センチ四方の紙片に「鎮魂自修認可」の証をもらって帰っている。そしてこの滞在中、金龍殿で知り合った地方出身の青年と和知川の川原へ石笛を拾いにゆき、鶏卵二倍ほどの石を東京まで持ちかえり、それ以後この笛を用いて多くの人々に鎮魂を施して神懸り状態を導いたという。

また、心理学の中村古峡《こきょう》（一八八一―一九五二）も大正七年九月、綾部に大本教を訪ねている。中村は頭からこれを邪教ときめて、もっぱら医学士森田正馬《まさたけ》（一八七四―一九三八）の説によって批判を試みている。

変態心理的解釈

大正年代には、現今の異常心理にあたることを、変態心理の名で呼んでいた。雑誌『変態心理』（四巻一号、大正八年七月）に森田正馬は次のように述べている。「神憑という現象は、そのもっとも定型的なるものは、或人が或機会に突然自我意識を失い、神としての言語動作をなし、数分乃至数時間の後再び我に帰るという発作的に起るもの」と定義し、人が神に請うてその神通力、予言などを受けようとするとき、降神術となる。これがわが国では加持祈禱《かじきとう》の類で、宗派宗教団体によって祭式修法は違うけれども内容的には同じで、その盛んに実践するのは真言宗、両部神道《りょうぶしんとう》の山伏、法華宗であるが、「此頃大本教とかいうものが出来て之を盛んにやって居るらしい。其他多くの邪宗で之が行われる」といい、これら宗教団体で行う降神術は随分手数のかかるものであるが、今日の催眠でやればごく簡単なことであると説く。つまり合掌の手を震動させるとか、あるいは手にもった御幣が次第に下の方に下がるとか（これに神様がおりてくると御幣が次第に重くなるとの暗示をあらかじめ与えておく）したときを見はからって、審神者（修験者）の方で、「あなた様はどなた様でいらせられますか」と降りてきている神霊の名を暗示的にたずねる。あるいはこれが病人の場合には、憑物《つきもの》が原因とみたてて、「生霊《いきりょう》か死霊《しりょう》か」、あるいは「うかべうかべ」

と「何の恨みで来たか」など問うのである。

そして一般に憑依《ひょうい》とみなされるもの三種をあげている。

(1) 病は「罪障とか悪魔、物の気の災から起こる」と判断する迷信から、すべて身体精神の異常という異常を何々しかじかの憑《つ》いているため、その障《さわ》りと解するもの。ゆえにこの場合、加持台もしくは行者が降神術により人格変換を起こして口走る内容をよりどころにする。

(2) 純粋の精神病に起こる憑依妄想、(a)自分の腹中《はら》に狐がいるとか、自分は神とかいうもの、(b)幻覚によるもの、(c)ふと自分の胸に浮かび出た考え、もしくは偶然の出来事をもって神告または予兆と妄想的に解釈するもの、自分の身体は神の御社《みやしろ》というもあり。

(3) 自我意識を失い、いわゆる人格変換を起こし、神もしくは狐の人格となって、それ相当の挙動をなし、種々のことを口走り（口を切る）あるいは書きものをする。

ところで子どもには、憑きものの内容をなす素材が経験として内に蓄えられていないので憑依の起こりようがない。その他の自動現象、コックリの場合も同じである。つまり、ここからいえることは、他に狐なり神なりの霊があって、それが憑くのではないということになる。そして天理、金光、大本の教祖は、家族内に種々の不幸、疾病という社会的要因があるところから、憑依現象が起こっており、大本の場合はさらに個人的素因として、遺伝的なもののあること（長男は行方不明、長女三女ともに発狂）を指摘している。以上のような概念を受けいれることによって中村古峡は、出口なおは宗教性妄想患者でお筆先は濫書症のなせるわざとみ、浅野はパラノイア、王仁三郎は山師ときめつけている（『大本教の解剖』大正九年）。

中村古峡は、この大本教批判の書『大本教の解剖』にどうしたことか、富士《ふじ》川游《かわゆう》、井上哲次郎、今村新吉、河上肇《はじめ》など著名人十九名の序文を連ねている。多くは大本教の実地を知らないで世間的な風評にもとづき、中村文学士が厳正な批判をしてくれるであろう位のはなはだ覚束《おぼつか》ない序になっている。その中で河上肇（一八七九—一九四六）の序文は面白い。「パラノイアと自分」と題してこう述べている（大正九年猛夏）。

中村の説明だと「パラノイアとは、有らゆる精神病者の中で、最も常人と区別し難いものであって、其の容貌から態度から言語動作に至るまで、一見したところでは殆ど常人と異なるところがない。只異なるところは、其の堅忍不《けんにんふ》抜《ばつ》なる執着心である」というが、薄志弱行の徒《てあい》の多い人間社会にパラノイア病の蔓延することはむしろ歓迎すべきことではないかと述べ、そしてバーナード・ショウの脚本の序文に、キリストは終わりには狂気になったのだ、ということがいろいろ証拠をあげて立論してあるのをみて興味をもったが、イエス・キリストだって、そのパラノイア患者であったかもしれない。英国社会主義の父といわれるロバート・オーエンだって、その全財産を共産村の建設のため投じてしまい、終《つい》に一文なしになって死ぬまで「全く無反省の信念的行動を取り、一生涯その一事のみ携わって終生其の妄執から脱離する事が出来ない」とパラノイアの特徴をそなえていたのではないか、パラノイアが一概に悪いとは言えないのかもしれないと結んでいる。

また中村の批判の矛先《ほこさき》は浅野だけではなく、年少気鋭の谷口正治にも向けられている。大正六年創刊の『神霊界』編集担当の友清九吾（歓真《よしざね》、天行《てんこう》）が、大正八年、大本を出て神道天行居《あめのかりどこ》を創立したあと、すでに投書などで文筆の才の認められていた谷口は、当時入信したばかりだったにもかかわらず、この『神霊界』の編集を引きうけ、「白龍王」「小倉七美」「小倉未明」などのペンネームで執筆活動を行っていた。これに対し中村は、谷口某《なにがし》という文学青年の名で批評している。

「彼（谷口）が大本教に帰依しているのは、只《ただ》自己の幼稚な芸術心を満足させ得るが為とより外は見られぬ。そして人並にパラノイアや妄想患者の尻馬に乗って、頻《しき》りに憑霊だの大本霊学だのを振り廻している。彼は自分の書いたものを直ぐ活字にして呉《く》れる所でさえあるならば、御嶽教《おんたけきょう》であろうが将《は》た救世軍であろうが、何処へでも帰依して直ぐ其処《そこ》の提灯を持ったであろう。それにしても今の若さで、なぜ今少し其《そ》の芸

術的良心を高めることが出来ないのかと気の毒になる」（同書、一二六頁）

と、皮肉をこめた同情を寄せている。谷口は中村のいうこの二十八歳という若さで『皇道霊学講話』を書きあげる。これは浅野の序つきで新光社から出版されるが、その内容紹介文をみるに、

「谷口氏は皇道霊学の最大権威也《なり》。皇道大本が来らんとする新文明の一大予言者であると同時に大本神諭《おおもとしんゆ》が世界人類の一大教科書として神聖不可侵なるものなる事は本書により て初めて徹底的に闡明《せんめい》せらるべく、従って本書は物質偏重の現代思想界に対する一大鉄槌《てっつい》である云々」

と賛美されている。また本書の自序において谷口はその抱負を、

「この皇道霊学の研究は私が皇道大本入信以来修した所の『鎮魂帰神』の神法に依って幽冥界《ゆうめいかい》の神霊や亡魂と直接交通を開始して神啓のまにまに筆写したる『神自らものせられたる哲学』であります。それは到底人間では攀ぢ登ることの出来ない霊智の峻坂を踰えて宗教と哲学と科学との間に眩《まば》ゆい黄金の橋を架けている」

という名調子ではじまり、あくまで本書の「著者は神自身」であるという立場を主張しているが、この立場は後の『甘露《かんろ》の法雨《ほうう》』をはじめ種々の「神示」、ひいては『生命の實相』全二十巻が、谷口の口を通して神が語られているという形で引きつがれてゆく。谷口の手

になる言々句々が、いわば自らが神主であると同時に審神者でもある「自己審神」として紡ぎだされたことばといえないこともない。彼の活動をモダンな表現で「文書伝道」といわれることがあるが、出口なおの「お筆先」、出口王仁三郎の「神諭」にかわる「生命の実相」という見方も成り立つように思われる。一種の託宣だから時に繰り返しに似たものが出てくるかもしれない。しかしそれはリズミカルな谷口独自の調べとして聞きとられるかもしれない。

合理的知性の持ち主である谷口は、変態心理学者がこけおどしにつかう学名らしい用語を無下にしりぞけることなく、暗示によって誘導される憑依現象のあることを認めている。しかし霊縛という現象は、別に縛るというコトバの暗示を与えないでも、審神者が相手の眉間《みけん》に人差し指を近づけてクルクルと渦巻きのように指を廻すと、いままで烈《はげ》しく霊動していた人物が静かになってしまう。それは、「縛る」という審神者の側の気持ちがコトバに出さないでも、「縛られた」と相手が受けとってしまう精神交感現象があるのかと興味をもっている。

ともあれ大本側は、この中村古峡のキャンペーンに対し、大正九年買収した大正日日新聞によってこれに応酬している。大正十年一月二日の同新聞をみると、中村は大正八年頃、たった三時間大本を瞥見《べっけん》しただけで、「あの誇張杜撰《ずさん》な悪罵誹謗《あくばひぼう》のみを羅列した原稿のなぐりがきを始めた」もので、名は解剖といいながら罵倒録に終始しており、それは「宛然《さながら》博徒かゴロツキの口吻其儘《そのまま》で、之《これ》でも所謂《いわゆる》堂々の学者の天下害毒を除くてう叫びかと恐れいる」次第で、大本教攻撃者中の錚々《そうそう》たる姉崎博士さえも顰蹙《ひんしゅく》せしめるほどだという。

そして中村が濫書《らんしょ》症痴呆と称した教祖なおは、大正七年の秋八十三歳で亡くなっているが、生前会うことのできた宮飯 某《なにがし》の面会の記を同日の同紙は載せている。それによると、「端然として机の前に坐していたお直さんは、余の方に向き直って丁寧に挨拶をし……。見たところ教祖は年令よりも余程若く見える事は確かで。まさか其声を聞いて想像した程ではないが、六十位と云っても人は本当にしそうである。そして昔は紙屑買までしたというに似あわず、甚だ品位と威厳のある容貌である」と評している。

霊縛と霊眼

グリム童話では古い話ほど呪文、魔法の世界が露呈してくる。「兄と妹」(『グリム童話』第十二)は、実母に死なれた幼い兄弟が継母《ままはは》に邪険な扱いをうける話である。家をとび出し森に逃げ込み、のどが乾《かわ》いて泉の水を飲もうとするが、残念なことに森の中の泉という泉には継母によって魔法がかけられている。この兄が最初の泉で水を飲もうとすると、妹には水の音が「この水を飲む者は虎になる」ときこえ、次の泉にたどりつくと、「これを飲むと狼になる」と呟《つぶや》くし、三番目の泉でも「この水を飲むと鹿《しか》になる」という声が響いてくる。我慢できなくなった兄はとうとう水を飲んで仔鹿になってしまう（相沢博『メルヘンの面白さ』中央大学出版部、一九七三年）。

また同じグリム童話の「蛙の王さま」では、自分のベッドにはいあがってきた蛙を王女が力まかせに壁にたたきつけると、その蛙はショック療法で魔法がとけ、優しい目をした王子さまにもどる。その話の書き出しには、「むかし昔、人間のねがい事がまだかなえられた時分のこと」とある。まことにメルヘンの世界は思いがけぬことで魔法がかかってしまい、ねむり姫のように百年間も眠りつづけることもある。

たしかに「呪をかける」（spell）というのは、このスペルが「語を綴る」の意をもつように、「一字一字をたどって読む」ことでもあるが、「語る」という語源的な意味をもつ。呪縛《じゅばく》とは「呪文で拘束する」（to bind one with spell）となる。『神秘主義辞典』（*Dictionary of Mysticism*, 1953）によると、spellは、呪術的、超自然的な力の影響をもつと信じられている、話された、あるいは書かれたことば、となえごと、あるいは呪術的シンボルとされている。

さて、谷口の興味を引いた霊縛《れいばく》は、こうした呪縛とどういう関係をもつのだろうか。昔から神仏の力によって身動き出来なくなる状態を不動金縛《ふどうかなしばり》の名で呼んでいる。東京のある神社に賽銭ドロボウが入り首尾よくお金をつめて風呂敷にいれて逃げ去ろうとするや、ドロボウの身体は無形の鉄鎖につながれ、歩むことできず、翌朝とらわれたという話がある。この場合、ドロボウの心に、この神社は神聖な場所で、霊験《れいげん》著しと聞き、神の罰がおりてはこないかと戦々兢々《きょうきょう》としているとき、催眠術でいう止動状態になるのかもしれない。身体強直《ごうちょく》し、あたかも蛙が蛇に凝視されたようになる。

長沢雄楯《かつとし》によると、この霊縛というのは、元来その人に憑いている（懸っている）霊を縛ることであって、その人の肉身を縛ることではない。ただ霊縛の法を行うと憑依者自体、苦痛に満ちた表情や顔色を呈することがあるという。一般に金縛《かなしばり》の法とは、「修験者《しゅげんじゃ》の行ずる秘法で、不動明王《ふどうみょうおう》の霊力によって金鎖で縛るように人を身動きできぬようにする法」（『広辞苑』）と説明されている。

この不動金縛法は、宮家準の研究『修験道儀礼の研究』（春秋社、一九七一年）をうかがうに、役行者《えんのぎょうじゃ》講式というものによると開祖役小角《えんのおづぬ》が「金剛山にて、一言主神《ひとことぬしのかみ》の身を縛して、暴悪讒佞《ざんねい》の怒を伏せしむ」とあり、修験道では、もっとも古くから行われてきた調伏《ちょうぶく》法《ほう》の一つとされる。どうやらこの方法は、まず護身法《ごしんぼう》で身をかため、九字《くじ》を切り、自らが、崇拝対象である五大明王《ごだいみょうおう》になった上で、めざす生霊・死霊を不動明王が手にする索《さく》（なわ）でからめとるというすじを象徴的に行うことがねらいのようである。

もう一つ谷口が鎮魂帰神で感動させられたことは、自分にも憑いている霊の姿が見えるようになってきたことである。そしてこの霊眼が開くといわれる〈現象〉を単に幻想幻覚とは思えない気がしてきた。とりわけ多数の人が同時に、同じ場所に同じイメージを見ることが不思議であった。一応群集催眠術でないかと疑いながら、当時の彼にはそうと言い切れないものがあった。無論、共通に天国の匂いがするという集団幻覚もあるくらいだから集団幻視は否定できないにせよ。

大本教で鎮魂帰神を実行することの信者に与える効果について正治は二つの点をあげている。憑霊現象を目《ま》のあたりにした信者は、いかにも眼には見えないが、狐、狸、天狗などといわれる悪霊《あくりょう》が人に憑くことのあるのに驚くとともに、そんなものに自分も憑かれるようなことがあったら恐ろしい、心身を清めてかからないとそのような悪霊に憑かれるのではないかと修行のはげみに大いに働く、一種のデモンストレーション的効果があった。

また大本がこの憑依霊の実験を見せるもう一つのねらいは、神の存在に直《じか》に触れさせる効果、つまり神というものは、宇宙普遍の原理というような空漠たる抽象性のものではなく、意志をもった人格的なものとして迫ってくるということで、旧約聖書のエホバ神のようなものを感じとることができるということであった。

綾部の金神さま

谷口正治が大本教に入り綾部《あやべ》に移住する前年（大正七年）、大本教の教祖出口なおは八十一歳の生涯を終えており、後にメシア教こと、今日の世界救世教を開く教祖岡田茂吉《もきち》（一八八二―一九五五）が同じく大本に入信するのは大正九年六月のことである。年齢的には岡田の方が谷口より十一歳年長であった。この両人が大本に惹かれていった大きな理由は、出口なおの「お筆先」なる予言の魅力であった。

出口なおの夫大工の政五郎は腕のいい職人ではあったが酒飲みで、二人の間には、なお四十七歳までに十一人の子を生《な》したが、うち八人が育った。子どもたちは成人に達するや家計を助けるため働きに出た。やがて明治十七年、政五郎は中風でたおれてしまう。この父親について、二代教主になる五女すみは、「父上は十里四方の赤子まで、知らぬ人なき楽天家にて、母の苦労は思いやられる。借りた金は払わねば心のすまぬ生れつき、貸したお金はよう取らぬ、催促するのがいやな人」（『つきぬおもひで』より）と述べている。

その上、大工徒弟の長男が、やけくそになってノミでのどを突くという事態を惹き起こし、働き手の大の男二人が病人になってしまい、この長男は傷が癒《い》えると家出をして行方知れずとなる。長女はバクチ打ちの大槻鹿造なるものに連れ去られ、次男は物売りをしたり、職人の弟子に出たりしていたが、その後、兵隊にとられ、日清戦争で行方不明となる。次女も家の貧窮を見かね、姉をたよって京都へ出てしまう。三女は八木の人力車夫のもとに嫁ぐ。この夫婦はやがて金光教の信者になる。こうした一家離散ともいうべき苦境にたたされたなおは、ボロ買い、紙屑買いをして手もとに残った幼女二人の面倒も見なければならなかった。

明治二十年、夫政五郎は病臥《びょうが》の末死んでしまう。なおは五十一歳で未亡人になる。こえて明治二十三年嫁いでいた三女ひさは、産後の肥立《ひだ》ちがわるく、逆上の態《てい》となり、手のほどこしようなく、座敷牢に入れられた。このひさは神がかりして神の幻影を見た。そこへ金光教の布教師が来て祈禱でおさまる。なおは、この祈禱のすさまじい力に感服し、金光教の御神体である御剣先（神米を剣先形の白紙に包んだもの）をうけて帰る。金光教や天理教が丹波の山間部であるこの地方に伸びてくるのは明治二十年代であるが、すでに幕末には黒住教が京都を根拠にこの地方に進出していた。また篠山《ささやま》盆地に勢力のあった法華系の神道といわれる妙霊会も来ていた。

ついで翌年の暮れには長女のよねも発狂状態となり、キツネつきということで加持《かじ》祈禱が続けられた。しかし、明治二十五年には、なお自身が神がかる身になってしまう。当時の人々にとっては神がかりはある意味で日常的な風俗でもあった。なおのような場合は、あれこれもはや上手にきりもりして一家を支えてゆくことにほとほと疲れ果てていた矢先、もうまっとうな手段では自らの苦境を訴えるすべがなくなったとき、突如として発動するのが神がかりである。神がかりとは、こうした意味で切羽《せっぱ》詰まったとき、心と身が一緒になって、先回りして事の重大さを訴えかけてくる非常手段なのである。いわば、危機状態に臨んでとりうる、人間の備えている一種の安全装置ともいえないことはない。身体がものを言い出す反応ともいえる。

旧正月五日（二月三日）、なおは突然、十三と十一歳になる娘に、「姉（よね）のところへ行って、三十六お灯明をあげて、お題目を唱えい」とすさまじい威厳にみちた口調で命じた。このの ちなおは十三日間にわたり断続的に神がかりの状態にあった。なおは自分の腹中にあって自分に告げるもののあることに気づく。そしてそれは、寝ずの水行や、断食の行を命じてくる。まわりの人々もどんな神が憑いたのかと案じ、祈禱師などを連れてきたが彼女の神がかりは繰り返された。なおもキツネにもだまされているのではないかと疑うと、腹のものは、「キツネやタヌキで御座らぬぞ。この神は三千世界を立替え立直す神じゃぞ。三千世界一度に開く梅の花、艮《うしとら》の金神の世になったぞよ。この神でなければ世の立替えは出来ぬのじゃ。天理、金光、黒住、妙霊先走り、とどめに艮之金神が現われて三千世界の大洗濯を致すのじゃ」とわめき立てた。神を背負った女はもはやただの女ではなく、この地上に何の恐るべきものをもたない強者に変身する。日頃打ちひしがれて底辺の生活にあえいでいた女性にとって、これほど不思議な価値転換はない。

明治二十六年四月、綾部に不審の火事があり、なおがその頃、「世界のことを見て、改心いたされよ、いまのうちに改心いたさねば、どこに飛び火いたそうともしれんぞよ」と口走っていたことがわざわいして、この「飛び火」のことばを耳にしていた人々の訴えで、なおの放火かもしれぬということで警察に留置されることがあった。これは真犯人の検挙で嫌疑は晴れたが、長女よねの夫におさまった大槻鹿造の働きかけで、なおはむりやり座敷牢に入れられるという気狂い扱いをされてしまう。そこで聴き手を失った神は、なおをして牢中の釘を持たして柱にものを書きつけるようにさせた。もともと無筆の彼女が、命ぜられるままに筆をとって書き綴るようになる。

これが大正七年、彼女の死去にいたるまで続く半紙十万枚に及ぶ、いわゆる「お筆先」である。大槻はなおが家を売り払うことを条件に、なおを座敷牢から出してくれた。この頃からなおは、人に頼まれると病気なおしの祈禱をするようになる。そして「綾部の金神《こんじん》さん」との評判が立った。

金神は元来日本の習俗では、鬼門である艮（東北）の方向にいますタタリ神であったが、金光教の教祖川手文治郎（一八一四―一八八三）によって天地の親神天地金乃神として、日柄・方位の神の位置を脱することになる。そして「日柄方位は観るに及ばぬ普請作事は使い勝手のよいのが吉《よ》い家相じゃ吉い日柄と云ふは空に雲のないほんぞら温《ぬく》い自分に都合のよい日が吉い日柄じゃ」（『金光教教典』）といい切る。この金神が大本教では、さらに宇宙の主宰神へと格上げされてゆく。

なおの筆先はいう。

「艮の金神はこの世をはじめた神なれど、あまり我が強うて丑寅《うしとら》へ三千年と五十年押し込められて居りて蔭《かげ》から構うておりたが、蔭からの守護はそれだけのこと、神の威徳はチットも人民にわからんから表に現れて、神の威勢の光を出して、世界を救《たす》けるぞよ」（明治三十三年）

やがて、この金神が国常立尊《くにとこたちのみこと》へと変わってゆく。

「国常立尊を丑寅へ押込めて、鬼門の金神、悪神、祟り神と申して、何一つ不調法《ぶちようほう》も無い神に悪い名を付けて居りたが、世の元の国常立尊が世界の守護をいたさねば」（大正七年）

というように神の性格の価値変換が行われ、「世の大元の活神」となってくる。

谷口が大本教に入った頃、こうした筆先が『神霊界』という雑誌に、漢字混りの文章に整理して発表されていた。とりわけ谷口は、艮の金神の世になり、「いま改心致さねば地震、雷火の雨降らして悪の霊を平げるぞよ」という旧約聖書の予言にみられるような力強い雄大な宣言に心をうたれた。その中、明治二十五年の日付の筆先に「金の世の滅びの因《もと》であるぞよ」ということばに金本位制度の貨幣制度の行き詰まりの述べられていることを読みとり、しばらくとはいえ、資本主義制度の工場で働いたことのある青年谷口には心を打つ予言として響いた。

キリスト再臨論

「ええじゃないか」の「お蔭《かげ》まいり」から、天理教の運動につながる「世の立替え」、「世直し」の思想はキリスト教にもある。そして大正末年に起こった大本教の世界立替え説の起こる背景にも、世相全体にみなぎる強い不安感がただよっていたことは否めない。インテリ好みの無教会信奉の内村鑑三（一八六一―一九三〇）にも、大正七年から本気でキリストの再臨を強く訴えるような時期があった。内村はその信仰の進みを三段階に分けていた。つまり(1)神はただ一人であって、八百万《やおよろず》の神があるのではないということを知ったとき、(2)十字架上のキリストのあがないを信じたとき、(3)世の終わりがあり、その時キリストが再び来て、最後の審《さば》きをなし、天国が始まるという信仰を受け入れたときであるという（政池仁『内村鑑三伝』教文館、一九七七年）。

その最後の再臨の考えを抱くようになった理由として一般に二つのことがあげられている。一つは明治四十五年に娘ルツ子（十九歳）を病気で失ったことで、目前から最愛の娘の姿を再び見ることのできなくなった悲哀を、彼は青木義雄宛の書翰の中で、「霊魂不滅は明白に証明致され候」（『内村鑑三全集』第二〇巻、岩波書店、一九八二年）と述べ、さらに『聖書之研究』の中では「主が再び此地に臨り給う時、新しきエルサレムが天より降る時、我らは再び四人に成るのである」（明治四十五年二月）と、娘ルツの再び加わる四人の家族の再会をうたっている。

もう一つ、大正三年（一九一四）に勃発した第一次世界大戦は、彼に大きな失望を抱かしめた。つまりキリスト教国ともあろう国々が殺戮《さつりく》を事とするようになったことである。そして大正七年六月、神田の東京基督教青年会館での講演会で初めて再臨運動の口火を切り、会する人千二百余人であったという。この運動は翌大正八年も続き、一月大阪中之島公会堂大会では、東洋一を誇る大会堂に千六、七百人が集《つど》う盛況を呈したという。無論、これには反論もあった。その後、内村の市中での再臨運動は影をひそめるが、終生変わらぬ所説を抱いていたという。たとえばアルベルト・シュバイツァー（一八七五—一九六五）にそれを見（大正十四年）、カール・バルト（一八八六—一九六八）の「危機の神学」を「再臨神学」と解するなど（鈴木範久『内村鑑三とその時代』日本基督教団出版局、一九七五年)。これについて、現代の立場から武田清子は「単なる神学問題としてではなくて、罪の現実に傷ついてキリストを待つという信仰は、歴史における主体的在り方を呼びさますものだと思うのです。そういう意味では内村先生の再臨運動には少しファナティックなものがあったかもしれませんが、主体的なものが感じられたと思うのです」(『近代日本とキリスト教　大正・昭和篇』基督教学徒兄弟団、一九五六年、一二七頁)と述べながら、そこには神学理論のこねまわしに見られぬ「ヴァイタリティ」のあったことを指摘している。

この時代(大正七、八年)の宗教熱を臨済禅《りんざいぜん》の山田無文《むもん》は若き日の印象としてこう受けとめている。

「第一次大戦後の当時の東京は、社会運動も盛んであったが、精神運動もなかなか活発であった。神田辺《あたり》の夜を歩けば、どこかで救世軍が太鼓をたたき、仏教救世軍がラッパを吹いていた。……富士見町の教会には、植村正久先生がもっぱら学生の人気を集めておられ、内村鑑三先生の下には、熱狂的な青年信徒がはせ参じた。……中央仏教会館へ行けば、毎晩欠かさずだれかの説教が聞かれた。宗教花やかなりし時代ともいえよう」(『手をあわせる』春秋社、一九六五年)

アメリカにおけるこの運動の創始者ウィリアム・ミラー(一七八一―一八四九)は、キリスト再来の日を一八四三年に指定していたが、後たびたびこの日は変更されてゆく。しかし内村の場合には、切迫感は終始あったにしても日限を切る運動ではなかった。むしろ内なる罪のうずきからほとばしってきた切なる思いであったととれよう。

こうした時代背景の中で、世の立替えの刻限を切り、具体的な日常生活の立替えまで迫ってきたものが、出口なおの「お筆先」解釈からくる大本教の世直し運動であった。つまり、「明治五十五年五月五日は結構な日であるぞよ」と「地震、かみなり、火の雨ふらして平げるぞよ」という「お筆先」を組み合わせてできたのが、明治五十五年こと大正十一年五月五日という日である。

そして「その日には……日は暗くなり、月はその光を放つことをやめ、星は空から落ち、天体は揺り動かされるであろう」（マルコ伝十三章）ということばや、「あなた方を離れて天にあげられたこのイエスは、天にのぼって行かれるのをあなた方が見たのと同じ有様で、またおいでになるであろう」（使徒行伝一章）と引き合わせ、さらに、仏教の弥勒菩薩下生《みろくぼさつげしょう》という「ミロクの世」待望にことよせて、出口王仁三郎誕生五十六年と七カ月を迎える年が「五六七《みろく》」にあたると語呂《ごろ》を揃えた。

しかもこのことを、大本教のブレーンであった浅野和三郎は、大正維新の名でよび大々的に説いた。

「五年越しの欧州戦乱の如き、開闢《かいびやく》以来の大事変の様だが、実は真の大変動は、今後に起る。それが済めば宇宙の間が始めて全部整理される。独り現世界ばかりでなく、神界の奥の奥まで、天地日月星辰の状態まで一変する。それが皇道大本で教ゆる処の大正の維新、二度目の世の立替立直の真意義である」（『大正維新の真相』大正八年、三三頁）

とうたっている。さらに浅野は、

「愈々其時《いよいよそのとき》が来るならば、出口家は代々祭祀長となり、浅野家は代々政務長となり、謂わば封建時代の征夷大将軍のようにそれが世襲的になるのだと云って、黒板に『出口』と書いて其下にカッコをして（祭）と書き、浅野と書いてその下にカッコをして（政）と書いて修行者に見せたりした」（『生命の實相』自伝篇・上、一四四頁）

と、谷口は、その頃の気負った大本教の動きを回顧している。

大本教の信者には、素朴で気一本な妙好人《みようこうにん》に輪をかけたような人もいて、筆先に「この世は暗がりであるぞよ」とでているというので昼の日中《ひなか》、提灯《ちようちん》をつけて歩いたり、「世の立替え、立て直しじゃ」というので、逆立《さかだ》ちをしてみせる人もあったという（出口京太郎『巨人出口王仁三郎』昭和四十二年、一〇五頁）。

それだけではない。おそらくマタイ伝二十四章にある、いつの日にか主《しゆ》が来られることを一家の主人にたとえて、主人が帰ってきたとき、色々備えをして待っておる僕《しもべ》をほめて、

「主人は彼を立てて自分の全財産を管理させるであろう」（四十六節）とあるように、世の立替えに備えて個人の財産を持ちより一括管理するという建前と、天変地変後は貨幣制度がなくなると解し（「きんの世の滅びのもとであるぞよ」大本神諭による）たことによるものと思われる。数年後に迫った最後の審判の日に焼き滅ぼされないよう、神様の御用をしたいと思う人が続々と綾部に移住し、綾部の町は祭りのような狂奔状態になったという。

これは先の朝鮮半島における南北戦争の際、統一朝鮮の都は、かつて新羅の都予定地であって、実行に移されることのなかった、半島南部の鶏龍山の麓《ふもと》になるとの予言信仰に動かされ、思い思いに財産を処分してこの地に移り住んださまざまな宗教団体の人々がいたことを思い起こさせる。

大本教の場合もさらに、いまのうちに大本教のために働いておけば、世界立替え成就の日が来れば、その論功行賞によって「彼処《かしこ》の大名、此処《ここ》の太守になれる」などと浮き立つ人々のあるのを谷口は、「そんな馬鹿らしいことは考えられなかったし、仮令《たとい》そんな馬鹿らしいことを想像しても、わたしには、そんな資格があるとは思えなかった」（自伝篇・上、一四七頁）と述べている。

しかし谷口自身は、自らキリスト教の再臨論を研究し、またそれを亀岡《かめおか》道場で人々に講義しながら、その大正十一年の三月三日、五月五日を最後の審判の正念場と考えていたのである。そしてその審判にパスできるか否かに苦悩する、いわば一途《いちず》な、神経質な青年だったように思われる。その罪業浄化《ざいごうじょうか》のための水行や断食に身をせめた時代でもあった。その心は「罪業と共に焼かれて　罪業と共に消えなん　罪探き身は」の歌に表現されている。同じく、キリストの再臨論に心を投入した人物でありながら、内村鑑三は一代の師表と仰がれ、無教会派の驍将《ぎょうしょう》とあがめられ、今日もその著書を通して間接に彼を憧憬、讃美する人は多い。しかし谷口が内村と違う点は、信仰者である前に「行者」であったこと、言いかえれば「行」を通しての求道者《ぐどうしゃ》であったことであり、内村はやはり「啓示」にうたれ、「摂理」に感動するクリスチャンに終始したことであろう。無論、年齢的には三十二歳の開きがあるが、谷口の書いたものにどうしたことか内村の名は見当たらないようだ。

第三章　蛇と蛙

紫陽花の君

大正八年のこと、谷口正治は、当時の心境を「綾部新聞」に歌の形で載せている。

背教の心起れば野に出でて
　霧に泣きぬれひれ伏して祈る

この歌を読んだ女性は正治に、「……わたくし先生のようになんでも、ああスラスラと歌えたらと思うんでございます。だけども先生のお歌はどうしてそうお暗いんでございましょうねえ」と批評したのに対し、正治は答えたという。

「僕は淋しいんですよ。ともすれば底知れぬ暗い気持が感じられて、世界の建て替えだなどと言っても、人のように浮き立った興奮が感じられてはこないんです」(自伝篇・上、一五四頁)

妻輝子との和歌を介しての出遇いを対話風に書き記したものである。教団内で先生とよぶ正治に、自分の歌を直してほしいという申し入れで、ことばを交わすことになる。そして谷口は、「雪埋れ草」という匿名の歌の主《ぬし》が彼女であったことを知る。彼女の歌、

おどろおどろ潮高鳴る夜の海を
　見るにも堪えぬさすらいの旅

に正治は心惹かれ、思えばこれが昨年の夏、金龍池畔でふと目にとまり、痩せて面窶《おもやつ》れした眼差しに、青蒼《あおざ》めた「紫陽花《あじさい》の君」を想った女性であった。二人は、出版局長であり、大本教では先輩の今井楳軒《ばいけん》を媒介にして結婚する。大正九年十一月二十二日で、新郎は二十八歳の誕生日、新婦は二十五歳であった。出《で》口《ぐち》王《お》仁《に》三郎《さぶろう》も出席する結婚で、これ以後教団内で行われる結婚式の第一号になったという。仲人《なこうど》の今井楳軒は、台湾で新聞社を経営した人で出版の仕事にはうってつけであったが、谷口によると霊眼がもっとも正確に見える人で、悪霊を霊縛することのできる人物だったと尊敬している。ことのほかこの二人の文無《もんな》し青年の面倒を見たらしく、輝子夫人は昭和十五年に昔を回顧して、

「見るからに、弱々しく見窄《みすぼ》らしい青年谷口を、誰が顧《かえりみ》る者があったろう。……梅軒（ママ）翁ですらも、……無一物の生活のみを肯定し、清貧に執している青年の将来に、今日の生長は夢想もされなかったことだった（ママ）と思う。求むる心些《いささか》もなく、梅翁（ママ）は私達に与えつづけられた。結婚した私たちは病弱で、貧しかった。雨に濡れた、風に破れたと云っては、悩みの度《たび》に梅翁（ママ）の許《もと》へ出かけて行った」（『法悦の力』二八七頁）

と感謝の気持ちを綴っている。

この頃の正治は、自ら「大本教のフランシス」と称し、「ただ一枚の着物だけしか持たず、その上に一本の縄の帯をしめ、それに竹の皮で編んだ草履《ぞうり》をはき、持ちものといった

ら柳の細い枝で柳行李《こうり》のような編み方をした手提袋《てさげ》に、タオルと歯ブラシだけといった生活」（『生長の家五十年史』）と編者は述べている。ただし、筆者が輝子夫人の口から直接聞いた話だと、これには多少文学的な潤色があるようで、当時、「正治は不眠症にかかっていた。結婚式の時、正治は縞の袴と羽織はちゃんと持っており、輝子の方は、縮緬《ちりめん》のお召《めし》を持っていた。しかし輝子の方でこれを着ると家来とお姫さまみたいにみえると困るのと、なお教祖が『絹ものは着けぬものであるぞや』と教えてあるので、持ちながら着なかった。そして今井楳軒は、絹ものをタンスから出して見て、ただ『お母さんの愛念を想いなさい』といわれた」とのこと。しかしこの結婚式につけることのなかった絹ものも関東大震災にはみんな焼いてしまったという（昭和五十五年八月二十五日、筆者と面談のとき、長崎にて）。そのとき輝子夫人は、谷口を実は、「頼り甲斐《がい》のある人」と思ったのでなく、「一緒に苦労しましょう」という気持ちで一緒になったとユーモアのある話だった。この結婚には輝子夫人の実家の方では反対で、姉婿が一度は止めに来たそうであり、そんなことからこの結婚式には、実家の高岡の方から誰も来ないさびしい式だったという。

江守輝子《えもりてるこ》は、明治二十九年三月七日、父江守又一、母志げの間の十一人兄妹の第八子（五女）として富山県高岡市に生まれている。江守家は、土地の産物である鉄器や銅器を販売する商家であったが、志げの夫又一は金沢からの婿であった。父はもと加賀藩士で千石を食《は》む国府家の出で、邸《やしき》には梅の大木があり、軟らかい実が房々《ふさふさ》となり、毎年旧藩主に捧げるのが例となっていた。維新後、長兄は尾山神社の宮司《ぐうじ》となり、婿となった又一は、若くして育英中学校の校長をつとめ、後高岡町の役場戸長、助役を歴任、傍ら射水神社に敬神講を組織し、その講長をつとめる敬神家であったという。この父は彼女が十二歳の時五十七歳で死去している。彼女は十四歳で富山県立第二高等女学校（高岡高女）に入学している。女学生としては、お淑《しと》やかというよりはお転婆《てんば》の方だったという（「立教五十年にちなんで」）。十二歳年上の姉桂が外人宣教師について英語を学んでいた関係で、メソジスト教会に通ったことがある。

大正二年春、十八歳で女学校を卒業、そのときのクラスメートが東京だけで八人、高岡には二十人もいるという長い交友がいまも続けられている（筆者への談）。なお、メソジスト教会は明治六年にやって来たアメリカ人ハルスによってわが国に伝えられた。内村鑑三たちに授洗した人物であって、ちょうど大正十年七十五歳で日本で死去している。あるいはこの教会通いが続いていたら彼女の信仰はまた別の道をたどったかもしれない。彼女は、その年大阪船場《せんば》の商家に嫁いでいる。その商家は一年程で破産したという。良人《おっと》は遊び癖のよくない人で、仲人にあたる人は彼女が女学生の頃、彼女の家の前を通り、かわいい子だと眼をつけ、この女性を商家の遊蕩児《ゆうとうじ》にめあわせれば、きっと放蕩《ほうとう》もやむだろうという考えで先方と話をすすめ、卒業を期に結婚へととりはこんだものらしい。「こちらは全然先方《あちら》を知らず、写真も見せてもらわないで、三三九度の時はじめて夫になる人物の顔を見るといった始末だった」（当人談）という。しかし結局、この結婚は当人の放蕩抑えにはならなかったようで、意を決して離別し、信越線で高岡へ帰る途中、直江津あたりから荒れる日本海を眺めたときの感懐が、さきの「おどろおどろ潮高鳴る」の歌になったのである。結婚の夢に破れ、生涯再び結婚すまいと思い定めて帰国した彼女が、索漠とした気持ちでいた時、信仰へのいざないをつけてくれたのが実は姉夫婦だった。姉たちは大本教に入っていたのである。

輝子は後年、高岡の生家の兄が死去し、その葬儀に帰郷したことを書き記している。逝《な》くなった兄のことを「善い人だった。親切な人だった純な人だった」といい、「最後まで人に上げて上げて、上げ尽して逝《い》った人」、また「生涯遂に一人の敵も作らずに逝った兄」（「白萩の記」『白鳩』昭和十六年十二月号）と述べ、家郷の真宗寺院の僧が「朝《あした》には紅顔《こうがん》ありて、夕《ゆう》べには白骨《はっこつ》になれる身なり」という「白骨《はっこつ》の御文章《おふみ》」を読んでくれたという。またこの兄のことを、正治自身もこう述懐している。「あの（江守の）兄貴も非常にお人好《ひとよ》しで、生きている間ぢゅう誰からも悪口を言われたことがなかった。……少しぼんやりしているといって好い位、お人好しな、『お目出たき人』（武者小路実篤《さねあつ》の小説の題）というのはああ云う人だ。少しも邪念がない。人が自分を害するという事を考えたことがない」（谷口雅春『新日本の心』昭和十七年、三六〇頁）とほめている。正治は、後に武者小路実篤を批判するが、ほんとうに「お目出たき人」を身近に知っていたのである。この兄は脳溢血でたおれ、二日前、菩提寺の住職にほめられた白萩《しらはぎ》を寺にあげる約束をして死んでいる。また妙好人《みょうこうにん》ともいえよう。輝子夫人の血の中にもこの兄の気持ちが流れているといえよう。

亀岡にて

輝子は、大正七年、母志げを失う（六十六歳）。輝子は昭和十四年、父の三十三回忌で五年ぶりに里へかえる。兄弟の多い家族ではあったが、生き残りは五人となり、母の生前に揃って顔を見せようというので集まって以来二十一年ぶりという。娘時代、母は土蔵の二階へ彼女を連れてゆき、祖先に面会させてくれた。

「家附娘《いえつき》であった私たちの母は祖先伝来のいろいろのものをとり出しては、子どもたちに説明し、昔を偲《しの》び今を嘆いて心やりとしていた。母が古い漆塗《うるしぬ》り箪笥《たんす》を開けると、抽出《ひきだし》には、脇差《わきざし》や短刀が幾口《ふり》も這入《はい》っていた。拝領物だというものいろいろの品物を取り出しては、その由緒を語る母の姿は哀れに楽しげであった」（谷口輝子「白萩の記」『白鳩』昭和十六年十二月号、三〇頁）

輝子は身の不幸を無駄にしたくなかった。その不幸のドン底にあって彼女は神を求めた。そして姉の導きで知った亀岡の地へ、神を探しに行く旅支度を進めていた。死期の近かった母を置いてはゆけず、母の死を見送ったら出発しよう、としている彼女のことを知って、母は嘆き悲しんだ。母親は「今ある幾つかの縁談の一つを選んで呉れたら母は安心して死んで行くのにと掻《か》き口説くのであったが、私は私で、神様のところへお嫁に行く、この大きな大きな喜びを有《も》つ娘の心を解って呉れないと云って泣いた。近所の人たちは、『輝子さんは尼になられるそうな』と噂し合っていた」(昭和十四年四月記す『法悦の力』二六八頁)という。彼女にとって大本教はいわばカトリックの修道院のようなつもりであった。彼女は二十四歳であった。今井楳軒宅で奉仕しながら修行生活を送ることになった。

美しい人

輝子は結婚後十数年、化粧なしの素顔で通した。彼女にとって美人とは、白粉《おしろい》や紅や、眉墨《まゆずみ》などで外形を粧《よそお》うものではなく、それは偽物の美であって、ほんとうの美は正しい、心の清い人だと信じていた。お化粧を断つため、二十三歳で決意したとき、白粉のまだ半分も残った瓶を塵箱《ちりばこ》に惜しげもなく投げ捨てることで固い決意の程を示している。

彼女は、結婚後間もなく心臓弁膜症で発作を起こすようなことがあったが、それが小康を得た頃、彼女は「美代子さん」という短編に、心の清らかな少女のことを綴っている。眼を病む美代子は同じ大本教の信者として亀岡に来ていた。そして病後の輝子の身を案じて見舞ってくれた。気立てのやさしいこの十七、八歳の娘がどうしてこんな不幸に見舞われ、罪深い自分でさえ、こんなに恵まれ過ぎているという世の不公平を思った。この二人が花を賞《め》でているところへ、真っ赤なカンナの花びらを手にしてニヤリと笑って立っている狂女の姿があった。短く伸びた髪をバサバサと乱した、この三十近い女は粗い飛白《かすり》の単衣《ひとえ》を胸もあらわに着て、土にまみれた藁《わら》草履をはいていた。輝子は、この狂女こと小梅と美代子との出会いを思い起こした。

初夏のすがすがしい午後のこと、淋しい静かな亀岡の町をさまよい歩く一人の狂女があった。垢にまみれ、縞目も判らぬ着物の襟にふりかかる乱れ毛をかきあげようともせず、ふところ手であてもなくさまよっていた。これを見た悪太郎たちは「やあい、小梅の狂人」、「おい小梅、唄うて見な、おーい踊れっ」とか、「やい小梅、舌出せ、尻まくれ、敬礼せい」と口々にあざけりののしっていた。小石を拾って投げる者もいた。美代子はよく眼が見えないため、この狂女にかけ寄って、ほこりと垢によごれ、虱《しらみ》の這《は》う髪に手をかけて鋏をいれていたということを、輝子は人づてに耳にした。悪童たちは、美代子を指して「何やい大本教かい」、「大本教と云うたら、きたないことをしよるなあ」と美代子のことを大本教という代名詞で呼んでいる。

輝子は後日、美代子にこのことを聞いたとき、美代子は、「お姉さん、乞食だって気狂いだって、みんな神さまから御覧なすったら同じ子供でしょう。いじめたら神様はお嘆きなさるでしょうねえ」と話している。そして朱子《しゆす》の足袋より木綿《もめん》の足袋が好きな理由を、「ぜいたくな足袋《たび》をはいて高ぶった心が起ったら恐ろしい。木綿ものを幾度も幾度もつづくってはいて居たらいつもへり下った心でいられる。私どもに一番易くてそして洗濯もらくだし万事に都合のよい木綿こそ一番神さまから頂いたものだと思いますわ」と説明する年若い美代子のことばに、輝子は心のすがすがしいものを覚えたようである。そして何もかも神さまにおまかせして、ひたすら誠をつくそうとする美代子の生き方への共感を記したのがこの五ページほどの小品である（『神の国』大正十年十一月号）。

医書あさり

結婚後三カ月の頃から、新妻の輝子は病気がちで、床に臥《ふ》せている日が多かった。狭心症の発作があった。「額に油汗をにじませて虚空を摑《つか》んで苦しむ」状態で、夫の正治は、その発作が急激なので、今にも死にはしないかと案じた。持ち前の凝《こ》り性《しよう》で勉強家の正治は、種々の医学書はもとより、民間療法や食餌《しよくじ》療法、それに心霊療法の本まで読みあさるのであった。一般に素人が医学書を読みかじると、どうも自分の病気はここに書かれている通りではないかと悪く悪くとってしまって、むやみと恐れを抱くようになるものである。正治の場合も、

「私は心臓病の医学書を読んだお蔭《かげ》で、妻の病気を機構的に物質的な故障で、自療力では治らない固定したものだと思ったから、その得る所は不治症だと云う恐怖観念だけであった」（自伝篇・上、一七五頁）

と述懐している。そして楽しかるべき新婚の二人は、お互いに顔を見合わして一生治らない病気と思いこみ悲嘆にくれてしまうのであった。それだけではなく、正治は、最後の審判が今にも下ろうとしている矢先、自分たちが安閑と結婚なぞしてしまったための罰ではないかと「神意に背《そむ》いた」行為のせいにして苦しんだ。

しかし正治は竹中繁二郎博士の著書の中に、ある慰めを見いだす。それによれば、人間はだれでも解剖してみれば、その約九〇パーセントは心臓の機械に何等《なんら》かの故障があるものである、しかし、たいていの人は心臓に自覚症状をもつことなく日常生活を送っているものだ。それは自然が人間の生命力に代償作用を与えていることによる。たとえ機械的故障があっても、いちいち恐れる必要はないものと記されていた。妻の心臓弁膜症もそれだと考えた。そして後年正治はこのことについて、昔読んだこの本の示す「生命力による代

償作用」こそ、自分の悟った「神癒の力」だと説明している（『生長の家』昭和四十五年十一月号、「法語」）。また「本来人間無病」という「生長の家の真理」も、妻の病気が機縁で開けてきたものと感謝し、「全く私の家内は、私が生長の家の真理をつかむために、色々姿をあらわして私を導いていて下さっていた観世音菩薩《かんぜおんぼさつ》だった」（「古稀の妻を寿ぐ」）とつけ加える。

後になって生長の家運動展開の中で、谷口が、「生長の家大神をたてるに至ったとき、その神は日本神道では住吉大神、潮筒男神《しほつつのをのかみ》、塩椎翁《しほつちのおきな》、塩釜大神として顕《あらわ》れ、仏教では観世音菩薩として顕れてくる」という生長の家式本地垂迹説《ほんじすいじやく》ができあがってゆく。また信者の中には、「生長の家の神の化身《けしん》である谷口さんは、観音が守護して居る」（渡辺哲郎よりの書翰、谷口雅春『人生助言』昭和十七年、三二一頁）と神想観中に観ずる人もでてくるようになる。

蛇と蛙

伊藤整はその文学論において、文学における感動形式をタテ型とヨコ型に分けている（『文学入門』光文社、一九五四年）。後者は個我が社会という全体の中で生きていこうとすると、さまざまな束縛を覚悟しなければならない。この外部の力とそれに刃向《はむ》かう個人との葛藤の中に人間の生きる真実を見いださせるような文学、ここに彼はプロレタリア文学をあげる。他方、タテ型の感動形式とは、志賀直哉《しがなおや》（一八八三―一九七一）の「城の崎《きさき》にて」に見られるように「一般には死ぬと思えば今まで気にかけなかった物事が急にありありと目に映ってくる」ものである。志賀は自分の怪我の後養生に来ていたためか、一匹の蜂の死の中に、他人事《ひとごと》ではない、全注意がそこにそそがれ、一匹の生あるものの実在感が生々《なまなま》しく実感され、それが読者に強烈な感銘を与えることになっていると説明する。こうした感動様式を、結核という当時の死病に罹患《りかん》していた倉田百三（一八九一―一九四三）は、虫の共喰《ともぐ》いの世界に発見する。そして、

「今朝私は庭で甲虫と百足虫との喰いあうのを目撃した。甲虫は仆《たお》された。百足虫は私の棒先きを遁《のが》れ失せた。今見れば蟻が甲虫の死骸を運んでいる。私は百足虫の境遇も嫌なものだと思う、……」（大正三年六月十六日、庄原より宗藤重子さん宛）。

としたためる。それだけではなく、倉田は翌大正四年「隣人としての愛」の中で、類似の経験を述べる。

「私は野路を散歩する時、蛇が蛙を喰うてるのをしばしば目撃する。そして心を撃たれる。私は、これは此の世界の持つ一つのevilと感ぜずにはいられない。そしていかにすればこの出来事を持つ世界をコスモスと感じ得るかと考える」

そしてその思いは、大正五年の『出家とその弟子』の中に結実して文学的表現をかりる。つまり、「(人間)……私は共喰いしなくては生きることが出来ず、姦淫しなくては産むことが出来ぬようにつくられているのです」といわせている。

また親鸞《しんらん》の一夜の泊《とま》りを邪険に拒否した日野左衛門は、その夜半悪夢にうなされる。鶏をつかまえてその頭を打ち切ろうとして、鶏を「地べたに踏みつけて包丁を持って今にも切ろうとしたのだよ。鶏は変な目付をして私を見た。そして訴えるような、か弱い声でしきりに啼くのだ。その時、急に夢の中で私がその鶏になってるんだよ。私は怖ろしくて声を限り泣いた」(『出家とその弟子』)。

時に人は、このような道徳的マゾヒズムのような気持ちにおそわれる。大正九年の頃であろうか、谷口正治も同じようなことを亀岡の矢田町の庭で体験する。

「一匹の蛇が蛙を食っているのを眼のあたり見たのであります。その蛙は相当大きな蛙で、食べかけた蛇の口が蛙よりも小さいので、それを一気に呑み込むことができないでいるのです。半分ばかり身体を蛇の口に呑み込まれた蛙は、苦しそうに踠《もが》いているのです……」(「古稀の妻を寿ぎて」)。

正治は蛇をやっつけて蛙を助けてやろうと考えると同時に、蛙に逃げられた蛇は食べ物に困るのではないかという考えが浮かんだ。そして「このような弱肉強食の不完全な残酷な世界を愛深き神がどうしてつくったのであろう。そして、若《も》し神があるとするならば、この世界の残酷や、悪や、殺し合いは、それを創造《つく》った神の責任」ではないかと考えるようになった。いわゆるこの世における「悪」の問題につまずきはじめる。そして「最後の審判」によって人を裁《さば》くとは一体何事か、という疑問にとらわれ、やがて「最後の審判」を説くことのしらじらしさを知り、講演をやめてしまう。終末観的切迫感が彼から薄らいでゆく。

下座の人・西田天香との出会い

明治四十年から四十三年へかけて、帝大を出たばかりの若い牧師今岡信一良（前出、七〇頁）も、西田天香《てんこう》にあこがれた一人であった。神戸で牧師をしていた今岡の教会にも、宅《うち》にも、明治五年生まれの九歳年長の天香がよく訪ねたとのこと。今岡は、綱島梁川《つなしまりようせん》（一八七三―一九〇七）による雑誌『新人』（明治四十年二月号）の「世にまだ知られていないが、このように偉い人がいる」と紹介しているのを読んで天香を知る。天香はこの若僧牧師の説教も聞いたが、今岡の宅に来るとお手伝いさんが誰より助かりよろこんだという。今岡の家の便所掃除までしてもらったのである。このようにどこの家にでも出かけて奉仕のことに専念することを、天香は托鉢《たくはつ》とよんでいた。そして今岡は、「天香さんの生活に較《くら》べた時、自分の説教など単なるそら言を並べているとしか思えなくなって」（『人生百年』六三四頁）しまうのであった。

この天香に、今岡は、内村鑑三の説く「社会や国家の腐敗堕落に対し真面目に、それを憂い改革に努めているのはクリスチャンだけだ」という自負とは別な宗教者を見いだしていた。

西田天香（一八七二―一九六八）は、大正十年名古屋市民食堂階上で「転機」と題し講演を行い、一燈園《いっとうえん》生活に入る動機のようなものを述べている（『懺悔《ざんげ》の生活』大正十年六月に所収）。生存競争という言葉が世上に流行《はや》っていた頃、懺悔報恩をモットーに奉仕の生活に徹したのが天香である。彼は二十一歳のとき北海道の荒蕪《こうぶ》地に開拓に出かけ、二宮尊徳ばりに五百町歩ばかりの土地を借りうけ、農民たちに開墾してもらう仕事につく。そして尊徳の教えの四徳（『報徳記』）、つまり勤勉、節約、分度《ぶんど》、推譲《すいじょう》を生活の中で実行しようと考えた。

しかし、出資側と小作人側との間に立って、その推譲の徳を実行することの難しさにつきあたる。つまり労資の協調ということの難しさを知る。中学校も出ていない天香は、難しい本は読めないが、彼なりに資本主義社会の仕組みについて考えようとして、「利子の生れる理由に疑問を抱いては、前の畑に五十銭銀貨を埋め、半日眺めて暮らした事」（前掲書）もあるという。そして三十二歳の頃、「人と人とは仮令《たとえ》兄弟の様な間柄でも食み合って生活」せねばならぬ悲惨さに苦しむ。京都の宿では、二日間飯も食わないで閉じこもって考えたこともあり、そのとき友人から与えられてトルストイの『我宗教』を読み、そこに「生きようとするには死ね」ということばを見いだし、それは「死ぬと決心すれば生き復《か》える」とか「浮ぶ瀬のある事を予期して身を捨てる」のでもなく、「ただ、人を凌《しの》いで生きることは、凌がれる全体の死ぬことだ、全体が生きるなら、自分が死んでも本懐ではないか」と考える。

つまり、他人を踏みつけにして自分が生きることは、踏みつけられた他者を殺すことになる。それよりも自分が死ぬことで他人全部が生きられるなら、自分なぞ死んでもよいではないかと思い、死んだつもりで家を出てしまう。子二人と妻を捨てる気になる。そうして故郷長浜にもどった天香は、当人もいうように「全く愚直で、狂気じみて」いた。氏神様の境内にある愛染堂《あいぜんどう》へ三日間籠《こも》り、食事を断ち、坐禅の真似《まね》をして、日頃何年も考え続けてきた問題の解決を求めていた。三日目の夜も疲れたまま坐りつくして夜が白々《しらじら》と明けそめた頃、ふと赤子の泣き声を耳にする。そして、

「ハッと思った。わたしも赤子のように泣いたなら……と。彼《あ》の子は今泣いている。彼の子の母は乳を膨らしているに違いない。仕事に追われ、膨らした乳房を抱えなが

らウロウロしているのだろう。若しも彼が泣かず、そして餓《う》えて死んだなら、母は乳汁をもてあまし又どんなに嘆くであろう！　泣いてくれればこそである。乳を飲むのは生存競争ではない、闘ではない、他を凌ぐのではない、呑むことによって母も喜びあうのである」（『懺悔の生活』一一一頁）

この本を読んで自ら一燈園に体験入園に訪れたことのある正治は、この話の内容を大正十年頃、綾部《あやべ》町の波多野公会堂において聞いている。そして母子《おやこ》の間のように、施す者と施される者と両方が得をする生き方のあることを悟った天香のことを知る。

しかし正治はこんな疑問をもった。つまり嬰児は泣くであろう。母親はそれに応えて乳を与える。この場合、与える方も、与えられる方も幸福だ。けれども母親が乳を出せるようになるためには、何か食物を食べているはずで、それが野菜であれ、それも生物ではないか。しかもその野菜を生育させるためには土を耕し、害虫を駆除し、その際無数の小さき生物を殺している。天香氏自身、愛染堂から一歩歩み出したとき、すでにその下駄の下には無数の微生物が踏み殺されていたのではなかろうか、と。

これはいささか神経質すぎる解釈といえばそれまでであろうが、時に人は完璧主義の思考にとらわれてしまい、動きのとれないところに自らを追い込んでしまうことがある。純粋といえば純粋だが、生きてゆけなくなる。江戸は元禄の頃、生類憐《しょうるいあわれ》みの度が過ぎたことで有名であるが、戸田茂睡《もすい》は江戸市中に水を撒《ま》くことさえ禁じられたという。それによってボウフラを殺す恐れあるためであったという。また幕末に生きた広瀬淡窓《たんそう》は、天保六年（一八三五）から安政元年（一八五四）の間、つまり彼の五十四歳から七十三歳に至るまでの間、中国の『功過格《こうかかく》』にならい、一万回の善行を積まんがため、『万善簿』なるものを記しているが、その反省簿は厳格を極め、「殺一蚊」つまり蚊一匹殺したことも悪に数え、螢を捕らえることも黒丸に記し、生きものを助けてやったこと、つまり放生《ほうしょう》を白丸に記している。極端な例かも知れぬが、シュバイツァーも生命の連帯ということから蝿が殺せなかったという。

ところで天香は、人前で高座にあがって講演するのは自分の本意ではなく、自分の気持ちは下座におりて草を引いたり、便所掃除をしたりすることの方が一番落ちつくと、谷口に話している。実際、谷口をたずねた折り、今井楳軒の邸《やしき》へ招待されたところ、皮肉にもその庭にわずかながら景観のため残しておいた草までむしりとってしまういらぬおせっかいになってしまったとこぼしている。茶の利休《りきゅう》が落葉をわざと何葉か庭に残しておく、その風情を解さない心なきわざとでもいうのだろうか。案外一燈園の「無我の奉仕」にも、押しつけがましさが伴い、他人《はた》迷惑のあることを谷口は指摘し、「私は頼まれもせぬのに他人の便所をみだりに他の人が掃除することを決して善だとは思えなかった」（自伝篇・

上、一九〇頁）と述べている。しかし後年谷口は、その生長の家練成道場での生活に修行者によるトイレ掃除をとりいれている。もっとも、これは自分たちの使う共同のトイレであるからであろうか。

天香が懺悔奉仕の生活に入り、捨身《しゃしん》の行持として一燈園を創始したのは明治三十八年（三十三歳）のときである。二十八歳の谷口が出会った時は四十八歳ぐらいであったろうか。谷口より二歳年長の倉田百三は、天香を高く評価して、人類財産を私有せず、相愛することで、地上に天国を建設しようとしたキリスト教のあり方を考え、百三自身、出家の思いを抱いたらしく、出家はよいがどうして生活の糧《かて》を得るかに悩み、「杖をも、二つの衣をも携えずに」出家した聖フランシスに近い人物を西田にみていた。「此の人（西田天香）は財なく家なく妻なくフランシスカンのような仕方で、キリストの主義を実行しているそうです。三界《さんがい》に家なけれど、いずこも己が家のような気で、呼ばれれば何処にでも行き、喜捨《きしゃ》されたものは何でも感謝して受取り、恰《あたか》もキリストが無一物《むいちもつ》であって、税吏の家でも、パリサイの家にでも招かれて行かれたように、与うることと、受くることの自由を得ているようです」（『青春の息の痕』）とたたえ、綱島梁川はこの天香の『天華香録』を読んで、彼自身の『病間録』を焚《や》いて仕舞いたくなったと恥じた（同書）ほどであった旨を書き加えている。

しかし、実際に一燈園内の生活は、食事といえば麦飯と汁だけで労働をしなければならぬし、倉田が大正四年一燈園に入った頃、二十九人の共同生活が行われていたが、一切が喜捨で生活を立ててゆかねばならず、他家で働くのも無報酬であり、その仲間というのは「皆それぞれ不幸な運命の元に生まれた人ばかり、白髪の老人や、切髪の奥様や、宿無し児《ご》や、若い娘など」(『青春の息の痕』)雑多で、倉田は、畑に行くときの連れが「気狂い」で、時に無理をいって困ると述べている。

また倉田は、西田の妻が西田を「気狂い」といって捨てていってしまい、理一郎という十四になる子が一燈園に残り、この子は父親の生き方には反対で『少年倶楽部』も買ってもらえないと同情している。倉田も都踊《みやこおど》りを見て美しいと思いたかったし、そば屋の手伝いで朝から夜の七時まで働かねばならなかった。病身な倉田には到底《とうてい》長続きする生活ではなかった。そして、西田は「苦しむこと少なくして、トルストイよりもはるかに徳と知慧のなかに深入している」フランシス型の人間であり、自分は「迷い、苦しみ、罪に汚れて、成長して行く」トルストイ型の人間と思い定めて(「本道と外道」『精神界』大正六年十一月号)、七カ月の一燈園生活を切りあげてしまう。

大正十四年に東京(帝国)大学を出た塩尻公明(一九〇一―一九六九)も二年半の一燈園生活を送った人である。その動機は、「観念の上で隣人愛を説くのではなくて身をもって懺悔のために奉仕し、報恩のために行乞を実践する天香さんの行き方に打たれ」た（久山康他『近代日本とキリスト教　大正・昭和篇』六〇頁）のと、その一燈園の光明祈願の（二）にある「諸宗の真髄を礼拝して帰一の大願に参ぜん。……別に一宗一派を立てず、単に一派に偏らず、古今聖者の光を仰ぎ徳を頌し、その遺された事業を成就せんことを期す」という心情に感銘したという。「修道院を持たぬプロテスタントの教会が、あるいは高踏的、あるいは社交的在り方へ逸脱すると、一燈園的修道場の必要も生じてくる」（同書、六一頁）のであろうとの、久山康の指摘はあるいは当を得ているかもしれない。倉田がフランシス型に徹しきれなかった理由も、彼が修道院生活の人でなかったということにあろう。

倉田の七カ月に比すれば、正治の五日間の一燈園での托鉢生活は、ほんの見学ほどのものであったかもしれない。しかし、いやしくも大本教に身をゆだねていた彼が、たとえ一週間ほどでも勝手な行動に出たことについては、出口王仁三郎は不満であったという。だがまた、言いかえれば、すでに大本の生活に何か満たされないものを谷口が感じていた証拠ともとれよう。

武者小路実篤批判

明治四十三年（一九一〇）四月、『白樺《しらかば》』が創刊された。そのとき志賀直哉二十八歳、武者小路実篤は二十六歳の青年であったが、谷口正治はまだ十七歳の中学生であった。「白樺」派には元来「遊ぶ」仲間と、「遊ばぬ」連中とがあり、前者には志賀や里見弴《とん》があてられ、後者には武者小路や長与善郎が属し、一体に「遊ぶ」仲間の方はリアリスティックな型の作家で、「遊ばぬ」連中の方は、アイディアリスティックな型に入るといわれる（本多秋五『白樺派の文学』）。この武者小路がトルストイの強い影響のもと「新しき村」の建設に乗り出すのは大正七年（一九一八、三十四歳）であり、有島武郎が、父の死後、父のもっていた北海道の広大な農場をその小作人たちに解放したのは大正十一年のことである。武者小路は青年時代を回顧してこう述べている。

「自分が今日あるのはトルストイのおかげだと思っている。自分にとってトルストイは最大の恩師であった。今自分はトルストイの思想と同じ思想を持っているとは、言えないが、しかし自分が人生に深い信頼を失わずに今日迄来られたのはトルストイのおかげである……」

また、恋する程に愛していたトルストイの感化は強く、「自分は冬中、火を遠ざけたり、うす着したり、殺生《せっしょう》するのが気を引け、家出を考えたりした」（『トルストイ』の序文）ともいう。そうした理想を生かす場としてのユートピアが新しき村であり、一種の原始共産体というものを夢みていたのである。この武者小路について谷口正治は、大本教を出てゆく直前の大正十年に公開状を書いている（「新しき村の開拓者武者小路実篤氏に贈る公開状」『神の国』大正十年十月号）。

その中で正治は、「新しき村」の精神はけっこうであるが、そこには、「神に対する観念が不明瞭なために、村に臥《ねむ》っている龍に睛《ひとみ》が點《つ》けられておらず、本当に村の精神が生きて来ない。何だか薄紙《うすがみ》を隔《へだ》てて物を見ているような歯痒《はがゆ》さを感じないではいられない」と問いかけている。

大正九年に出た谷口正治の『皇道霊学講話《こうどうれいがくこうわ》』に対する武者小路の評であろうか、谷口宛《あて》に、「……君の本をよんでがっかりしたのでした。正気の沙汰《さた》と思えないことが多く書いてあったので嘘もいい加減にしろと云う気がしました。君があの本を書いたことを後悔されることをのぞんでいます。君には某氏が耶蘇《やそ》の再生に見えるのですか」と、暗に出口王仁三郎をキリストの再臨に擬している谷口の論を、正気の沙汰とは思えなかったとしている。そして武者小路は、「真の信仰は健全な常識や科学と矛盾しないもの」という立場で押してくる。また彼は雑誌『新天地』の記者に対し、「大本教は理性に反する処が多いので無視しています。調べる気もありません」と回答している。

これに対し谷口は、聖書こそ正気の沙汰と思われないことで満ちており、たとえば、「耶蘇が五つのパンと二つの魚を五千人に擘《ひきさ》いて予《あた》えた時に、皆々食いあきて、その余りたる屑が十二の筐《はこ》に一杯になったという記事や、耶蘇が海の上を徒渉《としょう》した」という記事など、理性では解しがたいにしても事実ではないかと迫る。綾部の皇道大本にしても、その修行場の実況を見るに至り、在来の科学的常識では到底肯定しがたい幾多の霊怪現象をまのあたりにすると、聖書の嘘にみえる記事が文字通り超理性の奇蹟に見えてくるものだとやりかえす。

そして武者小路の神観念があいまいで、「我々はこの宇宙をつらぬく力を信じている。神の如き力である。この力に自己を任せることより他に、自己を生かし切る道のない事を信じる」という表現について、なぜ「この宇宙をつらぬく力」を「神の如き力」としかいえず、はっきり「神の力」と言い切れないのかとつめよる。谷口にとっては神の力を霊的実修として鎮魂帰神の中にその働きを体験していたからであろう、この強い語気は。

谷口は、武者小路に、自分の書いた本で満足できなければ「旧約の予言書が書いたようなきびきびした御筆先を読んで下さい。序《つい》でに綾部でも亀岡へでもお立寄り下さい」、そうすればやがて新しき村の信仰にも神観念がはっきりつかめることになるであろうと反駁している。たしかに新しき村は、「生かそう」という神様の意志を漠然ながら感じてはいるようだが、大本の方はすでに「生かそう」という神の意志をはっきり把握しながら生長しようとしている。新しき村も、大本もそうした意味で生かそうという神の意志から出たものだという。ここにはやがて「生長の家」活動の基本になる「生長」の概念が強く押し出されているのに気づく。「生かそう」という神の意志にもとづき法爾自然《ほうにじねん》にその形式が大きく神のおはからいに委《まか》せて出来あがろうとしているのが皇道大本なら、自力の限りと、人間的なはからいの限りを尽して、その形式の方が出来つつあるのが新しき村だという。

まだこの時点では、谷口は懸命に大本の立場を擁護するための論陣を張っている。つまり、

「兎《と》もかく某氏（出口王仁三郎）を耶蘇の霊魂の再来であることを信じ得れば信じて下さい。信じ得なくば信じて下さらなくとも宜しい。唯これだけは某氏を知る私として断言し得ることなのです。某氏が仮令《たとえ》耶蘇の再生でないにしても彼は救世主として是非有《も》たねばならぬ渾沌そのもののような風格を備えていると」（「新しき村の開拓者武者小路実篤氏に贈る公開状」『神の国』大正十年十月号）

こうした真剣な問いかけが当時の大本にはみなぎっていた。

彼らはキリスト教の魅力は、そのバイブルに記せる最後の審判と天国の福音とにあるとし、これを大本流にいうと、「最後の審判は、幽界と顕界との一括的大淘汰」であり、後者は「地上の理想的世界建設」であり、この二大目標を除けば大本教の出現はほとんど無意味だ（池沢原治郎『大本教は果たして邪教乎』大正十年、一六九頁）とさえ述べている。か

くて明治二十五年(一八九二)に誕生した大本教は、三十年足らずの間に教団の勢力が全国的規模に広がり、大正九年(一九二〇)には、「信徒十万」を数えるようになったという。

この当時(大正七〜九年)入信した人たちの「入信の経路」を雑誌『神霊界』や『大本時報』はのせているが、それによると四十五例のうち軍人が五例、社会主義からの転向者八例、立替え立直し、世界統一の考えに共鳴してやってきた者十二例、哲学的な悩みからきた人十例、病気直しにより入信した者二名となっており、年齢的には二十歳〜三十歳が過半数をしめたという(『大本七十年史』上、四六八頁)。この『神霊界』に谷口正治(神戸、二十七歳)として「入信の経路、参綾の動機」をしたためたのは大正八年二月(十五号)のことである。

谷口はここで、例のメーテルリンクに惹かれると共にオスカー・ワイルドの華爛《からん》な美装に充ちた生活に憧れたことを述べた上、例の女性遍歴のことを告白し、「永い間不満足に思って居た社会組織が根底から立替えられる皇道大本なることを知った」ことが動機であるとする。また、すでに彼は、今まで独学で勉強してきた「心霊療法の骨子」なる小文を松江の『彗星《すいせい》』誌に送り込んだところ、それが受理され掲載されたことが動機で参綾の時節を迎え、「綾部で初めて、自分の内なるものの審判に恥じない生活を見出しました」と結んでいる(ちなみに、この当時オスカー・ワイルドに心を惹かれたのは谷口だけでなく、作家谷崎潤一郎あり、和辻哲郎があった。和辻はその耽美派的発想で、谷崎の感心する処と自分の感動する個所の違いを知り、とても谷崎に及ばないと悟り、作家志望を捨てたという）。

いずれにせよ大本発展の盛期大正七年から九年へかけては、大本教の出版物は約三十種にのぼり、「文書宣教」を主とする新しい教団活動のあり方を如実に示すものであった。そして、その中心的機関誌『大本時報』の編集は浅野（前出、六七頁）が指導的な立場に立ち、今井楳軒と並んで、谷口正治も参画している。後の「生長の家」活動が、主として文書伝道でその教勢を発展させてゆく方法は、すでに大本においてそれを見ることができる。文書による意見の表明が盛んになると、自《おのずか》ら見解の相違も表面化してくる恐れもあった。

一輪思想をめぐって

出口なおのお筆先をもとにして王仁三郎が漢字まじりの文に書きあらためた初発の神諭（明治二十五年）には、

「三千世界一どにひらく梅の花、艮《うしとら》の金神の世になりたぞよ。……この世は神がかまわなゆけぬ世であるぞよ。いまは獣の世、強いものがちの、悪魔ばかりの世であるぞよ。……これでは、世はたちてゆかんから、神が表にあらわれて、三ぜん世界の立替え立直しをいたすぞよ。用意なされよ。……大そうじをいたして、天下太平に世を治めて、万劫《まんごう》末代つづく神国の世にいたすぞよ。神の申したことは、一分《いちぶ》一厘《いちりん》ちがわんぞよ。毛すじの横はばほどもまちがいはないぞよ」

とある。この他お筆先の、「一輪の経綸がいたしてある」というのをめぐって意見が分かれた。また「世の立替え立直しのあるという事は……九分九厘までは知らしてあるがもう一厘の肝心の事は判りておらんぞよ」（明治二十五年旧正月）ともある。

この一輪《いちりん》（一厘）をめぐって王仁三郎は、それこそ「火水《ひみつ》」（秘密）の仕組みと述べているだけで、真意の解説はまだなしていなかった。そのため「一輪咲いた梅の花」とは日本の皇室をさすという見解が主流を占め、医学博士岸一太は「今や皇道大本信者にして、御神諭中の一輪咲いた梅の花の仕組の一端を窺《うかが》い知り得たる者少なからず……即天津日嗣天皇の天下を知らし召し給う時である」と解釈した。

これに対して、立替え立直しは三千世界の一切にわたって行われるものであって、天皇も日本国体をも除外するものではなく、日本の国体も、諸外国で王制が消えていったこともあって、保障のかぎりではないとの意見が対立した。ただきさきほどの「神の申したことは、一分一厘ちがわんぞよ」云々の神諭《しんゆ》の断言確定的な表現の魅力に心を惹かれた者の中には、信者にはならなかった小山内薫《おさないかおる》もいた。

この神の方ではすべて見通しのあと一厘のことゆえに人々は動揺する。大正七年には米騒動が各地に起こっている。また大正九年の『公論』誌上には「人類共同の仇敵、世界覇《ママ》滅の呪詛、Aの秘密結社の大陰謀」などという文句を表紙にかかげている。そこに「驚死すべき世界破壊の陰謀は某大国に本部を置き、毒手已《すで》に全世界に及ぶ。過激なる労働運動の如き危険思想の鼓吹の如き、僅かに其一小波紋のみ」とあるのを、大本では、邪神の活動機関と見なすなどとして（池沢原治郎、前出書）、外圧のいかに大きいかを示して、世の立替えの必然をいやが上にも鼓吹《こすい》した。

一方ジャーナリズムでは、言論の自由の圧迫される危機感から白虹事件なるものが起こっている。つまり大正七年（八・二五）、言論界を代表する八六社一六六人の代表が「関西新聞社通信社大会」を大阪で開催した。その模様について報じた大阪朝日新聞は、「金《きん》甌《おう》無欠の誇りを持った我大日本帝国は今や恐ろしい最後の審判《さばき》の日に近づいているのではなかろうか。『白虹《はっこう》日《ひ》を貫《つらぬ》けり』と昔の人が呟いた不吉な兆《きざし》が黙々として肉叉《にくしゃ》を動かしている人々の頭に雷のように閃《ひらめ》く」と記している。こうした言説を快く思っていなかった政府の意を知った朝日は、幹部の入れ替えをおこない、あやうく発禁をのがれた。このとき退社した人々によって大正八年十一月に創立されたのが大正日日新聞であったが、いかんせん新設のこの新聞社は従前の新聞に対して販路の面で立ちうちできず身売りの話が起こった。大正九年八月、大本教は本紙を五十万円で買い取る。

ところで、さきに引用した「白虹日を貫けり」は、天変の中に天の真意を読みとろうとした、時の前兆をここにみたのであろうが、一説に「白虹」は兵、「日」は君主で、君主に危害の及ぶ兆候、つまり兵乱の兆《きざ》しであるとも解される（『史記』）。こうした不穏ともとれる言辞がジャーナリズムにのぼるほど、時代の背景に、漠とした不安のただよっていたことは否めない。こうした外圧によって、大本の説く立替え説へ心を寄せる人々の多かったこともうかがえる。

この買収がよほど王仁三郎の意を強くしたものとみえて、『日本書紀』の中の「庚申年《かのえさる》秋八月《はづき》癸丑朔《なかのつか》戊辰《のよつか》」の項を解説して、秋八月中の四日は八月十四日で、大正日日新聞の仮契約（五日）を経て金を渡して本契約を結んだのは八月十四日であって、これは神武天皇が橿原《かしはら》の宮で即位された時から数えて四十四回目の庚申にあたると、その符節をよろこんでいる。そしてこの新聞をして大本の主張を天下に宣布しようとの意図があった。浅野社長は、「吾々皇道大本の信者より云えば『時節』は宇宙独一真神天之御中主の大精神の発動にして」といういかにも神がかった抱負でスタートした。しかし大正十〜十一年に終末到来という気分にわいていた大本では、この新聞はその時までに使命を終えるという考えが主流をしめるようになり、それとともに一般読者の興味は薄れていった。そして四十数万部を発行していたこの新聞は、三カ月目には二十万部に落ちている。

大本事件（第一次）

出口王仁三郎は大正日日新聞に出社中、浅野和三郎と吉田裕定は綾部の自宅で、大正十年二月十二日未明、京都府警察によって検挙された。容疑は不敬罪および新聞紙法違反であった。五月十一日になって予審の決定があり、六月十七日、王仁三郎は責付《せきふ》出獄ということで帰宅が許された。

これより先、大本教批判の急先鋒であった心理学者中村古峡（前出、七八頁）は、大正九年八月『大本教の解剖』を書いているが、その中で大正八年五月京都府警察本部が視察及び内査したこととの内容が京都日日新聞に掲載されたとし、引用している。その警察側の「世の立替とは何ぞや」の問いに対し、王仁三郎は、

「日本対世界の戦争が起ると謂《い》うことは、御筆先にも書いてありますし、……明治廿五年より三十箇年間に世界の改造があるべき筈なりしに、私の改心が出来ぬ為め、十箇年間遅れて、世界の大戦も十箇年延びたと筆先に書いてあるのです。世界の立替は日本対世界の戦争より始まり、……大正八年の末より十年にかけて在る世界の大戦の有無に付いては、私は否定も肯定も出来ません。筆先には、改心さえすれば戦争なく

して『松の世』にしたいとあります」と答えている。このように王仁三郎の返事は、中村古峡のいうようにその大戦争のあるのが大正十一年なのか、あるいは二十年まで延期されるのかあいまいな点がある。しかし筆先では、人心の改めがあるなら平和な「松の世」になるという指摘は興味ある表現である。

また世界の大戦争が起こったとき、一般に綾部が帝都になるとの噂があることについて王仁三郎の言い方は「世界の大戦乱が起った場合には、日本が外敵に中断され、東京が危険になるから、帝都が京都になり、綾部が御避難場即ち行在所《あんざい》になる……」と述べている。しかも中村は、大本教の活動を「宗教性妄想患者の濫書症を取囲んだパラノイア、妄想性痴呆、迷信者、山師連の集団者」ときめつけ、たとえば、「神界の組立と古事記の新釈とは、一見秩序立ったる大妄想である。神界が百八十一級に別れているとか、古事記は現代大本教の出動を予言している神典であるとか、細を穿ち微《うが》に渉《わた》って論じているが、畢竟《ひっきょう》何の根拠もなき一の妄想に過ぎぬ。而も浅野氏にはこの妄想が絶対の権威をもっているのである」(『大本教の解剖』一一八頁)、よって、浅野がパラノイアであることの動かせない証左としている。

こうした批判に対し、大正日日新聞は、検挙事件のあった前月の大正十年一月二日付の記事で、雑誌『変態心理』の大本追撃号を書いた中村古峡にあてて、応酬を試みている。
「中村は大正八年頃、たった三時間〔註、中村は、その著『大本教の解剖』九一頁で、大正五年九月末から約半年足らず居候したと書いてはいるが〕大本を瞥見し、倉皇遁《そうこうに》げ去ってあの誇張杜撰《ずさん》な悪罵誹謗のみを羅列し原稿のなぐりがきを始めたのである。その主幹せる雑誌『変態心理』に毎号批判ならぬ漫罵をかかげ名は解剖と称して実は罵倒録を出版し、或は講演にあるいは反古《ほご》原稿の復売りに盛んに御得意の売らん哉《かな》主義を発揮したものである」

と口をきわめて怒りをぶちまけ、さらに、その中村の態度は「宛然《さながら》博徒かゴロツキの口吻其儘で、之でも所謂堂々たる学者の天下国家の害毒を除くてう叫びかと真に恐れ入らざるを得ぬのである。大本教攻撃者中の錚々《そうそう》たる姉崎《あねざき》博士をしてさえも顰蹙《ひんしゅく》せしめた位である」と結んでいる。すでにこの大正日日新聞が単に教団の機関紙になってしまって、泥試合のような、それこそ非難の言葉に終わってしまっていることがうかがえる。

事件後半年を経た大正十年八月ごろ谷口正治は、大本教を離れようという気持ちになっている。そしてそれは、正治の一燈園訪問の時期でもあった。谷口は、ようやく出口王仁三郎がキリスト再臨であるという考えをくずし始める。

ちょうどそんな頃、大阪の控訴院から谷口のもとへ、大本教のお筆先を調査するようにとの依頼がきた。その目的は、控訴していた大本側に不敬罪の成立有無を吟味するため、裁判所の方では、お筆先の原本と、王仁三郎が漢字まじりに書き直して発表したお筆先とを対照比較して、そこに不敬の文字のありや否やを調べるためであった。その仕事が、教団側の人間であるはずの谷口にゆだねられたのである。これによって谷口は、はじめてお筆先の全貌にふれることになる。これには大阪で四十日間を要している。お筆先に王仁三郎の書き直しがあるのを知ったからである。そして、大本教へのイメージがこれによって変わることになった。

谷口はこう考えていた。

「大本教祖の筆先と、仏説弥勒下生経《みろくげしょう》と基督《キリスト》教の聖書とを相列《あいなら》べて最後の審判の日を研究していた私は、周囲の神懸りたちの昂奮した雰囲気と、自分自身のその研究とに巻き込まれて、矢っ張り最後の審判の正念場は大正十一年三月三日、五月五日と思えるのであった」(『生命の實相』自伝篇・上、一四八―一四九頁)

その大正十一年も事なく過ぎようとする十一月、谷口夫妻は大本教を去ってゆく。世の立替えはなかったのである。

大本を去る前の年(大正十年)三代教主直日《なおひ》の回想によると、秋の頃、谷口は王仁三郎をたずねたが、不在のため直日《なおひ》に対し、大本では大正十年に世の立替えがあるといってきたが、なにもかわったことは起こらずじまいだ。家業を捨て、会社をやめてまでここに来て生活に困っている人もある。「大本はまちがっていたと天下にあなたの名で謝罪して下さい」（『おほもと』昭和三十三年四月）と言いに来たとのことである。その後の事を輝子夫人は次のように回想している。つまり、別れの挨拶にいったが、二代様御夫婦（すみと王仁三郎）が留守であったので、当時十九歳だった三代様（直日）に会っている。そのとき谷口は教えについての自分の考えをくわしく述べ、教団を去らざるを得なくなった旨を告げた。

「涙を一杯にされた三代様を後にして、良人《おっと》は妻の待つ家に帰って来られた。その夜の七時、血気にはやる大本青年隊の数名が教団を去る谷口を襲撃しようとして、間違って他の人に重傷を負わしたと云う恐るべき劇的シーンが展開されていたことは夢にも知らず、私たち夫妻は翌朝の一番汽車で神戸の父母の家へ出発して行ったのであった」（「めぐりあい」『白鳩』昭和三十二年二月）

という。大本を離れてすでに半世紀以上もたってしまった今、谷口老夫妻はむしろ大本時代をそれなりに懐しい思い出として回顧する。

輝子夫人は十二歳のときに父親又一を失っているが、この父親は「敬神・尊皇・愛国」をモットーとする人で、どちらかといえば「天皇絶対で、勤皇畑《きんのうばた》の人であったため、大本へ来てみると王仁三郎さんが天皇をしのいで、天下を統一するという風があったのは、どこかなじめなかったと思うし、政府から指弾されたのにも無理からぬ点があったようにもみえる」という。しかし彼女は今井楳軒のすすめで、髪をさわるのが上手ということで、出口王仁三郎の髪を三度も結《ゆ》ってあげたことがあるという。王仁三郎の髪は太くて、かたく、ふさふさしていたという。こうした輝子夫人の話（昭和五十五年八月二十五日）だと、夫雅春も、ある面で王仁三郎の特異な能力については、今でも認めているという。つまり王仁三郎には「ちょっと不思議な力があり」、その左手の拇指《おやゆび》に傷あとがあり、へこんでいたが、当人はこれについて、「これは世界をすべる（統《す》べる）者、治める者のしるしだ」と述べていたという。、また和歌をよむときなどの王仁三郎には不思議な能力があったという。

また、たとえその大本の予言が当たらなかったにしても、天変地変が起こるという想定のもとに、緊張した日々の生活に身をゆだね、「心を浄め身を潔めるという上からは、これ以上厳しい修行はなかった」と述懐し、数年間をこうした環境下で過ごしたことのプラス面をあげ、「後年、本当の神を知り、生命の本質が〈神そのもの〉であるから〈神そのもの〉であるところの人間の生命の実相には如何《いか》なる〈悪〉も存在しないという『生命の実相哲学』を打ち建てることができた」という点で「当時の大本教が私に魂の浄化の機会を与えてくれたことに今でも感謝している」(「法語」『生長の家』昭和四十九年一月号)という。

この大本を立ち去るにいたった事情を『大本七十年史』の方でも、「谷口をさらせた根本の原因が、立替え説の崩壊にあったことが明瞭」とし、やがて東京にうつってからの、「谷口のあらたな主張は、大本時代とはまったく裏腹《うらはら》なものとなり、一切を神に帰した立場から、個人の精神が一切の根源だとする」ところにあり、頼りにしていた「神を審判く」立場から新しい出発をすることになる。

しばらくの間であるが、谷口夫妻は、完全に移り住むまでの間、二度ばかり養父母の家に身を寄せている。その間、輝子夫人ははじめて、嫁としての立場に立たされることになる。養父は広島県の士族の出で礼儀作法のやかましい家庭に育ち、養子の正治にも厳格な態度で接したといわれる。養家には十三軒の借家もあり、暮らし向きは実家よりよかったため、生家の後継《あとつぎ》になっていたら上の学校には進めなかったであろうと養家にもらわれたことを感謝してはいた。

しかし、この谷口夫妻が信仰の生活に入り、二人して托鉢に出ようとしたりすることもあったとき、養母は不機嫌で、こんなことを夫がするのをとめるのが嫁の役であるのに一緒に出掛けるなどと小言をいわれたという。しかし後年、谷口夫妻はこの養家に生活費送って面倒を見ている。

養母に四歳のときから引きとられた正治にとって実母との縁は薄かったようである。実母にして見れば何かにつけ遠慮をしなければならない立場にあった。谷口の兄（長男）を、実母は栄養失調症で失っている。谷口の兄弟は六人で、あと四人はみな女であって、いまも三人の妹は健在である。長男を失った実母にしてみれば、谷口に頼りたかった気持ちも十分に強かったのではないかと察せられる。養父母が山に出かけたようなとき、隣に住んでいた実母がよろこんで谷口の顔を見に来たともいう。

そして処女著作の本（一円五〇銭）が売れたとき、その印税をためて十円になったとき、これを実母にあげている。実母谷口きぬは、輝子のことを「正治はよい嫁をもらった」と心からよろこんでいてくれたという（輝子夫人談）。

第四章　神を審《さば》く

大本を出た谷口夫妻は、いつまでも養家にもおれず、ただちに自活の道を選ばねばならなかった。その大本離脱の頃の生活について彼はいう。「自分の属している団体にある不正を発見した。不正なことを発見して正義性の強い自分は、もうその団体に属することは出来なかった。その団体に属していたために供養されていた生活費（四十円）はもうだれからも供養されない」（「強制の道と愛の道」大正十一年十一月十六日、『新仏教の発見』昭和十五年所収）と背水の陣に立たされながら、心臓の病弱な輝子の看護と、飯炊きをしながら、ひたすら祈りと感謝と瞑想の生活を続けた。その間彼は「著しく自分の人格の成長を裡《うち》に感じ」（同書）るとともに、いよいよ西田天香と倉田百三の著作にふれ、それを摂取してゆくことで「自分の人格に敬虔と深さを添え」ることが出来たという。

上京すると今井楳軒の紹介で『東亜公論』という雑誌の編集に仕事を得る。いわゆる今日でいう「取り屋」の雑誌で、内実はそれほど売れる雑誌でもないのに、大部数発行の見せかけで、大会社から広告料をとって喰いつなぐ態の雑誌であることを知り、半月ばかりでやめてしまう。その後谷口夫妻は浅草小島町に移り、食うや食わずの生活のなかから、谷口は、ようやく内に熟し、芽生えてきた想いを筆にしなければやまなかった。矢継ぎ早やに論文が書かれていく。

八月二十五日　「文化生活と憐愍道」
十一月十六日　「強制の道と愛の道」
十一月二十五日　「平和への道」
十二月三日　「救いは創造主から来るか」
十二月十日　「積極道と消極道との価値転倒」
十二月十三日　「リップス倫理学の誤謬」
十二月十六日　「奉仕生活の根本問題」
十二月二十日　「百姓愛道場と新しき村」
十二月二十二日　「自分の世界観及び人生観」
十二月二十四日　「恋愛の理想と現実」

これは谷口が三十歳のときの仕事であるとともに、西田天香、賀川豊彦、倉田百三とは違う道を歩むことになる求道の新しい第一歩を記すものといえよう。大正十二年の二月東京新光社から『聖道へ』と題されて、これら論文集が上梓《じょうし》される。初版一五〇〇部の売上げはたちまち生活費に消えてしまった。今でもこれは読みごたえのある力作であるが、出版時も好評で、諸地方の読者から感謝の手紙や讃嘆の書翰に接し、さらに地方からは珍しい土地の産物を送ってくれる人たちまであり、文筆のもつ力の程を、まざまざ知ることになる。それと同時にこれが再版の運びにならなかったのは、「明朗な大衆の心を生々さす力あるものでないのと、多勢を引き付ける力がない」からだと反省している。もっと広い、もっと大勢の人に訴えかける文筆を彼は考える。これが後の雑誌『生長の家』となって陽の目を見る。

しかしこの論文集のなかのいくつかは、昭和十五年『新仏教の発見』と題されて、再現される。

この『聖道へ』の序によせて、西田天香は若き純真な谷口青年の姿を見事にとらえている。「谷口さんのこと」と題して西田はいう〔なお、「谷口さんのこと」は、『新仏教の発見』再録時のタイトル〕。

「人に会うて、何となく襟を正《ただし》うしたい気のすることがある。私が著者に会うたのは、まだ数回を出でぬが、いつの時も、私は己の取り乱した心を、純一な氏の態度によって、浄められるのであった」

と、素直に谷口の至情を認めたうえで、またその人生探究の態度においても、西田のように「眼をつぶって飛び込むようなゆき方でのうて、踏みしめ、眺め究めて、絶えず必要にせまっただけずつ、飛躍を重ねてゆ」く知性派の慎重さに触れ、「著者は智識よりする扱いが殊に発達されている」として、唯に実践的な行者風人物でないことを指摘している。西田はこのように求道者としての手強《てごわ》い相手を谷口に見いだしている。

後年この本が『新仏教の発見』として再版された意味もないわけではない。谷口はこの書によってキリスト教的な神の宇宙創造説を脱却して、無明縁起《むみょうえんぎ》の説にたどりつこうとしているからである。この転機を『聖道へ』の「はしがき」(『谷口雅春選集』第七巻)の中で語っている。つまり、

「キリストが再臨して天変地変による最後の審判が将《まさ》に下されんとする瞬《しゅん》刻限が今だとその危機を説いた大本教にいて、その神の審判に耐えるような純粋な清浄な人間になりたいと、ひたすら心身の浄化につとめた青年時代から、その神罰を起す残酷な神についに疑いをいだいて大本教を脱退して、至高の愛の神を求めて、一燈園を訪ねてその尊い、〈懺悔の生活〉に共感し、更にそれを契機として維摩《ゆいま》経に触れ、ついに現世を無明縁起の世界として、物質の否定、肉体の否定を通して実相のみ独在する」

という彼の立場にいたる道程となったものである。『聖道へ』の「序文」には、この世のさまざまな矛盾に疑問を抱き、煩悶する青年が、その当時多くの若い人々に指標を与えた人々から多大の教示をうけながら、彼なりにそれら先人を吸収消化するとともに、それを自分なりに乗り超えようとする真摯な態度がにじみでている。

「武者小路氏の『新しき村』や、賀川豊彦氏の貧民愛生活や、江渡狄嶺《えとてきれい》氏の百姓愛生活や西田天香氏の懺悔奉仕の生活や、これらの試みのことを思うと、自分は感謝と感激の念に満たされずにいられない」

感謝はしたが盲従はしていない、すでにその後の独立自立の思索家としての立場が次の字句に読みとれる。いわく、

「此の論文集に収められたる論文のいくつかは此れ等の試みに対する讃頌《さんしょう》であると共に、その足りない所への助言である。欠点は遠慮なく指摘してあるが、矢を放つものと思われては困る。愛する者に対する程厳格になるのが自分の性格であるから、鋭いメスを向けてある人程自分の好きな人なのだ」

という。

幽祖西田天香

谷口正治は、昭和十五年『聖道へ』の再版〔『新仏教の発見』〕の「跋《ばつ》に代えて」のなかで、天香への謝辞を述べるとともに、天香を「遥かに生長の家出現の幽祖として敬意を表したい」という表現で、西田天香への生涯にわたる私淑の程を披瀝している。

天香の「他を凌《しの》いでならば生きまい、許されるならば生きよう」という態度は、つまり

他を踏み台にして、他を犠牲にしなければならないような生き方を避け、つましく下座の生活に徹する生き方である。この下座とは、もともと禅僧の言葉であって、説法が終わったあと高座からおりることや上座の人に対して下位にすわることを意味したが、天香は、この下座を、たとえ医術を持ったものであろうと、その特技にたよるのではなく、ひたすら与えられた掃除に徹することの意に解している。それには「無趣味で単調で、且《かつ》低級な仕事がよいのであります。心をつかい思いをねりする事は、能《よ》く魂をねり上げてからでよろしい。下座は己れの修養によいと同時に、一切の人の優越感を整理するのにもよいのであります」（西田天香『懺悔の生活』一二六頁）という。キリストはその弟子の足を洗い、釈迦は王宮を出て市に乞食したではないか。とりわけ彼は、江戸時代にあって乞食の群に身を投じた桃水《とうすい》和尚に下座行の先達を見ていた。

天香は身なりをつくろわず、下座の仕事にいつでも耐えられるような恰好《かっこう》をしていた。講演の講師にまねかれても、「木綿の筒袖《つつそで》に破れかけた細い茶色の兵児《へこ》帯をしめた無雑作な姿をして、殆《ほと》んど剃髪に近いような丸刈の頭には、酷しき暑さに麦稈《むぎわら》帽一つ冠《かぶ》っていられなかった。足には素足に禿《ち》びくりの麻裏〔草履〕を突っかけ」（『新仏教の発見』一四頁）たいでたちで、どうみても名士の姿ではなかった。

この天香に生涯の師を見いだした人は少なくない。キリスト教牧師でもあった今岡信一良は、「私は一燈園へ飛び込む程の徹底さは持っていなかったのでありますが、天香さんにつかず離れずして、明治の終りからお亡くなりになるまで（九十六歳）お教えを頂いたのでございます……、天香さんの教えこそが、宗教の窮極の目標であると私は考えています」（『人生百年』六三七頁）という。そこまではついてゆけないが、行きつくべき、あるべき宗教者の姿をそこに見る人々も多かったようである。

「文化生活と憐愍道」なる最初の論文は、天香の著『懺悔の生活』（大正十年六月）に共鳴し、天香の憐愍《れんみん》道の生き方に憧れながら、他方では、芝居も見、芸術を鑑賞する文化的な生き方、つまり倉田百三的な立場のあることを指摘している。一燈園に身を寄せたものの、その生活に耐えられなかった倉田百三は、その言い訳をしている。たとえば劇を上演するなら、当然芸術的に完璧を期したいし、舞台装置もできるだけ完全なものにしたいという意欲が出てくるのは当然である。そのとき、「我々の隣人に飢えたる者がある事を傍観することなしには、（そんな願望は）成就できないのである。しかし餓えたる者の一人でも存在している限りは演劇は中止すべきであろうか」（倉田百三『静思』大正十一年六月、一六二頁）と自問し、こうした問題の解決が得られず、「私が一燈園の生活に堪えることのできなかったのもこの問題である」（同書）とつけ足している。

谷口は、倉田のように現実へ妥協するような態度よりは、愚直のようだが、西田の理想的行動に共鳴する。たしかにこの世のなかは優勝劣敗で、適者生存の生物進化の法則を是認するならば、優者が劣者を犠牲にして生きるのもやむを得ないということになろう。しかし谷口はそれを次のように判断する。

「しかし事実に於いては人は無相不二《むそうふに》の世界に坐しながらも差別の世界に生活している。されば吾々は必然的に無差別的の自他一体観（ママ）によって劣者にも憐愍と愛とを感じ、しかも尚《なお》現象世界に於いては小なる進化にとぼしい生命は、より大なる進化をとげたる生命の犠牲になるのも已《や》むを得ないことを嘆ぜざるを得ない。しかし如何《いか》なる生命をも犠牲にするを欲せざる憐愍の感情は時に小生命の犠牲を認容するが如《ごと》き差別世界の真理よりも一層本質的真理であることを自分は信ずる。同情のために真理は枉《ま》げてはならないと倉田氏は言ったが、自分は他の幾多の差別世界の真理よりも、同情は一層貴い真理なることを信ずる。そして物質的表面相の進化を目的とするが如き現代の文化主義は、その内容に憐愍感の如き精神的要素を美の配合に取り入れることによって、この本質的世界より泉《いず》み来る自他一体感を殺さないで、尚より高き文化主義に進歩し得るものなることを信ずる。西田氏の生活の如きはかかるより高き文化主義に一致するものであって、決して文化に逆行するものではないと思う」（大正十一年八月二十五日）

ここで谷口のいう「無相不二の世界」はやがて「実相の世界」という表現に、また「差別の世界」は「現象の世界」に、さらに「自他一体感」は「愛」ということばに変わって「生長の家」の教義ができあがってゆく。

「救いは創造主から来るか」

この題の論文は、三十歳の谷口が、思想信仰の転換をしるす記念すべき論文として、その全文を「自伝篇」(『生命の實相』第十九、二十巻)に再登場させているものであり、その要点は、「現象世界の創造主を神とせず、救いの中心力は現象の創造者以外(実相生命)から来ることと、個人の生命(現象生命)と、人格(実相生命)とを区別した点」であると書き添えている。

また昭和十五年(一九四〇)版(『新仏教の発見』)の「はしがき」では、本文「祈りと使命」の章で「わたしは自分の世界観が次第にやがて決然と変って来たことを感ずる。それは基督教的立場よりも一層仏教的立場への近接であるかも知れない」と書いたが、それから十八年たち四十八歳の円熟した谷口は、ややこの表現を修正して「その当時私は基督教的有神論から歩み出て仏教に近付いたのではなく、基督教が棄揚されて万教一致の基礎が私の心中に出来つつあったのである」と述べている。

この万教帰一的な発想も、実は西田天香から学ぶところが大きかったかも知れない。大正十四年、東京帝国大学を卒業するとすぐ一燈園の生活に二年半を過ごした塩尻公明が、一燈園に惹かれた理由は、観念のうえで隣人愛を説くのではなく、身をもって懺悔のために奉仕し、報恩のために行乞《ぎょうこつ》を実践する行き方はもちろんのこと、もう一つは「諸宗の真髄を礼拝して帰一の大願に参ぜん」という祈願の通り、一宗一派に偏しない在り方であったという（『近代日本とキリスト教　大正・昭和篇』基督教学徒兄弟団、一九五六年、六〇頁）。

谷口は、この地上には生物世界にみられる弱肉強食だけではなく人間世界における残虐矛盾の悪の存在がある以上、素直にこの世界を神の創《つく》りたもうたものと容認することができなかった。そうしたつまずきのなかで、ロマン・ローラン（一八六六―一九四四）の『ジャン・クリストフ』（一九〇四―一九一二）に出合う。

これは、人間の精神形成の道程を描くドイツ「教養小説」の伝統をひく小説であり、ベートーヴェンをモデルにしたともいわれる。この小説を書きながら、一九〇八年十二月ローランは、「私は一つの文芸作品を作ろうとする気ではない。私は信仰の作品を書こうと思う」（片山敏彦『ロマン・ロラン』九二頁）と述べている。またロマン・ローランは若い頃にデカルトの「われ考う、故にわれあり」ではなくて、「われ考う（または感ず）、故に彼あり」（自分は神的なものを感じるから神的なものは在る）と考えたとき、自分の哲学的基礎を発見し、その形而上論的生命主義の特徴が始まったといわれる（同書、一六五頁）。
無論ロマン・ローランの考えは絶えず動いている。

片山敏彦は生命こそロマン・ローランの原体験《ウルエルレープニス》であるとした上で、ローランの生命観を紹介する。ジャン・クリストフは言う――「生命こそ神聖なものだ。生命を愛することが第一の徳性だ」。生命とは、理性と心情と感覚と魂とを含むところの、肉体的、精神的なユニークな経験に名づけられた名である。そしてロマン・ローランにとっては、生命は「一河の形で感得せられる絶えざる動き」であり、「内面の旅路」である。ジャン・クリストフにとって、彼の故郷の大河ラインこそ生命の象徴であると。この河のことは、ローランの『ラーマクリシュナ伝』（一九二九―一九三〇）のなかにも出てくる。

「私は河の多い故郷に生れた。それらの河を生きもののように私は愛する。それ故、私の先祖の人々が河に葡萄酒《ぶどうしゅ》や牛乳を灌《そそ》いだ慣例のこころが私にはよくわかる。ところで、蓋《けだ》しあらゆる河の中で最も聖なる河は、あらゆる瞬間に魂の底から湧き出でて巌《いわ》と砂と氷との間をくぐって流れ出る河である。そこに、私が宗教的と名づけるところの第一の力が在る。……そして泉から海へ、海から泉へと、一切は同一のエネルギー、同一の実在であって、それには始めも終わりもない。そのものに人が与える名称は私にはどうでもいい。神（どんな神か?）又は力（どんな力か?）、又は物資（一体、それが同時に精神の諸力を意味する物質とはどんな物質か?)、いずれも唯《た》だ名称だ。名称に過ぎぬ。本質は一如《ユニテ》である。抽象的なそれでなく生きた一如である」(同書、一七二頁)

またローランは、「クリストフの目的」として次のような言葉を書き記している(一八九三年)。

「人間的ユニテ(調和的統一)がどんな多様な外観のもとに現れていようとも、常にその人間的ユニテを示すこと。これが知識および芸術の目的でなければならない。これがクリストフの目的である」

とも述べ、さらに、「……常にユニテの思想。人々相互のユニテ、そして人々と宇宙的秩序とのユニテ」と記している。ローランにとって、この宇宙の諸現象間の調和ある統一観(ユニテ)がいかに切望されているかがわかる。

ここでは神観は著しく汎《はん》神論的な生命主義になっている。進化論の出現以来、有神論的な神の宇宙創造説は後退せざるを得なかった。生物界の自然淘汰《とうた》は神の意志によるものではなく、外的偶然の支配するところになると、神の役割如何《いかん》が問い直されることになる。

しかし昨日の自分と今日の自分との間に、連続があり、統一がある存在であるのと同様、外の世界にも統一の観が想定される。それを谷口は、「吾々《われわれ》の生命はそれが人格を形造っている限り、精神錯乱状態でない限り、一つの『統一』そのものである。この『統一』が客観世界に投影せられないでいることは難しい。従って吾々は必然的に客観世界を自己と等しく、統一あるものと観ようとする傾向をもたざるを得ないのである」（自伝篇・上、二〇三―二〇四頁）という。これはローランのいうユニテを踏まえての立論であるかもしれない。谷口は、ジャン・クリストフの一節を引用する。

「クリストフにとっては、神は苦痛を感じない造物主《つくりぬし》ではなかった。自ら羅馬《ローマ》の街に火を放って、その燃えあがるのを青銅の塔の上から眺めているネロ皇帝ではなかった。神は戦っていた。神は苦しんでいた。戦う人という人と共に戦い、苦しむ人という人と共に苦しんでいた。何故なら、神は『生命』であったからだ……」（自伝篇・上、二〇四―二〇五頁）

この生命なる神のたて方について谷口は、この残虐の存在する生物界の現実をみて、善とか愛とかいう調子のいい言葉で表現される創造主に疑いを持ち始めてきた人間は、これとは別の統一原理を必要としてきた。それをロマン・ローランは虚無に対して永遠に戦闘を続ける生命にみた。つまり、「死に対して常に戦える如き自己の『生命』を客観世界の統一の原理として投影して、これを神と見た」と解する。

賀川豊彦の宇宙悪

谷口が自分の転機を求めて手記をしたためていた頃（大正十一年）、五歳年長で三十四歳の賀川豊彦（初出、五〇頁）は台湾へ伝道に出かけたり、神戸の新川で暴徒に襲われ、前歯二本を折る目に遭《あ》っていた。谷口がいうように、賀川も「自分と等しくこの世界に無用の残虐と無用の殺戮とが存在することを看逃《みのが》すことの出来なかった一人」（自伝篇・下、七頁）であった。

二十一歳で、貧民窟《ひんみんくつ》といわれていた新川のスラム（神戸市葺合区北本町（現中央区））に入って、つぶさにその矛盾と苦悩を身をもって知ることのできた賀川にとっては、大正四年（一九一五）に書いた『貧民心理の研究』の序にいうように「『宇宙悪』の問題は永らく私の頭を悩まして、私は数年来唯そのことばかりを考えて居」ることだった。大正十年に書いた『イエスの宗教とその真理』のなかでも、

「私の一生の研究題目は、『宇宙悪』の問題であるが、十六歳の頃から此《この》問題が私を執《と》えた。そして私は、悪の方面から宇宙を研究した時に、悪を跳《は》ね返して進む一つの力が、其中《その》にあることを発見したのである」（『賀川豊彦全集』第一巻、キリスト新聞社、一九六三年、一九二頁）

という。一八五九年にダーウィンの『種の起源』が出て以来、この〈自然はひたすら進化の途上にある〉という考えは、種々の面で聖書の創世記の記事に合わないばかりでなく、進化の途中にあるこの世の悲惨、つまり賀川のいう宇宙悪は、この進化とどういう関係にあるのかという疑問を必然たらしめた。そして進化論との妥協を賀川は、進化は偶然的なものではなく、目的的なものとみることで図った。彼はこう書いている。

「宇宙を進化させるものは闘争ではない。平和への努力である。それがためには宗教意識に充てる信念を固めてかからなければならない。海老名弾正《えびなだんじょう》先生の話にこんなことがあったのを覚えている」（『処世読本』昭和十二年、三九三頁）

ということで、もっとも人類にとって野蛮とみられる佩刀《はいとう》のことにふれ、明治初年はどこで敵に遭遇するかもしれないので、キリスト教徒といえども帯剣しており、四百年前の牧師はみな刀を帯びていたものだという。佩刀の廃止も進化の一環と見なされている。そして進化には目的のあることを奇蹟にこと寄せて立説する。

「人は奇蹟を嗤《わら》う。然《しか》し私は、自然に対して超自然の交渉があり、宇宙の機械的進行に対して、合目的の進化の事実を信ずる。それでは何処《どこ》にその超自然の黙示があるかと人は私に訊《き》くだろう。それに対して私は、宇宙における人格の存在そのものを指《ゆび》さす。魂の世界は機械論だけでは解けない。それは時間の上に進展する合目的の世界である。その合目的の人格的努力に対して、宇宙意志全体が協力していることを、私は確信する。この協力を、私は、宗教の世界だと考えているのだ。……奇蹟とは、合目的世界における宇宙意志の協力を意味するのだ」（『神と苦難の克服』昭和七年、三〇五—三〇六頁）

しかし谷口は、賀川のこの宇宙意志の協力を別の面から批判する。つまり、ある種のみの繁殖が増大するとき、ある場合には、相殺戮して、各種族の数を調整することが生命の全軍にとって利益であると解釈し、賀川がそこに「修正的努力」なるものを想定していると批判し、これは経済的利益であって道徳的利益ではないと反駁する。

たしかに谷口のいうように「超越神を否定し去って、宇宙進化の原動力たる『生命』そのものを『神』と見んとする」時代の流れが一方であるとき、あくまで超越的な神の存在を保持しようとすると、そこに「宇宙意志」とか「修正的努力」が介在することになる。

谷口は賀川の次の文を引用する。

「宇宙の本体は、生命価値上進である。生命は延び上らんが為に、或る個体に死を与える。然し死は進化の前提である。死を越えて生命は前進する。生命は、無生の地殻をさえ破って延び上って来たでは無いか。有生の死をなぜ恐れるのか！　死は一つの約束にしか過ぎ無い！　生命は躍進する。死を越えて躍進する」（『星より星への通路』

大正十一年、一九六―一九七頁）

これに続いて谷口は、貧民窟で眼《ま》のあたりに人間苦を観察し、生類の苦しみをつぶさに体験した賀川が、なおもそこに創造主の愛を主張する言葉に注目する。

つまり「そんな不完全な世界を造る神が悪いのだと云う人もあろう。然しそんな不完全に造られた世界にも猶救わんとする努力してくれる神は、不完全乍《なが》らにも悪意の神ではあり得ない」（『星より星への通路』一四一頁）。ここには「救おうとして苦しんでいる神」がある。また『精神運動と社会運動』（大正八年）の中にも、残虐な社会の仕組みの中にも、神はまだいささか救いの手をさしのべられているとの言い訳をする。もともと彼はプリンストン大学に在学中（大正三―六年）、「哺乳動物の進化論」を専攻し、また日中戦争の際、東京渋谷の憲兵隊の独房に拘置されたとき（昭和十五年）にも、彼が獄中で読んだ本は『哺乳動物の骨格の進化』であった程、彼の進化論への身の入れ方は一通りではなかった。彼はファーブルの『昆虫記』（一八七八―一九一〇年）のなかに、その所説の証拠を探そうとした。ファーブルは本能というものは進化の過程で自然に生じたものではないとの考えを抱いており、昆虫学の興味が死せる標本を扱うことにあった時代に、生きた昆虫の世界を観察した。そしてある種の狩猟蜂は、その犠牲虫を食用にする以前に、巧みに相手の神経節の要部を刺してこれを麻痺させておいてから食用に供することのある例をとりあげ、ダーウィンが世界を血で塗ったものと同じ材料を使いながら、全く違った結論を導き出している。ファーブルの世界とて争闘のない世界ではないにせよ、それは人間どうしの間の戦争とは違い、「争闘に整調があり、区域があり、残酷最小限の規定のある争闘であった」(『精神運動と社会運動』七三頁)といって賀川は自らを慰《なぐさ》めている。

このように犠牲に供せらる当の犠牲者の苦痛をできるだけ麻痺させるというのが創造主の「修正的努力」だとすれば、これを今日の人間社会に移すとき、地主や資本家に支配されている小作人や労働者をして、自らの状態を無自覚なままにしておくのが、つまり強いられた生活をそのまま当たり前であるかのごとく麻痺状態のままにしておくのが、神からの救いにはあたらないか。賀川豊彦はなんで寝たる子を起こすような労働運動に手をかすのか、これは賀川のやり方としては矛盾するではないかと、皮肉な表現で谷口は、賀川にせまる。

谷口は「麻痺作用によって弱肉強食の悲惨を糊塗《こと》しながら弱肉強食を已むを得ずとして許しつつある創造主の如きは、神と称するにたえないもの」(自伝篇・下、一一頁)と言い、創造主を同時に救世主(谷口のことばだと「救済の把持者」)とすることの肯んじ得ない点を強調する。「創造主そのものの本然に道徳的ならざるある欠陥の存在することに自分は想到せずにはいられない」(同上)と、無慈悲、理不尽なこの創造主をもって神とは呼べないと断言する。

ここまではそれなりに谷口説についてゆける点であるが、彼はさらに飛躍して、労資双方の争いは、生存競争なのであるから、どうしても犠牲を伴うものであるから、その犠牲を極少にするには、いたずらに労働運動にうつつをぬかすより、第三者による憐憫《れんびん》の摂理による働きを待った方がよいと、暗に賀川の労働運動の指導に矛盾のあることを指摘する。つまり第三者による労資調停のあり方を谷口は示唆しているのであろうか。

しかし、賀川が二十一歳の神戸神学校の学生の身で、新川の貧民窟にとび込み、卒業後アメリカ留学三年を経て帰国した後もさらに六年間（関東大震災まで）、ここを離れることのなかった彼の生きざまを簡単には評価できないのではあるまいか。その二十一歳のときの覚悟は、十三歳の頃から胸部疾患をわずらい喀血を繰り返し、「肺病で死ぬのなら、死ぬまでの間だけでも全力をふるって神と人に奉仕したい」（『近代日本とキリスト教　大正・昭和篇』三四頁）という死を賭《と》しての行動であり、ウェスレーの貧民窟伝道に感激し、ロンドンの貧民窟で働いたカノン・バーネットのことが刺激になったという。

賀川豊彦の思想上の矛盾を隅谷三喜男氏は、彼が人間社会はもちろん、宇宙全体を神の衣装とみたてたことにあるとする。その例証として、賀川の見方――「私の神は野の桔梗《ききょう》の花と撫子《なでしこ》の花の中に呼吸すると云います。私の神は自然の子の神です。私は絶望の宗教に加担が出来ませぬ。私の神は進化の神です。自然に生きるエランビタルです」（『地殻を破って』大正九年、二三二頁）をあげる。

ここではベルグソン（一八五九―一九四一）の生命哲学が重なりあっている。また、「イエスは神を霊、即ち生命だと見られた。……生命は二つの方向に――即時間的には生命として飛躍し、空間的には物として現われる」（『イエスの宗教とその真理』大正十年、一四三頁）

「旧約の詩人は『神は雲を衣とし……』と歌っているが、私は神が物資を衣として纏《まと》ってい給うことを感ぜずにはおれぬ」（『聖霊に就ての瞑想』昭和九年、序）

といった賀川の言葉を引いて、隅谷氏は、賀川が聖書解釈に重大な危険を冒し、「創造者である神と、被造物である宇宙＝自然とが連続的にとらえられ、被造物である自然が否定的な契機なしに賛美される危険」（隅谷三喜男『賀川豊彦』日本基督教団出版局、一九五六年、一八五頁）を指摘する。彼のなまじっかのディレッタント的な自然科学への関心が、自然法則をそのまま神の秩序と解するようになってしまい、自然と神との断絶が曖昧で、自然のなかに神の目的＝摂理を見てしまい、自然を自然として自分からつきはなして対象化して見ることのできない人で、所詮《しょせん》自然を愛する詩人の域を出ない。これがキリスト教会で彼が評価されなかった理由とする。

しかし、この点を挙げて批判するなら、無教会派を標榜する人が敬慕してやまない内村鑑三にも似たような自然観のあることを息子の祐之氏は述べている。

「私はまた鑑三の門弟たちの中にあまり見られない特色として、彼の自然科学的趣味と、天然に対する限りない憧憬の心とを挙げたい。これは彼が札幌農学校で自然科学（水産学）を修めたことにもよるが、また天成のものでもあった。……私はある夏、鑑三に伴われて十和田湖に遊んだが、当時の彼の日記に、現地で夜半の星空をながめた時の様子がくわしく述べられている。

『……荘厳である。雄大である。オライオン星もこれを山中の湖水の面に映して見なければ、その荘美はわからない。これを仰ぎ見て、余は余の貧弱なる漢語をもって余の当時の感を述ぶるあたわず、ゆえに英語を藉《か》りて独《ひと》り夜の静寂を破りて言うた、Grand ! Magnificent ! O, God と……』。この途方もなく強い自然への感動、これを見ずして、鑑三を正しく理解することはできない」（内村祐之『折り折りの人』一九六七年八月十七日、朝日新聞連載記事）

内村はこの天然の美に造物主の大いさを見ただけではなく、神そのものを見、感じている。これはひとり、賀川、内村両人だけの見方ではなく、日本人にごく自然な自然観ではあるまいか。

しかしこうした汎《はん》神論的な見方は、本来のクリスチャンに許しがたい見方であろう。つまり、神はアダムに神自らの呼気《いき》をふきこみ、それによって人間だけを他のすべての創造物から区別したはずであるのに、しかもこの万物の霊長が、猿の子孫なりと説く進化論は受け容れがたいものであったに違いない（H・バターフィールド他『近代科学の歩み』岩波書店、一九五六年、一六七頁）。人間に食べられるためにある動物は創られているという思想と、万物の生命を一体に考え、あらゆる生物を傷つけたり、殺したりすることを潔しとしないアヒンサー（不殺生）の思想を生んだ東洋の思想との違いもここに起因するのであろうか。谷口のもともとの心のつまずきも、蛙を呑む蛇の姿にひどく心を動かされるという心情に発しているように思われる。こうした心の痛みが、創造主に対する否定的な発想となって問いかけているといえよう。

ニーチェとトルストイに学ぶ

十七世紀は数学の世紀、十八世紀は物理学の時代、十九世紀は生物学が自然科学のチャンピオンになる世紀という見方に立つとき、十九世紀後半から二十世紀初頭にかけて、擡《たい》頭《とう》してくる生の哲学、つまり理性や精神より、生成し流動する生・生命に根本的現実を見ようとする傾向が生まれてくる背景はそなわっていたといえよう。不断に創造的進化を遂げてゆくところに生の本質を認め、このような生の把握を直観に求めるベルグソン、また、生の客観態である〈表現〉に注目し、これを媒介として生をより客観的にとらえるための解釈学を主張するディルタイ（一八三三―一九一一）と並んで、生の本源を「権力への意志」にもとめるニーチェ（一八四四―一九〇〇）もまた、時代の子としての谷口の取り組む対象となる。

これを谷口は「ニーチェに現われる残虐肯定の自然律」としてとらえる。つまり、「より大なるもの、より強きもの、より美しきものを生かし来《きた》るために、より小なるもの、より弱きもの、より醜きものを踏躙《ふみにじ》って進まねばならぬ生命の法則と、それとは全く逆行するが如き、より小なるもの、より弱きもの、より醜きものを憐むべしという超生命の法則」（自伝篇・下、一三頁）に対置し、選び取る思想と見る。

ニーチェは、隣人愛を説く後者の立場を、そしてそれはとりもなおさずキリスト教道徳でもある「憐憫道徳」を弱者のとなえる奴隷道徳と指摘した。そして人間を底の底でつき動かしているものは憐憫・同情などではなく、他者を支配したいという権力への意志であることを読みとっている。たとえば、ライバルである友人の病気見舞いという行為のなかには、純粋の同情、いたわりだけではなく、相手がどれほどくたばっているかを確認したいというさもしい根性の巣喰《すく》っていることをニーチェは見逃さなかった。

そういった意味で、「神は死んだ」と叫び、神に代わって自己肥大せる超人の道徳、君主道徳を云々《うんぬん》するニーチェのその表現された言辞のかげに、かえって谷口は、きわめて「温厚な性格」からして、内において「一層弱められていた（自らの）残忍性を力説することが、弱きものに組みする憐憫感の満足になり得たのである」（同書、一五頁）と述べる。そして、「生命を否定してまでも小なるに加勢し、弱きに味方し、醜きを憐まんとする宇宙進化に逆《さか》うが如き動向」（同書、一六頁）と生命進化の法則とを共に生かし得る道はないかと、さらにトルストイ（一八二八—一九一〇）へと進んでゆく。

トルストイはいう。ある家庭では適者生存の原則によって、二人の子どものうち最適者しか生き残らないとして、もう一方の家庭では二人とも生き残れるとしたら、そこには母親の愛と自己犠牲があるからであって、社会的進歩が道徳を産むと断定するのは、まさしく煖爐《だんろ》の構造が暖を産むときめつけるようなものだ、と（トルストイ、原久一郎訳『宗教論ノート』暁書房、一九四九年、一二六頁）。

また道徳と宗教とを無関係なものにしようというような試みは、子どもが好きな草花を移植しようというのに、気に入らない無用のものといって根をもぎとり、根なし草を地に突きさすようなもので、偽善的なものならいざしらず、ほんとうの道徳というものには宗教という根がなくてはならず。宗教とは、人間が、自己と、永遠にして無限な宇宙、ないし、その本源および起源との間に設定したる関係であって、それはキリスト教的には、人間が自らを最高意志の目的を遂行するための道具と考える態度であるとし、道徳とはこの関係からのみ生まれ出るところの不断の生き方の指針に他ならぬ（同書、一二九頁）――というように述べている。

このように宗教的にはローマン・カトリックもプロテスタントも、それにギリシャ正教の立場も拒否しながら、ユニークな道徳的、宗教的見解を示し、なによりキリスト教的な愛と、悪に対しては受動的な無抵抗主義をたて前とし、〈山上の垂訓《すいくん》〉のなかに精神生活の最高の指導原理を見いだす。そして、一、怒ってはならない、二、姦淫をしてはならない、三、誓ってはならない、四、暴力をもって悪に抗してはならない、五、あらゆる人間を無差別に愛せよ――という。これがいわゆるトルストイ主義である。こうした同胞愛と無抵抗の立場は、一九〇〇年前後に書いた彼の「民話」によく出ている。たとえば人間エゴとエゴのむき出しの醜悪さを描き、ロシア農民のなかにある単純素朴な人間愛をもとにした原始キリスト教的な愛の世界の必要を説いた作品として、『イワン・イリッチの死』や『人は沢山の土地がいるか』（一八八六）はよく知られている。

このトルストイは一八九一年に、一八八〇年以後の作品に対する著作権を放棄し、屋敷や地所も妻や子どもにゆずり、さらに一九一〇年、最後の遺言を書き、医師マコヴィツキイを伴って家出をし、彷徨《さすらい》の途中、急性肺炎にかかり小駅で息をひきとる。

このトルストイを、谷口はだれにもまして「生命進化の動向（生命の法則）に引きずられ行きながら、猶且他人に於けるよりも一層大いなる声で、憐憫《れんびん》の道徳律によって呼びかけられつつ、終《つい》に最後まで自己心内の戦いを戦った人」（自伝篇・下、一六頁）と見ている。と同時に単に遺書を書いただけで、ついに家出をせずに終わっていたのなら彼の偉大さは劣るであろうといい、トルストイの人格価値は自己の財産をいよいよ増やすことによって弱者を犠牲にすることを断念し、弱者からの略奪に等しい自らの富を捨て去って、無一物となって家出する、そのことによって、いっそう高まったと判断する。

人格価値と生命価値

富裕なトルストイより、一切を捨てて家を出ていったトルストイに人格的な価値を見いだした谷口は、興味ある価値論を展開する。つまりある人が盗人《ぬすっと》に財を奪われる場合を例にあげる。そして盗まれようとする人間がその盗人に対してとり得る態度を四つに分ける。

(1) 盗賊の力にまけて奪うままにさせる。

(2) 盗人とかなわぬまでも格闘する。

(3)　盗賊に屈することを恥辱として格闘する。

(4)　物を惜しがらず、自らの力をたのむ者の執着するものをくれてやる。

これに対して谷口はコメントをつける。(1)と(2)の場合はあくまで盗《と》られる「物」にねらいをおいた利己主義者の態度。(3)は、ねらいはもはや物そのものではなく格闘に堪える自分の「生命力」であるから、これを生命中心主義という。いわば自ら恃《たの》むところのある腕力にものを言わすもの。(4)は物質にも、自分の力にも執着せず、「上衣《うわぎ》を奪わんとする者には下衣《したぎ》までも与えんとする」という聖者の態度で、これこそ人格価値をめざす人格主義の権化なりとする。マックス・シェーラー（一八七四―一九二八）の価値と模範的人格像を思わせる分け方である（シェーラーは、世才人＝快適性、文明の指導者＝有用性、英雄＝生命性、聖人＝宗教性と価値の表現をかかげる）。かくてこの人格は「生命統一」の奥所にさらに、この世ならぬ美しき「統一」をもって潜んでいる内部の「神聖性」であって、いわば胎児が胞衣《えな》に保護されて生育しながらやがて胞衣を破って成長するように、胞衣は胎児たる人格を守る生命である。したがって、犬などの動物には生命はあるが人格はないという。

火事と花見

すでに『聖道へ』のなかで、谷口は、この世に不幸、悲惨な状態に苦しんでいる人があるというのに、自分は観劇したり、文化生活を享受することの後ろめたさといったものについて悩んだとき、倉田百三がちょうど大正十一年六月に出版した『静思』を読み、そこにヒントを得て西田天香、倉田百三、有島武郎三氏のその問題に対する処し方の違いを列挙批判している（『聖道へ』一二九―一三四頁）。

飛び込んではみたものの一燈園の生活に堪えがたくなった倉田百三は、ある日都踊りを見に行っている。その言い訳を述べている。まず、

西田天香氏――例えば火事の起こっている間は先ず火を消すことを初めにし、花見は後廻《あとまわ》しにしなければならない（『静思』一六三頁）。

倉田百三氏――併し、火を消す事が出来ない間は美を楽しむ事が出来ないとすれば、若し生きている間に火を消すことが出来ないならばどうであるか（同上）。

西田氏――そこが殉教者の十字架道である（同上）。

倉田氏――私にとっては、火を消して後に花を見る生活法は、花見を断念することを意味する。そしてこの事は自分には断念出来ないのみならず、断念すべきものと思えないのである。この世界の運行は、火事と花見とを同時に含み乍ら、而《し》かも次第に火事を鎮めて、花見のみを存在せしめる世界に向かって近づきつつある過程と観じる……（『静思』一六三―一六四頁）。

この『静思』の出た翌年、谷口の『聖道へ』（大正十二年）が出たわけだが、そのとき西田は五十一歳、有島武郎は四十五歳で軽井沢で波多野秋子と情死する。賀川豊彦は三十五歳、谷口は一番若く三十歳だった。さて、いまあげた有島武郎はどうかというに、

有島氏――火事で他人の家が焼けるのであったら、それは問題ではありませんが、自分の大事な家が焼けている時、而かもその火が自分の着ている衣類にも燃え移っている時、人は一瞬たりとも花を見たい気持ちを起こすでしょうか（『泉』第三号、三一頁）。もしあなたが、他人の家の火事を自分の家の火事と同様に感じられる程、他を自己の中に摂取した場合にのみ、火事を消すことに力を用いられたら、花見をしなかったのを悔やむようなことはないと思います（『泉』第三号、四〇頁）。

これに対し谷口自身、次のように三者を批判する。

「西田氏も倉田氏も有島氏も三氏いずれも、焦頭爛額《しょうとうらんがく》（頭を焦がし、額をただれさす、それほどに危急なこと）の『火事』的不幸に身みずから押《お》し迫《せま》られている人ではないから、この場合の『火事』は云うまでもなく他人の不幸である。しかしそこに『火事』が存在することを認めた以上、認めると同時に自己の心内に『火事』が燃え上がっていると云わなければならない。……」

谷口は、たとえそれが他人の火事であろうと、心的表象として他人の不幸が、自分の脳

裏にちらついて消えぬとき、そしてその不幸除去に乗り出さない限り、いつまでも自分につきまとい、良心をさいなむものであることを指摘、それ故に他人のことながら火消しに赴かない三人は、それをただ論議のうえで扱っていると説明する。しかし西田は西田なりに懺悔托鉢によって火消しに動いたのであり、有島は、北海道に所有していた有島農場を小作人に解放することで、トルストイ的な責めの一部を実行し、少なくとも火消しに少しは動いたといえよう。しかし、谷口自身と倉田はそのような実践には移っていない。谷口もただ口舌の徒で終わるのであろうか。有島は煩悶の末、明治四十三年（三十二歳）教会を脱し、キリスト教信仰を棄てている。

その理由として、(1)神と交感できなかったこと、(2)キリスト教の罪の観念の理解できないこと、(3)未来観に疑問をもつこと、(4)日露戦争によってキリスト教国民の裏面を見たこと（『リビングストン伝』序）――をあげている。有島は火消しに全力を注ぐには、余りにもこの世の花を賞《め》でたい意欲にかてず、自滅の道を歩んでしまった。他人の不幸を無くならせようという火消しの業は容易なことではない。しかしこの第一義的な問題が解決できないかぎり、余の一切のことに手を出せないという潔癖性はときに青年のものである。

守銭奴

谷口は大正五年に阿部次郎（一八八三―一九五九）によって縮訳されたリップス（一八五一―一九一四）の『倫理学の根本問題』や阿部自身の著作『人格主義』（大正十一年六月）に触発されて、「リップス倫理学の誤謬」という大きな見出しで所説を展開している（大正十一年十二月）。リップスの説に正面から取り組んで論難するというのではなく、あくまで自己の生活体験に関連させて説いている点で興味がある。

人格主義とは、自覚的、自律的な人格に絶対的な価値をおく立場で、カント、フィヒテからリップスに至る流れの中にある。そこにおいて谷口はリップスの立場を「人間に属する一切の意欲それ自身善なるもの積極的なるものと観じ、その一つをも蹂躙《じゆうりん》し凋落《ちようらく》せしむることをもって悪と認める」ものであって、これは容認できないとする。卑近な例として自分の育った家庭環境の中では、親の金銭への執着が強かったことを述べ、「自分は実に物質を尊重する寧《むし》ろ守銭奴の集団とも云うべき家庭で成長した」（『新仏教の発見』一三三頁）という。そしてその教育的環境も、中学を卒業するまで、金銭の獲得のほうが精神的なものの獲得より価値ありと考える人々にとりかこまれていたと語る。しかし内心では「お金など要るものか」と歯をくいしばって過ごし、縁日には二銭ずつ小遣い銭をもらっても、使うことをせず、貯《た》めこんでいった。そして、物を所有したいという意欲に対して激しい自己嫌悪を抱くようになったのは、この意欲が他の諸々の意欲に比して下位なものという判断からではなく、その意欲自体が自己の本質と相容《あいい》れないものがあったからだと考えざるを得ないと説明する。

次にリップスの所説として、人がなぜ羞恥を感ずるかについて、「下級なる官能的動物的意慾がより高級な精神的要素に下属しないで、これが出しゃばって人間の姿を規定する時、人間の姿はいびつになる、この時その人自身は自己のあさましさを感ぜざるを得ない、これが即ち『羞恥』である」と。

ところで谷口少年は、高級な意欲で強烈な食欲を、夜店を見て歩きながら耐えたけれど、そして一応おさまったが、当人はやはりなお強烈なる食欲そのものに自己侮蔑《ぶべつ》を感ぜざるを得なかった。するとリップスのいう「意欲そのものは積極的なるもの、それ自身善なるもの」という見解が腑《ふ》に落ちないという。また犬は羞恥心なきゆえ交尾の衝動が起こると人前もはばからず行動に及ぶ。しかし人間の場合、食欲や性欲などおよそ官能的意欲が他の精神的意欲に比べて下等な意欲とされてきた理由として谷口は三点をあげる。⑴五官の感覚に密着接合しているもので、人格の面では表面的な皮相な末梢的意欲であるため、⑵本人以外何人もその末梢的享楽をうけることがない。⑶官能的意欲は歓喜の持続が短い。

谷口はこれら官能的意欲が人格の成長を妨げるのは、こうした程度の上の差ではなく、本質的にこれらがその本性上、悪だからではないか、と批判する。

食欲も性欲もその欲求の満足には自分の外なる対象が必要で、外なるものに依存し、外なるものの奴隷と化する。恋情の場合も、恋人なしにはもはや自分の存在はあり得ないとまで思いつめるとき、彼は自由ではあり得ない。恋する者どうしがお互いに接近して、外なる者が内なるもの、つまり「自分のもの」との独占性が満足される段階になると、羞恥心が薄らいでくる。なくてはならないものが自己の外ではなく自己の内にできたからである。

ところで俗人は利己と愛他の二元の道に踏み迷うが、聖者は利己的衝動を断滅して、高い精神性に生きうるものの様である。リップスでは、およそいかなる意欲にせよ、人間のなかに芽生え、人間を駆り立て、引き寄せてゆくものは同等の善なりと判断するのに対し、谷口は意欲に区別を立てる。

そして聖人とは、外に何かを求めて己れの不完全さを満たす必要のないもの、つまり、「自己が最高の真理を体現する時、大円覚を成就する時、自己の外に何物をも求めないでもそれ自身で一切円満に具《そな》われる如き究竟地に到達するであろう」（『新仏教の発見』一五一頁）という。そして究極の救いとは、黒雲のわずかの隙間《すきま》から仄《ほの》かに射し込む日の光のような真理の啓示とこれをみている。どうやら若き谷口の至りついた理解は、人間には動物的な衝動がある。これあるがために生物界の弱肉強食に等しく、人間相互間の我利我利の餓鬼道が展開される。このいやしい衝動をさえも、創造主の与え給うた〈善〉と解するには、あまりむごたらしい、というものである。そこで創造主などというものは、こうした地獄から脱して利他の世界へ這いあがろうとしてもがくときの「迷いを擬人化したるものに過ぎない」と断案する。ここに谷口のキリスト教的な神の否定がはじまる。

百姓愛道場

谷口は根っからの求道者的精神とともに、いつも立ち止まって、はてこれでよいのだろうかと考え込んでしまう性質が強かった。だから、思想家の思想を知識として吸収するだけの物知りではなく、思いがけないことを、自分の理想に殉じて実行してしまった人物に多大の尊敬を払ってやまない。いまその人の所行について事後のことをつぶさに知る資料をもたないが、谷口は大正末年、江渡狄嶺《えとてきれい》（一八八〇―一九四四）という大学出のインテリが、手を労して働かざる者食うべからずの原則から、妻子まで棄てて「百姓生活」に身を挺《てい》した生き方に、共鳴と讃辞とともに批評を加えている。谷口はいう。

「氏は随分ものを突きつめて考えると云った性《たち》の人で、『真理』と思ったところのものにぐんぐん驀地《まっしぐら》に進んで行く人のようだ。間違っていても真剣なその態度は、それが態度だけでも自分は好きだ」（『新仏教の発見』二〇〇頁）

江渡の考えは、

「私が百姓生活を、私の良心生活として選んだ時は、健康な人は誰しも、衣食住に直接必要な肉体労働をなすべきものだと考えたのであった。それは何人もいい逃るべきことの出来ない、生活上の必須条件だと考えた。人は各々、この人間の生活して行く上の、第一義務を果した後で、初めて、許されてその人個人に与えられた賦能に向って進むことが出来る」（江渡狄嶺「或る百姓の家」二五二―二五五頁、谷口の同書所収）

というのであって、ごく素朴単純な勤労観、人生観といってしまえばそれまでだが、だれでも考えることを考えるだけでなく、それを実践してしまう「真剣さ」に谷口は感動する。江渡の見方だと、地上のすべての人の生活は天地のめぐみ、人のめぐみによって生かされている一大行乞《ぎょうこつ》的生活のなかにあるのであり、パンを得る道はただパンを得るの直接労働により、生活して行くべきものであるという。農業生産物の増大、社会機構の複雑化による生活の分業というようなことを抜きにした、こうした考えは時代に逆行するユートピアもよいとこと一笑に付することもできよう。しかし、江渡の考えは、自分の天賦の才能が仮にあるとしても、まずは、直接労働によって生活の糧《かて》を得たうえでやるべきだと説く。

そして食べ物生産の直接労力者のみが労働者で、その他は乞食の生活に等しいと極言する。

この百姓愛道場との引き合いに、谷口は武者小路実篤の「新しき村」を取り上げる。労働はいとわしいことで、出来るだけもっと人間らしい仕事にいそしめる時間をつくるべきで、武者小路自身、概《おおむ》ね午前は文筆の仕事を、そして午後は畑に出る生活を始めたが、氏の考えでは、百姓が自分の天分だからやるのではなく、ただ已《や》むを得ない苦痛の分担として、人間らしくない仕事を他人にばかり分担させてならないとの考えから、という。しかし江渡の方は、たとえ苦痛であろうと百姓の仕事は第一義的に、人間の行うべき、人間らしき仕事と判断し、これを優先し、しかるうえで片手間にのみその人の天分を生かすべきだとする。勤労観の変遷はそれ自体興味ある問題である。

いまわれわれの使う学校という意味のスクールの原義は、「何もすることなし」(nothing to do)のギリシャ語に起因するが、勉学なぞは奴隷のごとく手足を労して働くことの必要のない貴族の者のすることとの意がよく出ている。また、アンドレ・モロアによると、かつて十四世紀のロンドン市は、城壁内にも野菜畑があり街路に豚が徘徊するさまで、裁判所も大学も七月から十月までは、都市住いの者も畑仕事に出る必要から仕事が中断され、これがいわゆる、「夏期休暇」の原型という(『英国史』下、二〇四頁)。

なお後に富裕な地主になって堕落する修道院もかつては、農業生産上の工夫開発において、農民生活を指導する技術をもってその優位を占めたものだといわれる。土との生活から遠ざかった今日、これに逆行するような営みがたまさかあるにしても、世人はそれを気まぐれとしか見ない現状である。

ところで谷口はその「人間らしき仕事」というものを考える。食を求めて動くだけなら生物一般にあてはまることで、神がとくに人間を選んでこれをさせている使命でもあるまい。その他のことをすることこそ使命である。よって武者小路の立場に賛意を表する。そして江渡は、思想や芸術にたずさわる者をなべて食物を直接に生産する者の単なる寄食者と見なす。たしかに新しき村は団体の生活を指向し、江渡の百姓愛道場は単独者による生活であることの違いはあるが、皆の者の苦しみである労働生活を一緒に苦しむための「人類苦の倶受」を同じくするものと谷口はみる。

そこで比較的安逸と享楽と美的趣味に富んだ我孫子《あびこ》の生活を捨てて、未開墾な汽車の便すらない、苦痛の多い日向《ひゅうが》の生活を選んだのが武者小路である。ただ両者に多少ニュアンスの違いがある。江渡の方は文字通り「多数と倶《とも》に苦しむ」ため、多数と同じ生活まで降りてゆくことになるが、武者小路の方は、「多数の苦しみを出来るだけ工夫をこらして軽減することにつとめる」段階にとどまる。江渡が「百姓愛道場」などと麗々《れいれい》しい名称をつけた裏には、自分の理念の実行者として自分に続けの気概がこめられていたのであろうが、やがてそうした人師を気どったことを反省し、ごく平凡な生活に入る。江渡が実際いかなる社会的地位と富と家庭とを捨てたのかつまびらかにしないが、谷口によるとそれはキリスト教精神が主流をなし、新しき村のほうは、文化享受のギリシャ的精神が基調をなしていると区別する。

つまり江渡は「この世界は『神聖なるもの』のつくられたるものであり、この世界過程を静観することによって、つくりぬしの意志を知ることが出来る」という世界観に立つ。しかし谷口はこの「つくりぬし」をキリスト教的な神として措定《そてい》することに抵抗を感じ、ここでは、「つくりぬし」なるものを「叡智なき執着」——世界意志という表現で示している。かつて学生時代に読んだショーペンハウエルの『意志と表象（現識）としての世界』に出てくる宇宙の本体としての「盲目的な意志」が念頭に浮かんできたものであろうか。つまり大なる生命がより小なる生命を共食《ともぐ》いすることで成り立っている世界という面を強調する。「叡智なき」というのは叡智界なき世界とも、感性的世界に対する超感性的に想定された、完全円満な可想界を認めない、盲目的意志のみが逆巻《さかま》く世界ともとれよう。

この盲目的意志の働くところ生物は共食いの生活をしなければならない。百姓生活をしながらも鶏を殺すことの所業に江渡は心を痛める。

「鶏君を、私共は『私共の基督』と呼んで居る。私共の生活の初めから、今日迄、私共は、ドンナに、彼の『十字架』で『救』われて来たことであろう。卵は固《もと》より彼等は彼等の身を殺して私共の生命を助けてきた。私共は、彼等の幾人かを鶏肉屋に払わねばならぬ時、口に聖経を誦し、心に礼拝を為して彼等を送るのだった」(『或る百姓の家』五六頁)

このような思いは、倉田百三の『出家とその弟子』の「序曲」の文句に「私は共喰いしなくては生きることが出来ず、姦淫しなくては産《う》むことの出来ぬようにつくられているのです」と語らせ、親鸞の宿を断ろうとした左衛門は鶏を屠《と》している夢を見てうなされるのである。どうしたことか、まじめな生き方を考える求道的な思索のなかに、他生物との生の連帯にも「殺生なことをする」むごさをとりあげる。「殺生」を「殺生なことをする」という一般的残酷行為をさす言葉にしてしまったほど、日本人の思考のなかでこの発想がよみがえってくるのは不思議だ。それは仏教が「不殺生戒」を説いたからというよりも、日本人のなかにある自然観・生物観のなせるわざではなかろうか。

したがって「ケモノ」を殺害する仕事をけがれたものとし、その仕事にたずさわる人をもって「穢多非人」呼ばわりをしたのに対し、牧畜民は家畜を宗教的に聖なるものとみなし、よって屠殺は祭司の聖なる務めだったと解する文化の違いをイザヤ・ベンダサンは書いている(『日本人とユダヤ人』山本書店、一九七〇年、二八頁)。

さらに江渡は世界で害鳥と呼んでいるものの内実は、それが「生餌《いきえ》を食わず、粒飼のみで生きる鳥で、従って農作物を荒らす」のだという。他の生き者を痛め殺さないけれど、人間にとって不都合だから害鳥といって処断しようとする人間側の身勝手に、眉をひそめた立言である。

そう考えてくると新しき村の営みも、恰好《かっこう》のよいことはいっても「相互扶助と云う美名の下に団結し、最も労苦少くして他の生物をとって食い、その余力で、出来るだけ自分の気儘《きまま》なギリシャ主義的生活を送らねばならない」(『新仏教の発見』二二九頁)ものと谷口は批判する。そして「百姓愛道場」のほうは、労苦多きパンの得方を選び、せめて自分も苦しむという生活を選んだことで、人類にとって一種の贖罪《しょくざい》と見ることができるという(同書、二三二頁)。谷口はこの「無始のまよいより来《きた》れる執着の業火《ごうか》に引き摺《ず》られて」生きていることは所詮どんな生き方をしていても免れがたい事実なのだから、百姓をし、労働者になって生活の糧をかせいでいるからどうこうと言えないのではないかと批判する。そして「他の生物に対して自分は盗賊で殺人罪程度の悪人であることを謙遜に承認する人の方をなつかしいと思う(大正十一年十二月二十日)」と結んでいる。

創造主はあるか

亀井勝一郎（一九〇七―一九六六）は、倉田百三を評して、次のようにいう。「倉田さんは生涯の大半を病床で暮した人ですが、ただ愚かなまでに一筋の求道心がありました。病者に特有の感傷性とともに、晩年まで純情を失わずに迷った人です。文壇からはおおむね無視されつづけてきたこの人を、私は大正期の生んだ妙好人《みようこうにん》の一典型として尊重したいのです」（『近代日本とキリスト教　大正・昭和篇』六四頁）。しかし、倉田が一時たいへん憧れた西田天香のほうがはるかに妙好人的な生き方ではなかったろうか。

倉田は、西田天香に初めて会ったときの感動を「……京都に来て西田さんに遭いました。そして西田さんの話を聞いてまことに畏《おそ》れ入りました。私はこれまでも私の生活や文壇の今の人々の生活などの虚偽と空虚とを衝《つ》かれました。そして恥かしくまた uneasy になりました。私は西田さんは実に偉らいと感服しました」（久保正夫氏宛『青春の息の痕』大正四年十二月四日）と綴り、一燈園《いっとうえん》入りを決意している。そして西田の行動のなかによりキリスト教的な生き方を思い浮かべ、「此の人は財なく家なく妻なくフランシスカンのような仕方でキリストの主義を実行しているそうです」（同書、二五〇頁）。そしてなにより西田を、マタイ伝第六章のことばをそのまま具現しているとみた。つまり、

「あゝ、信仰薄き者よ、さらば何を食ひ、何を飲み、何を着んと思ひ煩《わずら》ふ勿《なか》れ。是みな異邦人の切に求むる所なり。汝らの天の父はおよそ凡《すべ》て此等《これら》のものゝ汝らに必要なるを知り給ふなり。まづ神の国と神の義とを求めよ。然《しか》らば総《すべ》てこれらのものは汝らに加へらるべし。この故に明日のことを思ひ煩ふ勿《なか》れ。明日は明日自ら思ひ煩はん。一日の苦労は一日にて足れり」

そして、こうした生き方は創造主によって与えられたものとして、「吾等《われら》に生を与うるもの――吾等を創ったものから養われて生きるという心持が一番正しく合理的な気がする。神本主義ともいうべき立場、西田氏の所謂《いわゆる》『仏飯《ぶっぱん》をいただいて生きる』という立場である」（『静思』大正九年、四三頁）

として、実際には、病弱のため長続きしなかった一燈園の生活を意味づけている。

その一方で、こうした生活についてゆけなかったための申し開きのためだろうか、こうした生きかたは必ずしも、人生における前向きの生き方ではなく、消極的な生き方と判断し、持って生まれたその人なりの天分をもっと積極的に生かしてゆく生き方だって、神が認めて下さるものではないかと考えてゆく。そこから、罪を犯さない消極的な在り方として「隠者の生活やトラピストの如き修道院や、又一燈園の如く出来得る限り自分の慾望を抑制して、只《ただ》神と他人への奉仕にのみ生きる生活法が安全なのは云う迄もない」（同書、一五三頁)。こうした無難安全な生き方ではなく、もう一つ自己の能力の実現をめざす、彼のいう「天命を全《まつと》うする為」の生き方は、およそ人として与えられた欲望を抑制するのではなく、それを積極的に生かしきる生活である。そうした各種の欲望を含め、「凡《すべ》て此の世に存在して居るものは何ものかから、存在を許されて居ればこそ存在して居るのである。聖書的に云わば造り主がよしと見て造ったから、存在しているのである、と我々は考えたい」(同書、一五七頁)。したがってこの世の醜態である殺生や姦淫、弱肉強食だって、すでに在るかぎり、それだけの意味があるのであって、それらをもちながら、なお世界は調和しているのだというのが倉田の見解である。こうした倉田の思想に対する反論から谷口の創造主否定の論理が展開される。

つまり「自分のわがままな欲情をつくり主が与えたと云う仮定の上に立って、それをいたわろうと云うのはあまりに身勝手な考え方だ」(『新仏教の発見』一三八頁)と、倉田の考えをしりぞける。倉田はいう。古代ギリシャのアナクサゴラスがいうように、精巧精緻な木の葉一枚だってとうてい人間わざでは不可能なもので、これとても偶然の所産ではない、ゆえにこの宇宙にはつくり主がなければならないと。

谷口はこの比論的証明はそのまま信じられないとして、時計の比喩をもってくる。つまり、時計屋による時計の製作は、感覚的存在としての時計屋の肉体運動によって、同じく感覚的存在である時計を作り出したのではない。いいかえると時計屋の精神活動として頭のなかにまず設計図があって、これにもとづいて、形ある、感覚でとらえられる具体的な時計が出来たに違いない。この点をやや固い表現だが谷口は、「無形にして非感覚的なものは有形にして感覚的なるものをつくることが出来るのである」（同書、一三九頁）と、無形の精神的観念が有形の物質的運動に変化するという点に注目する。これはいわばベルグソン哲学の流れを引くフイユの観念力（idees-forces）を思わせるもので、後の生長の家思想の根幹となる「物質本来なし、心の影」の萌芽になる彼の問題提起が始まっているといえよう。

フイユはすでに聖痕や病気惹起《じやつき》のことをこの観念力で説明している。「運動や動作の観念のみでなく、感覚や感情の観念もまた、それを懐くことによって、同時に実現される傾向を有する」といい、「観念は神経過程を刺戟《しげき》して、その観念が固定されている身体部分へ向う方向に神経過程を決定するのである。……宗教上の聖痕に対する充血の期待は定められた日に充血を生ずることができるものであり、また、病気の期待は実際に病気を惹起することができ、下痢の期待は実際に下痢を生ぜしめることができる」（高山峻『イデ・フォルスの哲学』山本書店、一九五九年、一〇一―一〇二頁）という。

さて谷口は、精神と物質との関係を、時計屋が時計を製作したいと念ずるとき、その精神という無形のものが、時計屋の肉体という有形なものを動かせなければならない、とする。したがってこの両者のつながりは、本来同質なものである。いわばここから精神的なものが感覚的なものに仮に顕現するとき肉体になるという、大胆な精神と肉体、精神と物質の一元論を持ち出してしまう。

そしてさらに発展させて、時計屋という作り主がどこか外にいて時計を作るのではなく、それは「この世界に内在してこの世界を構成する精神的原動力」であり、「この物的宇宙はつくりぬし（精神的原動力）によって相対的に動かされる物質的存在ではなく、つくり主それ自身の観念顕現でなければならない」（『新仏教の発見』二四〇頁）と結論する。

十七世紀西欧では、自然科学が勃興してきたとき、キリスト教的世界観に動揺が起こり、科学との調和をはかろうとして出て来た考えが後にいわれる理神論（deism）であることは申すまでもない。理神論では、まだ創造主としての神を捨てない。神の御わざは、機械仕掛けの時計で例えれば、この宇宙を精巧な時計仕事のように造られたが、自然は神の造られた機構によって、ねじをまかれた時計があとは自動運動をするように、神の埋めおかれた法則によって動く。人間は自然科学の研究によって、神の埋めおかれた自然運行の法則を探り出していく。これが物理学や化学の仕事でもあると。それゆえ中世以来大寺院の前に大時計が据えられていたのは、神の大いなる御わざを、これによって人々に示すためのものであった。単に時刻を報《し》らすためだけではなかった。そして近代的な意味での時間観念が生じ、いわゆる分きざみの生活の端緒をつくるものは、ニュールンベルグの時計が十六世紀以来、十五分ごとに鐘を打つようになって以来のことという（E・フロム、日高六郎訳『自由からの逃走』六七頁）。ちなみに重力振子《ふりこ》が大物時計に使用されるはじめは、一六五七年、ホイヘンスであり、彼がひげぜんまいを時計に使うのは一六七五年といわれる（『大日本百科事典』小学館）。

谷口式自然哲学

十九世紀の自然哲学は、ドイツロマン主義の派生物として、シェリングによって確立されてゆく。ひと言でいうと、十七世紀のデカルト以来、精神と物質（身体）という二分法によって近代科学的思考が発展することになるが、やはりデカルト自身その精神活動と身体活動のつなぎめ――「物的変化が心的作用に変化し得る可能性」について考えたように――に苦慮し、当時まだ不分明であった松果体にその接点を仮定した。そしてそれは今日の大脳生理学では、生物体の生活リズムを調整できる場としての解明が緒についたことはよく知られている。しかし十九世紀の初頭、このデカルト以来の二分法を一挙に乗り越えたいという気風が起こってきた。それが自然哲学である。

シェリングの出発点は、自然と精神は絶対的な解きがたいユニティから発現するという主張にある。そして、「自然は目に見える精神であり、精神は目に見えない自然である」(Nature is visible Spirit, Spirit is invisible Nature) という命題が出てくる。したがって自然は機械的、物理的な概念のみでは理解されず、その底にある精神的法則によらなければならない。目に見える自然の中にあっては、有機的で、目に見える世界は共通の精神的原理、世界霊 (world soul, Weltseele) から生じたものであり、この世界霊は、それ自体からおよび何世代にもわたって物質および生物を、そして人間の中における意識を生み出してきたという。しかも有機的な自然、種々の生物界が現存するのは、その完全さの度合によるものであるが、そのいずれもが同じ法則に従っていることだけは間違いない。したがって、ある生物界を支配する法則は、他の生物界の領域の探求と類比 (analogy) の使用によって発見できるものであって、この類比的思考こそロマン主義者の使う魔法の杖であるとエレンベルガーは解説する (H. Ellenberger, *The Discovery of the Unconscious*, 1970, pp.202–203. 邦訳『無意識の発見』弘文堂、一九八〇年)。第七章で詳しく述べるが、メタファーの使用による思考こそ、大本教以来、多くの新宗教の思想発現の母体になっていることは注目してよいことであろう。

かくて谷口は、物的存在としてバラの花が見えるごとき、バラの花として認識されるには生理過程の介在を認めながら、なおかつ花として認知される心的作用とのつながりについて、「脳髄の物的変化が『認識』と云う心的作用に変化し得る可能（ママ）は実に物心本来一如なる理由によってのみ」と結びつけてしまう（『新仏教の発見』二四一頁）。

ひとたび眼をつぶって思いをめぐらせば、精神は遠い昔のことも、また遠隔の地のことも思い浮かべられる。そこからしてまた谷口は、「精神は時間空間を超越」することができるとする。さらにわれわれの精神は円満完全を思惟することができるが、物質は円満完全なることはできない。一言にして云えば、「精神は無罣礙《むけいげ》に活動し得るが、物質は著しく狭い約束にしばられている」（同書、二四一―二四二頁）と述べて、暗にプラトンのいうイデアの世界（可想界）の完全と現実とのずれを思わせる発想をした上で、したがって精神が物質の本源であり、精神こそ完全円満なものと考える。つまり「無形な精神こそ本来の面目」であり、仏教でいう「三界唯心《さんがいゆいしん》、心外無別法」こそ、これをさすものだという。しかし、この世界はただ一つの精神から成り立っているにしても、「自分はこの一つの精神をまだつくり主とは呼ばない」という。

谷口によれば、この世界の本質は「宇宙精神」であって、これは「完全なもの」と主張する。まことにシェリングの所説を思わせるものがうかがえる。よって谷口は、子どもがある時期になると自然に性欲にめざめ、それが萌《きざ》してくるのは、本来「完全なるものから」生まれでたからこそ「完全なるもの」を思惟《しい》し、これを求めることができるとする。まさにプラトンの『饗宴』にあるように、両性はもとの完全な姿を求めてベターハーフ（よき伴侶）を探し求める、という考えを想起させる。アモールとプシケというギリシャ神話も若い男女の愛の物語になっているが、プシケという人間の心（精神）が完全なものアモール（愛）を求めるということの比喩的表現であるとされる。

さて谷口は、「この『完全なるもの』を『真如《しんによ》』又は神と呼ぶ。しかしつくり主と云うことからは避けたい」（同書、二四四頁）という。そして完全なものは、それで足りているからいまさらなにも創ることはない。したがって創造主ではないとする。

真如と無明

仏教用語は、現在われわれが日常生活の中で使う同じ漢語・漢字の組み合わせからなっているゆえ、ときにあいまい、不分明なことがある。谷口も宇宙の本質をさすものとして「真如」を使い、これを完全、渾一なるものとする。そして「無明」とは、それを悟らず、差別すべからざるものに差別の念を抱き、本来完全であるのに「欠乏」の念を抱いて、執着、煩労する原因となす。ゆえに無明《むみよう》こそ「一切のもののつくり主」とされる。したがってキリスト教でいう造り主なるものすら完全円満なる宇宙の本質を悟らず「不完全不満足」をかこつもと、元凶というべきものは無明こと錯誤観念なりとする。したがって谷口にとっては、進化の弱肉強食も、性欲も、他の生き物を犠牲にして食う食欲も、さらに新しき村の人類中心主義も、自己に執着《しゅうじゃく》し、他を奪い、他と結合することで自己を肥《ふと》らそうとする点で無明に起因すると説く。つまり世界悪の根源を無明にもってゆく。

ところで、では完全円満な宇宙に、それに反する迷妄としてどうして無明があらわれるのかという疑問が生じる。谷口は、ここで『大乗起信論《だいじょうきしんろん》』をよりどころとしているようであるが、その立場は、人間の心を真如門と生滅門の両面から説いている。前者は、人間の心をそのあるがままの真実の姿においてとらえるものであり、後者は、心の活動する面、さまざまに展開する姿においてとらえるものであるが、『起信論』では、「一切の諸法（事物）は唯《ただ》妄念に依りてのみ差別あり、若《も》し心念を離るれば即一切境界の相なし、……畢竟《ひっきょう》平等にして変異あることなく破壊《はえ》すべからず唯是一心のみ、故に真如と名づく」という。さてこの一心を真如という意味は何であろうか、しばらくこれを宇井伯壽《ういはくじゅ》の『印度大乗仏教中心思想史』（久遠閣、一九三四年、四七四―四七五頁）によってみてみたい。

一切法はただ是一心ゆえに真如と名づくとあるが、真如はそのまま一切法であって、一切法を開発する第一原因でもなく、特別の実体でも、現象に対する本体でもない。一切法を一全体とすれば、心（精神）も物質もその中に入って区別がなく、この一全体をそのまま如となし、それに真の加わったものである。「如」は、そのままの意味であるが、一心というときは、物と心というときの心をさすのではなく、前者を含む意味ゆえ心性《しんしょう》とか心源（一切万有の根源の意）といい、また自性清浄心《じしょうしょうじょうしん》とも呼び、人間すでに生まれながら備わっている本性でもあり、宇宙の絶対の理法でもある。しかしてこの一心の転ずるとき、衆生とも仏ともなる。心性はかくわれわれの存在の根底にある原理をさすのであって「三界唯心、心外無別法」、「一心一切法、一切法一心」というときの「心」も西洋哲学でいう唯心論と必ずしも同じではない。心性は常住不変であって、生ずることも、滅することもないが、そのあるがままの真実の姿を真如と称するが、それを活動面でとらえるとき如来《にょらい》蔵《ぞう》という。つまり凡夫《ぼんぷ》の心の中にも如来（仏＝真理に到達したもの）になりうる可能性を宿していることをさす。しかし現実構造の上では客塵煩悩《きゃくじんぼんのう》につきまとわれ、あるいは迷妄におおわれ、胎児のように母体のうちに蔵《ぞう》されているところから如来蔵ともいう。そして宇宙の万象、つまり一切の現象的存在の生起するもととしてこれを考えるとき如来蔵縁起《えんぎ》の表現が出てくる。これはまた真如縁起説ともいわれるが、『大乗起信論』の立場は、如来蔵とアーラヤ識（もっとも根源的な識のはたらきであり、かつ、覆われて潜在している意識）との調和をはかる立場とされる。したがってアーラヤ縁起論ともよばれるが、唯識論では、このアーラヤ識の中にかくれているものに随眠《ずいめん》無明が、それが現に人に働きかけて人間を縛りつけている纏《てん》無明があるがゆえに、無明縁起の名がでてくる。つまり真如の法が本来平等一味、無差別であることを覚知できないで妄想心が起動することがあるが、これは根本無明の起動によるものとされる。

しかして谷口の所論は、無明から来る諸欲求を抑制して他人のために奉仕しようとする修道院や一燈園の生き方は、自他の内に「神聖なるもの」（真我、仏性）を解放しようと努めるものとしてこれを賞賛する。倉田百三のいうように現にこうしてここに諸々の意欲を抱きながら生きている以上、それら意欲を抑えるのではなく積極的に生かしながら生きてゆく、いわば文化的な精神生活享受の方向を必ずしも最上のものとは考えない。かえって、消極的にみえるが、「『個我』の欲情を否定することによって、それ自身円満完全なる積極的存在（真我、仏性）を肯定せんとする道となるであろう」（『新仏教の発見』二五三頁）と一燈園の生き方の中に、むしろ積極的な生き方を見いだしている。

仏教では十二因縁といって人生の苦悩の第一である老死を離れるにはいかに考えるべきかを追求してゆき、その理由を溯って、最後にそれは、仏陀の根本思想を知らない根本的無智（無明）にまでたどってゆく。谷口はこの無明を十二因縁の第八支欲望（愛）と第九支の執着（取）においてとらえ、無明あるゆえに執着ありとし、この執着を精神物質両面に併用して、天体運行の原因も執着（牽引力）により、物質分子を構成する陰電子が陽電子を中心として旋回するのも同じくその執着（牽引力）によるとみるだけではなく、食欲も肉欲も恋愛も一切の意欲もこの執着によると見なす。したがって殺生、姦淫の起こり、弱肉強食が地上にあるのもこの執着のなせるわざである事実を、倉田式にいえば、これすら造り主がよしと見て造った存在としなければならないことになる。その不合理から、谷口は創り主たる神のほうを否定して、無明による執着の存在をもってきて、あえて創り主といえば無明だとする。キリスト教で長く論ぜられてきた悪の問題、そしてヨブ記の問題につまずいて谷口は苦悶する。やがて谷口はこの無明そのものを否定する「無明本来なし」という境地に思索をすすめるが、まだこの段階（大正十一年十二月）では、この無明を表に立てた悲観的人生観にまじめに取り組み、当人のいうよう「始終私は神経衰弱で苦しみ、慢性下痢に悩んで」おり、それだけではなく、大本教以来抱きつづけていた、創造神、国常立尊をも否定するようになる。

国常立尊は、『日本書紀』では天地開闢、国土生成の最初に出てくる神で、クニノトコタチ、クニサヅチ、トヨクムヌの三神があげられているが、大本教ではクニノトコタチは艮《うしとら》の金神《こんじん》に相当し、トヨクムヌは坤《ひつじさる》の金神にあてられる。それだけではなく、大本のお筆先によって明治二十五年正月元日に、この国常立尊は、いよいよミロクの世が明治三十年から来ることを予告し（出口王仁三郎「弥勒《みろく》の世に就いて」『神霊界』一二七号、大正九年九月）、国常立尊自らが出現してやがて世の立替えが行われると湧《わ》き立ったものである。あるいは谷口の心底には、この国常立尊つまり艮の金神により世の立替えの実証をみなかったことと相まって創造主としての神否定の方向へ心が動いたのかもしれない。

世の多くの青年は、あまりこうした神の存在云々《うんぬん》のことに心を悩ますことはそう数あることではなかったろうに、とにかく気まじめな青年谷口は考えあぐねた。大げさにいえば、実存的不安に悩んだための神経症に罹《かか》ったとでもいえよう。M・シェーラーのいうところの青年一度は通過すべき形而上学的な苦悩、世界はどうしてできたのか、自分は何のために生きているのかという問題を、軽率にやり過ごすことのできない鋭敏な一人の青年が、ここにいたともいえよう。

菜食主義

菜食主義（vegetarianism）は、ヒンズー教徒、仏教徒、さらにキリスト教ではセブンスデイ・アドベンティストの信者たちの中で行われてきた慣習であるが、一般にキリスト教徒は動物愛護には熱心であるが必ずしも菜食主義をよしとしない。創世記第一章二十七、二十八節にこんなことばがある。

「神は自分のかたちに人を創造された。すなわち、神のかたちに創造し、男と女とに創造された。神は彼らを祝福していわれた、『生めよ、ふえよ、地に満ちよ。地のすべての獣、空のすべての鳥、地に這うすべてのもの、海のすべての魚は恐れおののいて、あなたがたの支配に服し、すべての生きて動くものはあなたがたの食物となるであろう』」

人だけが神の似姿をもっているため、他の動物を食べる権利のあかしがここにありとする。

大正十二年、谷口は一燈園の雑誌『光』に「業因断滅の根本的な実行方法に就いて」と題する一文を、寄せている。

「生き物を食べねば生きられぬように出来ている人間にとって、許され得るもっとも謙遜な態度は、生きものを食べることの悪を、悪として正直に承認することにある。……わたしははっきり云うが、人類のうち、ただ『光』の友だちだけでも動物の食物をとらないと云う盟約をかわして、そして、その日からすぐ動物を食物にとらないことを実行したい。『光』の友だち全部がそれを実行出来ないならば、ただ一燈園の同人からだけでもそれを実行しはじめて貰いたい」

と随分せっかちで切羽詰まったような、あるいは見方によってはひとりよがりな厚かましい注文の押しつけのようにもとれる。ところで本人は鶏卵だけは、栄養補給のためであろうか、これは「まだ生命になっていないもの、それは意識が発達していないし、苦痛も感じないものであるから」という言い訳つきで、医師がすすめたというので一日数個あて食べているという。しかしともかく、例外はあるにしてもこの頃菜食主義を実行していたのは事実らしい。しかし下痢はやまず、古本屋でみつけた食養生の本を読むと、卵なんぞ胃腸の強い人にはよいが、そうでない人の場合には異常発酵すると書いてあるのを知り、卵をやめ麦飯とたくあんに切りかえたら下痢がとまったという。これで結構いけるから動物共食いの食事はやめましょうというので、どうもあまり説得力がなかったようで、本来麦飯で過ごしている一燈園ではとくに彼の勧告にしたがって菜食主義を強行決議したようには聞いていない。

考えてみれば菜食主義だって、四つ足ではないにしても生きものを食べているには違いない。そうかといって菜食主義で「野菜許《ばか》り食って生きている人に向って、自分で鶏を屠《ほふ》って食っている奴が、お前も亦生物を食っているではないかと云って非難するのは悪《にく》むべきだ」(『静思』四八頁)と、倉田百三は谷口を擁護するような表現をしている。

大正十二年九月一日、関東大震災に被災し、妊娠中の妻もろとも上野の公園に避難して無事助かる。その避難現場で支給された一片《ひときれ》のパンを、それにバターが入っているという理由で食べなかったとのこと。「バターは幼き牛からの掠奪であったから」という解釈である。谷口の菜食主義も相当な神経の使いようだったと察せられる。

第五章　雪溶け

高岡から神戸へ

大正十二年九月十三日、信越線が開通。早速、谷口は、身重の輝子夫人の身体《からだ》を気づかいながら、共に実家の高岡へ向かう。そして翌月、無事女児を出産、現谷口清超夫人恵美子氏である。夫谷口は、初産の妻を案じて、産室の隣で正座して『般若心経』十八回をあげている中《うち》に産が終わったという。今の若い夫婦には想像できない程の信心ぶりである。

思いがけず神戸の養父が当座の入用にと金と着替えをもって、わざわざ高岡まで来てくれたことに感動した。そして暮れの十二月には連れだって神戸の養家に身を寄せることになった。親子嫁舅の間の仲睦まじい関係はそう長続きしなかった。きっかけは子どもの育て方をめぐる衝突であった。何でも書物による知識に頼ろうとする谷口は図書館へ出かけ、育児書十冊も読んで理想的な子育てをしようとする。孫がかわいいばっかりの養父母にとってみれば、赤ん坊がいくら泣いても一定時間が来なければ授乳するな、などということは、どうも残酷きわまりないことに思えたに違いない。

孫もろくに抱かせてもらえないとなると、老夫婦と若夫婦との仲は、経済的な水くさい面が表面に出てくる。震災による被災者として居候《いそうろう》できる期間にも程があった。養父母にしてみれば、子までできて、いい歳をして、まともな生業《なりわい》と確実な収入のない谷口夫妻は厄介《やっかい》な存在にみえてきた。

同じく震災後、大阪に来て心霊科学研究会をこの地で復活し、雑誌『心霊界』を発行しだした浅野和三郎の仕事を手伝いはじめていた。しかし、まだ月給をもらえるような組織のものではなかった。それで谷口夫妻の仲人でもあり、雑誌のスポンサーでもある今井楳《ばい》軒《けん》に泣きついて、月々四十円ほどの援助をうけることになり、その金をさも一人前の月収であるような顔をして、その中から何がしかの金をさいて養父母に差し出すことで当座をつくろっていた。

居候にも言い分はあった。すでに大本時代、一本の縄を帯にしめて大本の聖フランシスを気どっていた谷口である。今度もフランシスを引き合いに出して、こう考える。「聖者の伝記によればフランシスは父の財産を貧しきもの達に頒《わか》ち与えて、彼が法廷に訴えられたとき、自分のすべての衣と持ちものとを父に返し、裸身となって『今日からは自分は肉身の父の子ではない。天の父の子である』と叫んだと云うことを私は思出し」（自伝篇・下、八〇頁）、自分がいま養父母の厄介になり、そこから金を引き出して、「衆生救済の大願に奉仕するため」、親の財産を貧しい人たちに恵むことは、まさしくフランシスばりのことをしているのだという自負にまで変貌している。夫婦もろとも養父母のところにころげ込んできて勝手気ままな生活をやりながら、何で救済だの、人助けだの、養父母にしてはたいへんな極道者にみえたのも無理なかろう。

さてキリスト教の精神が、西欧の一般大衆の心に根づいてゆくのに大きな役割を果たしたのはフランシスを通じてであるといわれる。放縦の生活から一転して、清貧、篤信の生活に入り、貧しい人やハンセン氏病者のことに心をまどわし、富を放棄して、困窮せる人に奉仕することを思い立ち、イエスの生き方に従う者を仲間として集めた。それがフランシス派である。

ところで八世紀の頃、『パラームと聖ヨサフ』という物語がギリシャ語で書かれている。これは西欧世界にキリスト教の聖者の物語として輸入されたものであるが、実は仏教の「仏伝」の変形されたものであるという。フランシスは多分この本を読んでいたといわれる（武内義範『講座仏教思想』第五巻、理想社、一九八二年、一八九頁）。その読書体験を経て、家を棄て仏陀と同じような出離の道を歩むことになる。そして一二二四年、聖痕による傷をうけ、その後死ぬまで（一二二六年）、その超越的な身体的苦悩をよろこびを以て迎える生活を送る。

聖フランシスに倣《なら》いて

谷口は聖フランシスの生涯に大いなる憧れを抱いていた。聖フランシスが女人を避け、女と話すときは目を天にあげて、女の顔を見まいとつとめた点をとりあげ、これは女をその表面《うわべ》にあらわれた美醜《びしゅう》によって左右されることなく、内面のものによって判断すべき例として、「恋愛は『完全なるもの』への憧憬である。それ故《ゆえ》真に恋する者は、その対象を外に対してではなく内に置かねばならない。これが理想としての恋愛である」(『新仏教の発見』二六三頁)という意味に解している。

また性衝動の説明に際してもフランシスを引き合いに出している。それがたとえ恋人どうしの肉交でも、また夫婦間の肉交でも、決して〈浄い〉という感じを起こすものではないという。性欲の満たされたあとの虚無感をとりあげ、これは「醜悪の感じを粗野な快楽に胡麻化《ごまか》しながら衝動の激烈さに引ずられて遂行するのである」(同書、二六七頁)。したがってこれは自己内部の神聖性がけがされるとし、これに反し、これをフランシスがハンセン氏病患者に接吻したときの慶びに比べてみると両者の違いは明らかなりとして、「フランシスは接吻の激情にかられずに、むしろ激しき嫌悪の念に駆《か》られながら、辛《かろ》うじて嫌悪の念に打ち勝って渋々と癩病患者に接吻する。併《しか》しそれを果たし得た時には実に浄い慶びを感ずる」(同書)と述べ、その効果反応の逆であることを指摘する。

W・ジェームズは、このようにアッシジのフランシスやイグナティウス・ロヨラが、乞食と衣服を交換したり、「癩者に接吻する」だけでなく、患者の傷や腫れものを自らの舌で洗い清めるような行為に人を促し、本能的な嫌悪感を抑制できる動機について、禁欲主義もあろうし、それに純心な慈愛の心、そして謙虚な気持ち、つまり名声を求めず、凡人として神の前に平伏したい願いも働いたとしている。またジェームズは、フランシスが身につけていた羊皮製の皮服にはつねにシラミがたかっていたこと、そしてこれについてその弟子のいうには、「聖人様ご自身は、天使のようなお方でシラミを憎もうとなされず、むしろシラミを身体に飼っておいでになります。そういう天国の真珠でも衣服につけることとは栄誉であり光栄なことであるとなさっていたからである」(『宗教的経験の諸相』下、桝田啓三郎訳、八三頁)。

肉を常食とする西欧キリスト教徒の感覚からすると、これは並はずれている。ジェームズがいうよう、医学的唯物論者にすれば、キリストの幻影を見たパウロはテンカン病患者であり、聖テレサはヒステリー患者であり、このアッシジの聖フランシスは遺伝性変質者ということになってしまう(同書、一一九頁)。

また多くの宗教心理学者が、これらの人物を神秘主義者の中へ包括してしまい、「人生からの逃避者であるか、さもなくば、自己催眠(self-hypnosis)現象による理性放棄と見る人々もある」と指摘する(W. H. Clark, *The Psychology of Religion*, 1958, p. 284)。しかし、これでは問題の解決にならない。一方でこれは並の判断では決めがたい行動であるとされながら、その後大勢の人が、その行き方を自分ではそのまま実践できないものと知りながら、憧れと敬意を寄せてきたのはなぜであろうか。ここで注意したいのは、西欧に伝統的な自然観、とりわけ被造物としての動物に対する見方にとって異質の要素が入りこんでいることである。J・ホワイトは、雑誌『サイエンス』（一九六七）の「生態学的危機の歴史的根拠」と題する論文の中で、聖フランシスを理解する鍵は何かという問題をかかげて説明する。

　つまりフランシスは、「へりくだり」（humility）の徳を信じていることであり、それは個々人に対する「へりくだり」ではなく、大きく「種」としての人類そのものに対する「へりくだり」である。しかも大事なことは、いままでの人間の、人間以外の被造物に対して君臨してきた状態から人間を引き離し、いわば人間を含む神の被造物一切についてのデモクラシーを設定したことである。蟻は、フランシスにとっては単に、怠け者に向かってさとす教訓の素材としての勤勉な動物ではなく、蟻を見ることによって霊魂の神とのユニオンへのあこがれの火を点じ燃え立たせてくれるものであって、蟻もわが兄弟姉妹なのであると（P. W. Pruyser, *A Dynamic Psychology of Religion*, 1976, p. 281）。こうした自然観は、きわめて東洋的なものに近づいているといわなければならない。求道者《ぐどうしゃ》谷口にとって、そのよき先達《せんだつ》をフランシスの中に見いだすのも至極《しごく》もっともなところがあろう。

しかもさきのクラークが述べているように（同書、二七九頁）、フランシスを含め一般に神秘家の気質は、きわめて非日常的（unusual）な面があり、社会集団の中からはずれ出てしまう。つまり、その抱いている価値体系（value system）の違い、それに基づく行動からして、家族や仲間との衝突は必至である。聖フランシスが貧困に与《くみ》して、富める家族との和解が得られなかったように、谷口も養父母との共同生活は不可能であった。

善中の悪

養父母と谷口夫妻との間のみぞは、子どもの病気をめぐってははっきり出来ていた。乳飲《ちの》み子が咳《せき》をしては、せっかく飲んだ乳を吐き出す症状が起こった。谷口は、例によって小児病に関する本をたよりに、幼児を衰弱させないため、吐いてもすぐあとでまた乳を飲ませよ、とあるのにたよって、三度このことを繰り返したが、やはり、飲ませば吐くで始末にこまる。こうなって「死ぬかもしれない」と予感をしながら、医者の往診代を思って、谷口はまたもや図書館へ走った。数種の本にあたってもしかるべき処方がつかめず、三時間を図書館で過ごしてすごすご引きかえしてきたところ、乳児は軟便をしており、さらにその中に、それとわかる小豆《あずき》の粒がみつかった。原因は不消化な小豆とわかり、その便の小豆を口に入れさせた犯人は養父母だとわかった。若夫婦は愕然とした。祖父母はかくまでして孫に物を食べさせたいのかと。

ともあれ、医者をよばない谷口夫妻は、これは腸から来た嘔吐だからというので、胃袋の上を三本の指先で撫でる触手治療に訴えた。それとともに「腹の中の悪い溜りものが、胃腸の蠕動《ぜんどう》がついたので皆出て了《しま》ったのだ。これさえ出て了えば、食物は吐かなくなるよ」と妻に、自然治癒力のあることを説明している。

書物によっていっぱしの医学知識を身につけてゆく旺盛な研究意欲がここにうかがえる。こんな状態の頃、ある夢を見る。谷口は、いま霊魂の存在、その不滅を証明して人類に役立てるのだ、そのため心霊現象の事例集めや研究のため働いているという自負が一方でありながら、一燈園のようなすっきりした無執着な生活にも踏みきれずにいる自分を、心の底ではもどかしく思っていたのであろうか。その夢の中で、神は足手《あしで》まといになる妻子を谷口にさずけたわけとして、

「神――お前は十字街頭でたのまれるままに何事でも無罣礙《むけいげ》に奉仕しながら、自分の執着の少なさを誇りとしていた。万人よ、爾曹《なんじら》われにならえ――と云うような気負った心持をもっていた。お前は万人が自分と同じような生活に出られないのを、捨て得ない我執のためばかりと思っていた。わたしはお前を反省させようと思ったのだ……」（自伝篇・下、九三頁）

この十字街頭《じゅうじがいとう》とは一燈園で愛用することばである。西田天香は自らの立場を次のように表明している。

「一燈園は一宗を開かず又一宗に偏らないのです。此帰一《このきいっ》の大願に参し、叶うだけのお役にたたせてもらおうというのです。古の先覚者に類例を求めますなら――不遜きわまる比較ですが説明のためにしばらくおゆるしを乞う――西洋にしては十二世紀の頃イタリーに出られたセント・フランシス、我国にしては聖徳太子、親鸞上人等のとられた道が、私共の立場とよほど近かったらしいのです。現代では、ペルシアに勃興しつつあるバハイズムが、或《あるい》は私共と同じ脈のものではないかと考えられます。大凡《おおよそ》、道の修し方には、真諦《しんたい》門俗諦《ぞくたい》門（又は出家道在家道）の二大別があるそうですが、一燈園は俗諦門在家道に本願をおいてあるのです。治生産業に即しての修行であり、室内に坐禅して定力《じょうりき》を錬るかわりに、十字街頭に箒を持ち、草むしりをしながら丹田《たんでん》を養う所謂《いわゆる》動中の工夫《くふう》なのです」（「労働は祈禱、祈禱は労働」大正十一年十月、『托鉢行願』二九四―二九五頁）

谷口は実際には、一燈園のような無所有に立った、十字街頭に箒《ほうき》を持つ生活にはとびこまなかった。妻に愛想《あいそ》をつかされ、去るままに離れてゆくような天香の生活についてはゆけなかった。しかし妻子をかかえての奉仕活動はつらい。

「神――お前は此の苦しみに耐えなければならない。……お前は極めて精神的に出来ているし、お前の養父母はきわめて物質的に出来ている」（自伝篇・下、九五頁）

六十の坂を越した養父母は、本来ならこの養子夫妻の世話になりたい位だのに、今だにわけのわからないことをして生活が立たない谷口夫妻の真意をはかりかねるのも無理はない。神の姿の代わりに養父の姿が夢中に出現、万人が幸福になれる証拠を神霊研究によってさぐろうとしている谷口の営為に対して、

「養父――お前はまだそんな他愛もない馬鹿なことを云っているのか。お前くらい我よしの者はない。自分だけ無執着な暢《の》んびりとした生活を送っていれば親はどうなっても好いと思っているのか。」

世間的な眼でみれば谷口のやっていることはどうも腑に落ちない所業に違いなかった。神が再び助け船を出してくださる。

「神――すべて万人を救う道に立つ者は、昔からひとたびは父母に背いた。釈迦がそうだ。耶蘇《イエス》がそうだ。フランシスがそうだ。心配しないが好い。」

しかし谷口青年はそうは思っても子どもはいとおしかった。夢中で神に答える。

「青年――けれどもわたしは打ち摧《くだ》かれました。わたしはドン底へ堕落して了ったのです。再び起き上がる力がありません。わたしは釈迦にも耶蘇にもフランシスにもな

る事はもう出来ません。わたしは父母にそむいても子供にそむくことは出来ません。」

谷口は一にも二にも金に苦しみ、養父母に世話になる生活境遇から脱したかった。今井翁から支給の四十円で三人が別世帯をもつには足らず、苦慮する。

しかし谷口は、もって廻った論理のようだが、次のように考えて、仕事に対する報酬をこともあろうに震災前にさかのぼって請求する。つまり今までの生き方はまことに精神中心主義で、金儲け、財物を蓄えることなど、聖者の生き方からすれば一切、けがらわしいこと、いやしむべきことでしかなかった。自分の考え方からすると物質などというものはとるに足らぬもの、そうなれば、それを持つも持たぬも、本来「空無」なもの、「それを有《も》ってなんの恥ずかしきことがあろうぞ。それを有って汚れると思っている間は、まだ色《しき》即是空《そくぜくう》の真理が悟れていないからではないか。『物質は無い！』」（自伝篇・下、一〇一頁）と悟る。

そう言い訳を立てておいて、浅野に生活できるだけの金が欲しいと請求する。浅野も無い袖はふれず返事もよこさなかった。その谷口の出した手紙は今井翁のところへゆき、今井からは、浅野も奉仕生活をしているのだから無理はいえまい、自分がやりくりの分は出してあげるということになり、またもや今井翁に厄介をかけることになる。心霊科学研究もやめて、今井翁にも負担をかけない生活をと考えていたとき、またもや神戸で霊媒による心霊実験をやることになり、その模様を記事にすることが谷口の仕事だった。その霊媒はどうやら眉《まゆ》つばのところがあったが、恐るべく座談がたくみで、べらべら喋ったことばのなかに、

「今の所謂《いわゆる》善人と云うものは皆貧乏になる稽古《けいこ》ばかりしていて、自分が貧乏しているから人をたすける力もなし、自分もくるしい、人も苦しい。これを善中の悪と云います」（同書、一〇六頁）

というのが心に残った。ここから谷口の活動の方向に今までと違ったものがきざすことになる。

やがて、現実生活の重みと「時代への漠然たる不安」から芥川龍之介が自殺して果てる昭和二年も近かった。しかし大正十一年という年には、宮崎安右衛門著の『聖フランシス』や『野聖乞食桃水《とうすい》』が広く読まれるような求道的雰囲気があったことも事実のようである。

近江商人西田天香に学ぶ（宣光社的はたらき）

口の悪い評論家の故大宅壮一（一九〇〇―一九七〇）は、同じく大本教にいたことのある二人の宗教者、岡田茂吉《もきち》と谷口雅春《まさはる》をとりあげて、こう評する。「彼ら（両人）は頭の

はたらきは人一倍緻密で、計画的で、打算的である。言動の全効果をこまかく計量し、計算している点は、驚くべきものがある。教祖や熱心な信者につきもののパラノイア的傾向は、この二人には見出すことができない」と、ほめたのやら、くさしたのやらわからない言い方で、両人が並の教祖、神懸かり的教祖でないことを認めた上で、さらに、「一口にいうと谷口も岡田も、徹底した事業家である。ただその事業の対象が宗教の形をとったにすぎない。……現に岡田は大本教に入る前に鉱山にも関係している」(「お光さま昇天す」『文芸春秋』昭和三十年四月)という。岡田は谷口より十五歳の年長であったが、昭和三十年、七十三歳で死去している(現熱海の「世界救世教」が残った)。

この鉱山に関係していたのは岡田だけではなく、谷口が私淑してやまない西田天香にもそのことがあった。かくて後年、大宅壮一からかくのごとき評をうける谷口の一面が、少なくとも目を覚ましてくるのは、この困窮せる神戸生活の頃からである。

大宅壮一の言葉をかりれば、西田にも事業家の要素がないではなかった。大正十四年、東京大学出たての塩尻公明が、二年半を一燈園で過ごした印象についてはすでに述べたが、さらにこう評していたようだ。

「また人を導く際にもなかなか才があり策ある人で、その技巧的な手腕が大学を出たての自分にはかえって嫌味に感じられたと(塩尻が)話されていました。天香さんと

いうのは近江商人的体臭の抜け切らぬ、脱俗味に乏しい一面もある」(『近代日本とキリスト教　大正・昭和篇』六〇―六一頁)

確かに西田は二十一歳のとき北海道にわたり、開墾事業として亜麻《あま》の栽培を行っている。出資者は故郷近江の人であったが、労資の間に挟まり、つまり小作人と出資者との間に立ってゆきづまる。そして自分の奉じてきた二宮尊徳の報徳の教えでは近代的経営がうまく立ちゆかないことを思い知らされる。つまり、四つのスローガン、勤勉、倹約、分度のことは実践できても推譲《すいじょう》の徳を表に出したのでは権利の主張で争う場面を切り抜けることのできないことを知り、挫折感を味わってひきあげるという経験をもっている。

したがって彼はただの宗教家ではなく、一燈園の生活では、別に宣光社という事業団の運営を併行している。西田たち一燈園の理想とする世界を仮に名づけて天華香洞と称し、それに至るまでの入口として一燈園があり、ここは一定の生活ルール(清規《しんぎ》)によって支配されるが、もう一方信徒より信託を受けたる財の活用、財物の整理経営をはかるものを宣光社と名づけている。つまり一燈園は無所有の立場を、宣光社は所有の問題を扱う。

西田は経済的宣光社なるものを三種に分けている。

第一宣光社。資本は純粋に信者が寄せてくれた浄財を活用し、働くものは報酬目当てではなく奉仕者として仕事をする。したがって権利義務関係で結ばれず、貸借関係もなく、

「無価にして恵まれたもの故、神仏《おひかり》の名によって用い又分かてばよい」。岡山にある大谷製麺株式会社（従業員十数名）は、この第一宣光社を事業化した実例。

第二宣光社。これは浄財と奉仕者が中心になることは第一と同じだが、これに賛同せる他の資本と労力が世間並みの経済行為の関係で入り込んでくる。とりわけ対外関係・商取引においてしかり。実例として、西田が委託された秋田県の田沢《たのざわ》鉱業所、山形県天童《てんどう》町における玉糸工場。

第三宣光社。全く世間普通の経済行為の中へ奉仕者が奉仕するという形。そして西田は大阪のある工場が経営不振に陥ったとき、その整理案を出している。

それは、社長に対し、(1)その邸宅をたたみ、社長室から小使部屋に入ること。(2)社長および重役のもっている骨董《こっとう》品を醸出して、その金でこの会社を買い取り、宣光社的経営に移すこと、(3)学校へ進ませている子ども二人を会社の職工にしなさい（『托鉢行願』二〇六―二一一頁）と指示するものである。

たいへん思い切った整理案で、托鉢行願《たくはつぎょうがん》のときの西田とは違う、近江商人的すご腕を思わせるものがある。一燈園における無所有の生活を徹底させる裏に、こうした仮所有の宣光社を持っていたればこそ一燈園が成り立っていたのかもしれない。資本と労働者という関係に対して、浄財と奉仕者の活用による経営の強みを生かしたやり方である。

こうした仕組みが、純情だった谷口にもどうも解せないものがあった。西田は、前述の宣光社所有の財である秋田の曙《あけぼの》金山について、強制執行の異議申し立ての訴訟を提起していたことを知る。一方で、たとえ西田が宣光社経営をやっても、その財を私用したり、自己のぜいたくに使う人ではなく、ひたすらその祈願である「皆倶《とも》に、大円覚を成就する」目的の、いわば一燈園活動をより大きく、広く生かすためのものと解していた。かくてこの金山の財を守ることに執着することに同情と賛意を表しながら、この地に寂光《じやっこう》の浄土を示現しようとの世界観のもとで、大念願に燃えつつある西田が、「取られんとする財を取られまいと抗争することには自分はある矛盾を感ぜざるを得ない」（『新仏教の発見』一七八頁）と嘆じている。

西田は大正十一年十一月十二日の『週刊朝日』の記事で、宣光社の内容を社会に示している。つまり、第一宣光社は義務を伴わぬ清浄な財物、第二宣光社は財物の外に寡欲の資本と労力を添えたもの、第三は普通の経済機能に一燈園の気持ちをとり入れたもの（同書、一七九頁）。しかも普通の会社や工場と違う点は、坑夫を坑夫さんとよんだり（戦後、以前の電車・バスの運転手の呼称が、運転士に代わったやり方を思わせる）、役員が下座を行じたりすることで、内部の調和が保つようにできていたという。

しかし谷口にはこういう疑問が残った。

「西田氏は第二宣光社に於て執着ある財をあずかることによって、抗争の現世的義務を引受けながら、他方一燈園に於て無罣礙《むけいげ》無繋縛《むけばく》の解脱境を行ずることによって、『皆倶成就大円覚』の大願に到達せんと努力している。しかし自分に云わせれば、かくの如き願いは、一人の人格に於て到底両立し難きものである。前者は社会改良家の事業であり、後者は『仏陀』となるの道である。氏は、『宣光社』の経営を西田市太郎名義に、『一燈園』の奉仕事業を西田天香に、一人を二人格に使い別けることによって両立することの困難なる事業を両立せしめようとしている。これは一人格なる釈迦が『国王』と云う名に於て戦い、『仏陀』という名に於て同時に成道せんとすると同じく甲斐なきことと云わねばならない」(同書、一八四頁)

谷口がこの批判を書いたのは大正十一年十二月十六日のことである。程なくして関東大震災で投げ出され、神戸に引きあげ心霊研究に血道《ちみち》をあげ、これこそ世紀の大事業だと喰うや喰わずの中に孤軍奮闘はしてみるものの、現実には養父母との気まずい関係に直面したとき、ふと自分がかつて批判した西田のなかにおける二重の生き方に、ある悟るものがあった。大正十三年四月、三十一歳の谷口は、一燈園の松下吉衛宛の手紙をしたため胸中を披瀝《ひれき》している。

自分はいま東西の心霊現象の事実をあつめて「霊魂不滅」の一大事実を実証しようとい

う、たいへんな企てに参加して、しかも親子三人清貧に甘んじてはいるが、経済的保証の必要なときに、うまく自分を変身させて立ちまわることができない、というようなことを述べたあと、

「私は現在『清貧』の一相しか持ち合わしていません。これは自分の無礙《むげ》自在さの欠乏です。天香さんが私に『自分がこの生活をはじめて最初に家庭を破壊して了《しま》ったのは宣光社的はたらきが欠乏していたからです』と云われたことがありますが、わたしは、其の深い言葉を近頃しみじみ味います……」（同書、三三三―三三四頁）

と、谷口は気持ちの上で転換のきざしのあることを告白している。

雪溶け

二十四歳の青年倉田百三が一燈園に身を投じ（大正四年）、そこに四十三歳の天香の生き方をみたとき、

「天香師は慈悲深い飾気《かざりけ》のない徹底的な方です。その自由な暮らし方は側で見ていても気持がいい程です。併し少しエクセントリックなところがありすぎるように思われます。これも年と共に円熟することでしょう、まだ四十代ですから」（十二月四日「お絹さんとのトラブル」『青春の息の痕』所収、二五三頁）

と、ずいぶんませた口のきき方をしているが、その天香の生き方に、六年おくれて谷口が触れることになる。谷口は少し年長の二十八歳のときである。谷口は天香から多くのものを学びながら、天香に接してから三年目にして得た一つの結論が、「個人に於ける宣光社的はたらき」（大正十三年四月十七日）としてまとめられ、『光』誌に掲載される。

谷口は今までの自分の性格を、「四角四面で少しも融通がきかず、事実にこだわりすぎて実にギコチなく、事実をうすぼんやりとボヤケさす妙味を少しも知らなかったのである」と評している。マリノフスキーが交際言語と称した日常の挨拶、たとえば「今日は好いお天気でございます」ということばをきいても、谷口は、事実としての天候に関して自分に関心がないと、何をつまらないことをいっているのだというような表情で、気のない「ええ……」というような返事をしてしまうことが多かったという。これは申すまでもなく、相手に相手の知らない天気についての新しい情報を伝えようというのではなく、私とあなたとの人間関係は、今日も昨日と同じですね、といった意味が込められており、指示的意味より感情的意味の強い表現である。こうしたニュアンスが汲《く》みとれない状況はどういってもギコチなさ過ぎるといわざるを得ないであろう。

そして谷口はこの挨拶に対し、自分には興味がないのに、さもありそうに「まあ、晴々したお天気で気持のよござんすこと！」といったような受け答えをすることは、自らの内なる気持ちにとって正直でない。つまり谷口のことばだと「義《ただ》しく」ない、「実にそらぞらしき嘘である。唾棄《だき》すべきお世辞《せじ》」であるが、これを愛の視点に立つとき、つっけんどんな顔をするのは「むしろ義しさにこだわり過ぎて、相手が折角自分に対してやさしき繋《つなが》りをつくるために投げかけてくれた言葉の腰を折る心なき所業」であると自覚するようになった。そして自分の今までのように「あまりに峻峭《しゅんしょう》な性格は多くの樹木を生ずることは出来ない。自分は自分の性格に立山の如き峻峭さと、武蔵野の如《ごと》き広漠さとを兼ね備えんことを希《ねが》う」心境になってきた。

　こうした大らかさはまず「殺生《せっしょう》」観における余裕《ゆとり》ある見方となってあらわれる。一箇の生命が他の多くの生命を共喰《ともぐ》いすることの非をつきつめてゆくと自分が立ちゆかなくなることからして、あまりむごたらしくない、出来るだけ殺生らしくない殺生だけに、そのおきてをせばめてゆく工夫をする。つまり「出来るだけ惨忍な感じのする、血の滲んでいるような肉食を避け、従って獣鳥の肉は全く喰わず、魚肉と雖《いえど》も、なまなましい感じのする刺身の如きには箸をとらず」という妙《みょう》な妥協に落ちつかせようとする。しかし招かれた家でそんなものが出たとき、相手の行為を無下《むげ》にしりぞける冷たさ、愛なきしぐさをどうするかでまた迷う。まったく神経質といえば神経質、厄介な性分《しょうぶん》にとりつかれていたともいえよう。

汝が性のつたなきを泣け

芭蕉はその『甲子吟行《かっし》』(『野ざらし紀行』)のなかで、富士川の畔《ほとり》にて三つばかりの捨子を見て、如何《いかん》すべなく「只これ天にして、汝《な》が性《さが》のつたなきを泣け」といって、行き過ぎてしまう非情さを体験したといわれるが、谷口は、ここに一人の病める貧しき旅人あり、自分ならどうするか、どう考えるかの設問を投げかけ、いままでの自分なら、「摂理が彼の死ぬることを要求しているのだ」と冷たくつっぱねてきた。しかし芭蕉に似たこの発想に、こう反省を加えてみる。「果して自分は『摂理』の名にかくれて自分の清貧の無能力さを胡魔化《ごまか》そうとはしていなかったのであろうか」と。

その貧しき行路病者が路傍《みちばた》に死に果てる運命にあるのも、当人のまいた悪行《あくぎょう》の結果であるかもしれないと考えることもできよう。谷口はこういう場合の倉田の判断を引き合いに出す。倉田百三の言葉をかりると、そうした旅人を不幸より救おうとするような甘き「同情を超克して」、負うべきものにその不幸を負わしめねばならないと(倉田の感想集『超克』)。これを正治は、倉田は心やさしき人だから心を鬼にしようと努力してこの表現になるのだと解し、反対に自分は、生来「愛」よりも「義」を立てる傾向が強いのであるが、しかし果たして、その者に当人が負うべき不幸とだれが判断できるのかと、今とまどうようになった。

一切の不幸を、各人の負っている業因《ごういん》の流転であるとは、五年ばかりいた宗教団体（皇道大本をさす）で教えられたことだと反省する。大本では教団へ頼って来た結核患者を、二派に意見が分かれて争った末、受けいれず帰してしまったことがあるという。

そしていま谷口は、「自分の人格の弱さは愛が脆弱であって理智に征服され易きところにある」。そこからともすれば「負うべき筈の者が不幸を負っているのだ」と智的な解釈が先立つのも、自分にとっては一つの誘惑ですらあるという。しかしこれも清貧を言い訳にして、助けの手を差しのべるべき資力のなさを繕っているだけだ。そして「自分は、此の清貧の無能力状態から脱却しなければならない」という覚悟をする。

そこに考えが至りついて自分の愛を実行に移すとなると、一燈園が一方で清貧の生活を行うとともに、「宣光社の如き、一見財を有《も》てるが『ような』生活を兼ねそなえる必要」を肯定する立場に立ち至る。そう思うとさきに田沢《たのざわ》鉱山問題で西田市太郎の宣光社の抗訴の仕方についてとやかく批判がましいことを述べたことを反省する。そして、「清貧の一道のほかに『宣光社』を必要とせらるるに到った西田氏の心境を体感する如き境地に達した」という。そして経済的不如意は「勇気の無さ」にあると思う。さらに供養された、肉類も受けざるがよしではなく、受けるをもってよしとする立場に至る（『信仰革命』大正十五年、二一六八―二一九四頁参照)。

信仰革命――心霊主義

谷口は大正十五年『信仰革命』という三百頁近い本を三土社から出版している。その巻頭には「死の瞬間に撮影せる霊魂の写真」なる白くぼやけたものが、横臥《おうが》せる人の前に写った写真を掲載している。そしてその凡例で、本書は「信仰問題と道徳生活とにスピリチユアリズム(心霊主義)を切実に連関さして論じた」ものであるとことわっている。いわば彼のいう信仰革命の一つはこの心霊主義の導入であり、もう一つの面は、さきにあげたように清貧主義からの脱却を含むものと思われる。

本書の第十四は「信仰革命」という名の章にあてられている。ここではたいへん興味ある所説を述べている。つまり、いままで「あの世へ行って帰って来たものはない」といわれ、あるいは谷口の言葉では「極楽はありとは云えど片便り《かただよ》」といわれてきたが、いまや心霊研究のおかげで、これが片便りではなくて、霊魂からの便りがきけるようになった。

とりわけ浄土真宗で説くごとく悪人正機《あくにんしょうき》で「どんな悪事を行っても阿弥陀仏を念じさえすれば救われるのだから出来るだけどんな悪事をも避けずに行って、此《こ》の世では此の世で受け得る最大の快楽を得、死後には極楽に往生して更に最大の幸福を味わおう」というような虫のいい考えの人がかなり多いようだが、これはおかしい。マッケンジイの『幽明《ゆうめい》の交通』（スピリット・インターコース）を読んだら、真宗の門徒ではないが、他力《たりき》を信じて天国に往生したと信じながら、実は霊界ではかなり低い第一圏にいる人のことが書いてあった。その霊界を上昇できるのは、当人自身の精進による他ないのである。交霊術による霊界との消息によってそれはわかるようになったという。また吾らの罪に代わりて浄土教では法蔵菩薩が、キリスト教ではイエス・キリストが、吾らに代わって磔《はりつけ》になって代贖してもらえるとのことだが、これも心霊術によって否定されるようになったと説く。

そこから、

「自分は、現代人の信仰と道徳生活とに根本的革命を惹起《じやつき》するものは、近頃異常に進歩し来ったスピリチュアリズムの提供する証拠であることを思い、信仰革命の第一鐘を撞《つ》くつもりで、本書をあらわしたのである」（『信仰革命』二四五頁）

と結んでいる。大本の鎮魂帰神に代わって、スピリチュアリズムがしばらく谷口の心をとらえて離さない。

心霊術は古い歴史をもつが、それはむしろ降霊術（necromancy）の名で呼ばれ、死霊との交霊により占うことであった。近代のそれは一八四七年、アメリカにはじまる。

以下エレンベルガーの記述によると、ニューヨーク近くに住むある男が、夜になると家の中におこる雑音に悩まされたあげく、この家をジョン・フォックスにゆずる。フォックスは妻と二人の娘（九歳と七歳）と一緒に住んでいた。一八四八年の三月三十一日の夕刻、娘の一人がわざと音をたてると、ノックが繰り返しかえってきた。次に隣近所の人のいるところで、母親がたずねてみると、簡単な暗号で答えてきた。それでわかったことは、この家の中である男が殺されており、地下室に埋められているということであった。フォックスの家へ大勢の人々が集ってきた。フォックス夫人と娘たちがよそへ移ると、そのノックの音もついてきて、彼女たちと交信し、それが死せる人々の霊であることを表明した。

やがてこの三人は降霊会（セアンス）を仕事とするようになり、多くの模倣者が出るようになった。降霊会はアメリカ全土に拡がり、テーブルが動きだす物体移動現象も報ぜられるようになった。一八五二年のはじめ、この心霊主義は大西洋を渡り、イギリス、ドイツに及び、一八五三年にはフランスにも波及し、程なく文明国各地に伝えられた。いずれにせよ、わかってきたことは、そうした霊の出現は、大幅にそれに参加する人たちのパーソナリティーによるということであった。一八六二年になると霊の写真なるものもとられるようになる。霊媒の中にはトランス状態で自動手記のできる人もあった。

やがてこの流行は下火《したび》になったが、超心理学の研究として今日も続けられている。慎重なイギリスの研究者マイヤーズ（Myers）は、死後の生存と死者の霊との交信という仮説をみとめたが、一方ジュネーブのフルールノア（Flournoy）は、これらの現象は、閾下《いきか》知覚（subliminal perception）および潜伏記憶（cryptonesia）によって説明されると述べた。ともあれ、この流行がその後の無意識活動の研究、力動《ダイナミック》精神医学の歴史にとって大事な出来事であったことは間違いない（Ellenberger, *Discovery of the Unconscious*, pp. 83-84, 邦訳『無意識の発見——力動精神医学発達史』上・下、弘文堂、一九八〇年）。近年流行を見たオカルトブームもその再現とみられぬこともない。いずれにせよ一八四八年以来、この交霊術は近親《みより》を失って悲しみに沈んでいる人たちの心をとらえたし、霊媒の中には死者をまざまざ物質化（materialize 肉体的な姿で現すこと）できるという人も出てきた。一九三〇年来、超感覚現象（ESP）などの研究も進められている。

　わが国においても、明治も末年頃からこうした西欧での流行が紹介されるようになった。たとえば、古屋鉄石は、明治四十年代に精神研究会（元大日本催眠術協会）と称して変態心理学、高等催眠学などの学課とその実習を伴う通学会員を募集しており、多数の著作をなしている。『驚神的大魔術』（明治四十一年）という彼の著には井上円了《えんりょう》の序文つきで米国狐狗狸《コックリ》術（プランセット）の紹介から降神術（スピリチュアリズム）、不動金縛《ふどうかなしばり》術の内容までもりこまれている。それによるとプランセットは一八八三年（明治十六年）に始まったものが、この明治の中期以後移入されたもののようである。また降神術の章では、これは

すでに日本では、
「自分の身上に神を降す術の中に、御伺いと称して術者自身に神を乗り移らしめて、何神の祟なりとかを告げる者あり、之れ即ちノリキなり。巫覡《みこ》即ち俗間に云う市子或は口寄《くちよせ》或は梓神子《あづさみこ》或は縣神子《あがたみこ》なるものあり」（同書、二八頁）

と日本的降神術を説明している。なおその理由づけには、ビネの「人格変換」（Binet, *Les alernations de la personalité,* 1891）の説明が用いられている。題名に比して内容はきわめて科学的な立場を持しているように思われる。

浅野和三郎との出会い

明治七年生まれの浅野和三郎は、谷口よりは十九歳も年長であり、谷口が「生長の家」を盛り立たせていた昭和十二年、六十三歳で亡くなっている。大本時代及びその後の心霊研究において、谷口との関係には重要なものがあった。しかし、どこからか道が岐《わか》れてしまい、谷口は大きな教団を率いる総裁になったが、浅野は小グループの心霊研究で終始した。

谷口の大本への入信は、多分に女性との愛情問題を経たうえで、「私は私が会社にいる事が誰の幸福でもないのに、その役目に噛り付いているのは、唯私がその日その日の食事を得るためであるのは卑怯な虚偽であると考えて会社を止めました。……私は汚れた社会組織から全然自由になりました」、その後のことである。そして「それによって社会組織が根底から立替えられる皇道大本」に惹《ひ》かれるとともに、今までやっていた心霊療法の研究のまとめを松江の雑誌彗星社へ送ったが、そこではすでに彼は、「神という観念も宇宙の大霊という所まで進んでいたし、従来神界が未完成であったという大本の思想」に近いことに気づき、「参綾の時節」（谷口正治「入信の経路参綾の動機」『神霊界』大正八年二月十五日号、七―八頁）を見いだしたというものだった。

浅野の大本への入信は谷口よりも三年前の大正五年（四十二歳）のことであった。浅野はすでに浅野憑虚の文名で文壇でも活躍し、早くも三十三歳で明治四十年には菊判《きくばん》千頁余の『英文学史』をものしている。その序にいうように、七年の歳月をかけた労作で、その仕事ぶりを回顧して、

「去年（明治三十九年）の余はほとほと奔命に疲れ、休暇を廃し、睡眠の時間を割きて『ヴェニスの商人』一篇丈は辛くも去年の大晦日の夜半迄に訳し了りしが……」

と記している。すでに作家、英文学者としての地歩を確保していた彼がなぜ大本に走ったのであろうか。

こうした前歴のある浅野が大本に入信した動機が子どもの病気にあったことはすでに述

べたところであるが（本書、六七―六八頁。詳細、浅野「入信の経路」『神霊界』大正八年十一月十五日号）、すでに九分通り完成していた英和辞書の仕事も放棄して大本に専心した。そしてその綾部《あやべ》生活の記録『出盧《しゅつろ》』の中で、「新に起った霊的問題と世の立直しの前には、いかにも此仕事の影が薄く見えて、今更ペンを執る気がしなくなった」（『近代文学研究叢書』四十一巻、三八四頁）という。浅野はその入信の抱負を次のように述べている。そしてそれは出口なおに触れた感動でもあった。

「……今日まで世界人類のために働くという考えがあったが、世界統一の大神業のために個人の利害得失を全然打忘《うち》れて日本人たるの天職を全《まっと》うすると云う覚悟があったろうか。……片々たる目前《めさき》の小名利の外に超脱し、安心立命の境にあって、天地に恥じざる言動を行うことができていたか。学者とか、顕官とか、紳商とか、世界の表面に立ちはだかって大きな顔をしておるものに、只《た》だ一人の真人なく、それが丹波の田舎町の八十歳の無位無学の老婆に見いださるるとは、何としたことだろう。吾々は何んという意気地なしだろう。……自分は未だ神界のことは充分に判らぬが少くとも一心不乱、誠信誠意で、世を憂い、国を思い、神に仕えて自己を無視する大本教祖の如き人の下に馳せ参じて、自己の天分の許すかぎり、少し有意義に生活をするのが本当であるまいか。

銭がなんだ、地位がなんだ。食って飲んで、子供を生ませて、それで生長するのが、それがなんだ」（石角春洋『大本教の裏表』大正九年、一〇九—一一一頁）

この浅野があこがれた出口なおは、翌大正七年、八十一歳で昇天している。浅野も谷口も、生前のなおに会え、そのなおに対しては大本を去った後も純な敬意を抱き続けていたようである。

浅野も谷口も大本の出す『神霊界』はじめ、各所でその文筆をふるうが、浅野が大本教の教義内容をまとめたものが『大正維新の真相』（大正八年）である。

ここでは明治二十五年の出口なおの神がかりから死去、それに王仁三郎への継承を次のように述べている。

「明治二十五年を以て此神の御神勅《ごしんちょく》は、先づ国祖国常立尊《くにとこたちのみこと》（出口なお）に降った。爾《じ》来《らい》今に至りて二十有八年、祖神御経綸《ごけいりん》の歩武《ほぶ》は、神人両界に跨《また》りて、寸毫の齟齬《そご》なく遅滞なく、粛々《しゆくしゆく》として進行し来り、大正七年十一月、其大準備の完成と同時に、国祖は大本教祖の肉の宮から神去《かむさ》りまして、残る後半の大神業を豊雲野尊《とよくむぬのみこと》（出口王仁三郎）に譲られた」（同書）

浅野が十六年の横須賀での海軍機関学校教官の職をすてて、大本に身をゆだねるのは、大正五年十二月十日のことであるが、それよりさき、同年十月一日付で、雑誌『人文』に

「余が信仰の経路と大本教の紹介」と題して、身を大本にゆだねる前、十分周到、綿密な調査と信念の上で入信に踏みきっていることを述べている。そして『古事記』の大本による言霊学的解釈にもとづき、次のように説いていく。

　天地初発の時に出てくる高天原《たかまがはら》は宇宙であり、その宇宙は天御中主神《あめのみなかぬしのかみ》の御精霊体それ自体となり、さらにこの天御中主の御本体には霊系の神と体系の神とがあり、霊系の祖神は高御産巣日神《たかみむすびのかみ》と呼び、体系の祖神を神産巣日神《かみむすびのかみ》と呼ぶ。以上三神の働きにより宇宙造化があり、天御中主神は霊系、体系の神として無始無終的に天地万物が創造されるという。しかし、この地球についていえば、これを修理固成する役目は根本の大神、つまり地の先祖は国常立尊《くにとこたちのみこと》であって、この神は『古事記』の中では六番目に出てくる神である。しかもこの国常立尊は、艮《うしとら》の金神《こんじん》にあたり、大本教教祖に憑《かか》って現れ、次に出てくる補佐役の女神は、坤《ひつじさる》の方向の金神として豊雲野尊《とよくむぬのみこと》があらわれるが、これが管長出口王仁三郎にあたる。それゆえ霊の世界では出口なおは男子、管長は女子であるゆえ、前者が変性男子《へんじようなんし》〔肉体は女性だが、霊魂は男性であることを指す大本の用語〕であり、管長は変性女子ということになる。

　また神霊界と現世界との関係についても、次のように理解する。つまり人間には霊があり、各人に宿るところの霊は八百萬神中のどの神かの分霊である。したがって「人体は言わば神の御宮である」。ところが、この御宮は当人の精神のあり方によって直ちに影響をうけ、いささかでも精神にかげりがあると妖魅などの来襲をうけて、その巣窟と化すもので、いわゆる精神病その他の疾病のほとんど全部が邪神の来襲によるものと解する。しかるに、鎮魂法によって当人固有の霊を磨くならば疾病は退散するという。また社会面では、群衆の擾動、たとえば電車の焼打のごときも、精神の不平不安に乗ずる悪霊の憑依によると説く。欧州に大戦乱があり、中国大陸にも不穏な空気の漂うのも霊界不穏のためとみる。

以上のような見解にもとづき浅野は大本教に走ることになる。

心霊研究的時代背景

俳人荻原井泉水《せいせんすい》（一八八四—一九七六）は「明治時代の霊感研究」（朝日新聞、昭和四十九年二月五日）と題して、いまからおよそ七十年前（明治三十七年頃）すでに今日の超能力ブームにあたるようなブームのはじまりを感じたことを述べている。彼は当時東京大学の学生であったが、井上円了博士が『妖怪学講義』や『霊魂不滅論』を説く一方、巷では「霊感術」という超精神を説いた書物がベストセラーとなった。これというのも「日露戦争最中から、戦争は終ったものの、緊張と不安が漂っているときだった」とされ、東京大学で「実験心理学」の講座を担当していた福来友吉《ふくらいともきち》博士は学生を実験台に超精神能力の研究をするのだと「念写」（心霊の力に依って写真の乾板に映像する）の実験を行った。その時の大学総長だった山川健次郎博士は、科学者の立場から、そのようなことは断じてあり得ないと反論し、両者対決し、「福来博士の実験に重大なるミスのあったことが判明し、福来博士は大学を罷免された」。しかし荻原氏は、この超能力性の研究が全くのナンセンスではないことの証拠として、現に飛騨の高山に福来博士の研究資料会館のできていることを指摘する。

また当時、渋谷には穏田《おんでん》の行者と称す超能力者が多くの信奉者を集めていたこと、これにつづいて岡田式静坐法のブームが来ることをいう。これが明治から大正への移り変わりの時期にあたる。この岡田虎二郎（前出、七〇頁）という人物についても、「超人的な霊感と、しかもきわめて人間的な人格との関係などは、再発見されてよいテーマ」だとしめくくっている。しかもこれはただの健康法ではなく、岡田個人の人格に触れることに多大の言い知れぬ魅力を感じて、当時のインテリが多く参与したことはすでに述べたところである。その心得は、岡田が口癖のようにいっていたという、「静坐は道元が普勧坐禅儀《ふかんざぜんぎ》で説いた坐禅そのものと同じだ」という言葉、あるいは「静坐はキリスト教ではクエーカーのようなものだ」（今岡信一良『人生百年』三六二頁）という参加者の言葉にもある通りである。

その静坐法のモットーは次のようなものである（実業之日本社編著『岡田式静坐法』明治四五年四月）。

悠々タル哉《かな》静坐。浩々乎トシテ天地ノ間ニ塞ガリ、又平々焉《えん》トシテ尋常ノ中ニ寓《やど》ル。悠々タル哉静坐。

悠々タル哉静坐。堅キコト鉄ノ如ク、又軟キコト綿ノ如シ。静ナルコト林ノ如ク、又疾《はや》キコト風ノ如シ。常ニ実、而シテ又常ニ虚。悠々タル哉静坐。

悠々タル哉静坐。火来ラバ火ヲ友トシ、水来ラバ水ヲ侶トシ、敵ナク、病ナク、自然ト交通シ、万物ト同化ス。心眼求メズシテ自カラ開キ、肉体求メズシテ自カラ健。凡ノ又凡、玄ノ又玄。悠々タル哉静坐。

以上はこの静坐の境地をきわめて端的に表現している。そして本書は、静坐法を定義して、「静坐法は岡田虎二郎先生の創剏《そうそう》し、躬行《きゅうこう》し、教導せらるる心身修養法である」（同書、一頁）という。岡田は豊橋市の生まれで、月足らずの児《こ》として八カ月で生まれた虚弱児であったが、十三、四の頃、ふと「心が変り」という当人の表現を、編著者は「もし宗教家をして神秘的に説明せしめたならば、一種の霊に触れたような自覚を得たというであろう」（同書、六頁）と説明する。後、中国の老、荘、孔、孟の書をはじめ、仏典に触れ、キリスト教及び欧米の思想哲学を学ぶとともに、明治三十二年、渡米している。独身を通し、冬は一裘《きゅう》、夏は一葛《かつ》というふうに着るものも四季の洋服各一着をもつのみで、食事も、飯と香物だけで満足し、さらに早暁と深更とに二回水風呂をあび、湯に入らないで暮らし、日暮里の本行寺をはじめ各地の静坐場を廻るのが日課であったという。

こうした静坐法があるいは、谷口正治の神想観に影響することがあったのではないかと思われる。大本における鎮魂帰神と岡田式静坐が融合して谷口の神想観にいたるともいえよう。

さて静坐中の心境として具体的には次の項目をあげている。

㈠ 一たび此《この》姿勢を執って静坐に就《つ》かば、何事も思い労う勿《なか》れ。何物をも要求することなかれ。

㈡ 病を癒さんとの要求も、健康を増進せんとの要求も、その他一切の要求を棄てて坐れ。静坐中何事をも求むる勿れ。

㈢ 坐禅は無念無想を要求す。然《しか》れども静坐にては無念無想を求むることも亦不可なり。無念無想ならんと求むる間は無念無想は来らざるなり。

㈣ 彼岸に着かんと求むる勿れ。櫂《かい》を棄て、柁《かじ》を棄つ、宛《あた》かも扁舟《へんしゅう》の水に漂う如くせよ。一葦の往く処にまかする如くにして坐るべし。

㈤ 外界の響が耳に入り来ることもあらん。妄念の心頭に現われ来ることもあらん。

ありとも頓着するには及ばず、強て之を掃い除けんと煩悶すること勿れ。

㈥　草木を見よ。何の求むる所なし。而かも断えず水を掲げ、蓁々《しんしん》として繁茂す。草木の如くにして坐せよ。

㈦　唯静坐せよ。静坐だにせば、何の為す事なく何の求むる所なきも静坐は吾を導きて必ず到るべき処に到らしむべし。斯く確信して静坐せよ。静坐に必要なるは唯此《この》信仰なり（同書、五二一―五二三頁）。

きわめてゆったりした、こせこせしない自然法爾《じねんほうに》の状態を目ざすものであったことがわかる。

さてこの静坐法にふれた人物は多いが、中でも社会党の領袖として活躍した木下尚江（一八六九―一九三七）もその一人である。明治三十二年、尚江は「キリスト教徒としてこの一身を日本の国土に貢献したい」念願を抱いて上京する。そして三十四年（三十二歳）、安部磯雄《いそお》、幸徳秋水、堺枯川（利彦）らと社会民主党を結成したが、直ちに解散を命ぜられ、キリスト教社会主義の立場から『霊か肉か』をはじめとする小説を書き、雑誌『新紀元』を発行する。そして三十六年には非戦論を称《とな》えた。しかし、彼は表裏二面の生活に懊《おう》悩《のう》せるさまをこの『岡田式静坐法』なる書に寄せて記している。

「若《も》し当時の予を外部から見たらば、一個勇猛の戦士のようにも思えたろうが、此の非戦論の戦争が進むと共に予が胸中の疑団も漸く拡大して、運動から帰って独り書斎に横たわった予は、宛然《さながら》一個の屍骸《なきがら》であった」（同書、一六三頁）と悲嘆し、義人を称しながら実は「名聞利達の情慾に駆られて、行方定めずに漂浪する盲目の餓鬼に過ぎない」ではないかと心の中でのたうちまわる自分を知る。

そして日露戦争が終わると社会党の看板を「キリスト教社会主義」に書き換えてみても一向に心の平安は求められず、悶々としていた矢先、三十九年五月には母の死に遭遇する。その年十月、一時東京を出て上州の山へ行く。その頃、無政府主義を標榜していた幸徳秋水を大久保に訪《おとな》うが、行動を共にすることはできず、思い迷って奈良丹波市《たんばいち》の天理教を訪ねる。そしていう。「予は天理教に深く感謝する。若し教祖の中山みき女が尚《な》お生きて居ったならば、予は直に彼女の信者となったに相違ない」（同書、一六六頁）。

しかし、みき女の今はない天理教にそのまま身を投ずることもできず、まだ当時郊外だった三河島に隠遁し（明治三十九年）、その五月二十九日、「雨降る朝、始めて十歳の姪に導かれて、谷中清水町の岡田（虎二郎）さんの宿へ行った。予が静坐を始めて数日、幸徳は湯河原の山で捕縛された」（同書、一六七頁）と記している。いわば尚江は岡田に「それは本物だ」というものを感じるとともに、ある意味で救われたともいえよう。そして岡田のいう「日本には坐わると云う習慣があるから、此の坐わると云う方便を取った」と淡々と語る岡田の中に、霊肉合致、心身一如という融合一致の世界を見いだしたように思った。

岡田の魅力は、静坐のあと、短い時間に語る種々の談話にもあったようで、「是れがまた極めて面白い。古今東西の聖者哲人を捉え来り、宗教文学政治経済理化生物百科に渉って、滾々《こんこん》として尽きない」（同書、一六八—一六九頁）と、尚江はいう。また岡田に「子の無いのは、愛が無いからだ」と言われたことばが、日頃天下国家といっていままでわが家のことをかえりみることのなかった彼にはぐさりとこたえることばであったらしく、この岡田式静坐に凝って、毎日毎日着物の尻を破って帰る彼は、妻にとって「気まぐれ男が又変なことをやり出した」くらいにしかとってもらえなかった。いささか妻に謝する気持もわいてきたのか、冷え性の妻も健康になり、結婚後十年にして女児を儲けることになった。

また病気の問屋のように医者通いをしていた尚江の妹もこの静坐で元気になったことを記している。どこか世をあげて求道の時代であったともいえよう。また外に向かうエネルギーが閉塞されて内に向かった時代ともとれようか。

またこの静坐の特徴として、独習よりも、指導者である岡田と相対して面前で行うことの効果をあげ、もしそれが出来ないなら、本行寺で岡田が出張して指導する同時刻六時より七時半までにやるがよい、それは先生の面前で参坐できないものにとって、その時刻に静坐するなら、その「距離空間を超越して、宛《あた》かも先生の面前に於て参坐する時に似たる感応《かんのう》を得ることが出来る」（同書、五六頁）からだといって、何より静坐のもつ師匠との感応道交にその妙味ありとする。要するに鎮魂帰神ではないにしても、神がかるもの（神主）と審神、あるいは憑祈禱《よりきとう》の中座と前座（御嶽講の用語）との関係に似た場面設定であるともいえる。したがって、岡田式静坐法ではいわゆる霊動による身体の動きを敢えて禁止していない。

「静坐中の身体の動揺」ということについては、次のようにいう。

(一)　静坐日を重ぬるに従って、体内に一種の動力起りて、身体自然に動揺し来ることあるべし。動揺の調子は人によりて区々一定せず、而かも如何なる動揺もすべて自然にまかせ置くべし。

(二)　動揺の程度激しくとも驚くに足らず、又動揺少しも来らずとも憂るに及ばず。動揺の来るも自然なり。……何事も自然の儘《まま》にせよ。人力を加うべからず（同書、五三頁）。

さきにあげた今岡信一良氏も「静坐をやっていると、多数の人は坐ったまま動き出します。特に手が上下左右に動きます。坐禅では動かないのですが、それは動くことを禁じているのです。岡田先生は動くなら動くでよい、として許して居られました。一般の参会者としては、手が動き出したり、ふるえ出したりすると、何か効き目があったと感じて喜んだのです」（『人生百年』三六二頁）といい、今岡氏自身三年目になってやっと動き出したことを、「その日は半日嬉しいやら、楽しいやらで何も仕事が出来なかったことを今でもおぼえています」（同書）と述懐するとともに、一緒だった木下尚江のごときは、「最も盛んに動く方で、会場の一隅に坐っていても動き出して向うの隅まで動いてゆくことがよくあった」（同書）とつけ加えている。どうやら尚江の方が一段感じやすい、被暗示性の高かった人物のようである。

太霊道など

岡田式静坐法がひそかに黙認していた、坐っている間に身体の動き出すこと、つまり霊動を積極的にとりいれた心霊療法の一派に太霊道《たいれいどう》というものがあった。

これは「宇宙万有の根源を太霊と認め、万人悉《ことごと》く此の霊子を分有するとの見地よりして、一種の霊動作用なる者を案出し、此霊動作用を起し或は起さしめて、身体に刷新を加え、由って以て諸病患を治癒せんと計る者」である（高橋五郎『心霊哲学の現状』大正八年、一八八頁）。

太霊道は岐阜県恵那《えな》郡岩村に生まれた（明治十七年）田中守平《もりへい》（一八八四―一九二六）に

よってはじめられたものである。高等小学校を終えた後、ある医家のもとに住みつくが、医者は多くの人を殺した上でしか名医になれぬことを知り、これは仁術の名に価《あたい》しないとそこを去り、親戚に成金の者あり、彼を養嗣子にとの話あり、そこで数カ月を過ごしたが、仕事よりも読書に精出す守平にとっては家産めあてに居続けるをいさぎよしとせず辞して去り、小学校教員をしばらくやるが、県郡視学の見解を攻撃するなど、職に甘んずることなく、上京する。（この項、以下、原稿欠）

第六章　生命讃歌

ニューソートとの出会い

J・G・メルトン編の『アメリカ宗教百科事典』（一九七八年）には、形而上学系の宗教集団としてニューソートが入っているが、そのニューソートの中に、はっきり「生長の家」が明記してある。

「ニューソートは谷口博士（一八九三年生れ）の人格を通して日本に入った。……一九二一年大本を去り、心霊現象関係の雑誌を編集していたが、一九二八年（昭和三年）、フェンウィック・ホルムス（Fenwicke Holmes）の著（1919）を手に入れ、これら原理を実践することによって谷口は、その経済的な状態を改善し、自分の娘を治すことができるようになった。そして、輝やかしい光明の流入を伴う神秘体験をもった」（六八頁）

これが自伝でも記しているように、大正十三年二月、神戸は産土《うぶすな》神社である生田《いくた》神社に参詣した帰りに立ち寄った古書店永田文進堂で、谷口が買い求めたホルムスの著書であった。谷口は、本書の訳を翌大正十四年、〔『如何《いか》にせば運命を支配し得るか』として〕実業之日本社から出している。そしてその訳者序文では、「日本にはまだクリスチャン・サイエンスの学説を系統的に説明した本が紹介されていない。此の書の出版はその欠を補うことになるだろう」という立場で、いままで自分はカール・ヒルティの『幸福論』やエピクテトスの著書を読んできたが、それらは消極的な幸福論にすぎない。本書には積極的な幸福論が説かれているとし、「クリスチャン・サイエンスの思想は仏教的基督教思想であり、境遇や財や健康や周囲の人々等のすべてを心の所現として説明するところに特色がある」とし、「まことに一切が心の所現であるならば、心のままに求むる一切をゆたかに引き寄せる力あるものこそ真の心霊主義者である、不健康・貧乏等にくるしんでいる者のごときは似非《えせ》心霊主義者である――とホルムスは喝破している」と説き、他の多くの宗教が病気を受難と見、貧乏を天国への近道《ちかみち》と考えているのに対し、クリスチャン・サイエンスは、日々にその病気そのものを癒し、富を増加し、天国を現実に造り出してゆくものだと説明し、この本との出合いをクリスチャン・サイエンスとの出合いとみている。

たしかにホルムスはクリスチャン・サイエンスの系統を引く活動家である。クリスチャン・サイエンスの創始者エディ夫人の弟子に、ホプキンス（Emma Curtis Hopkins）がいた。彼女はクリスチャン・サイエンスの機関誌『クリスチャン・サイエンス・ジャーナル』の編集者をしていたが、一八八五年十月、その仕事をやめて、シカゴで彼女自身クリスチャン・サイエンスの教えに従事したが、一年間に六百人以上の学生ができ、ホプキンス協会を形成するほどであった。そして一八八七年、彼女は、その勢いをかりてシカゴに「クリスチャン・サイエンス神学セミナー」を開設する。そしてニューソート活動の指導者養成を構想した。この弟子に兄のアーネスト・ホルムスがいた。いわばクリスチャン・サイエンスの第三世代の弟子に相当する。このE・ホルムス自身、*High Mysticism* なる本を書いている。

ホプキンスは一九二五年に死去する。これよりさき一八九九年、ニューソートの実践的なセンターを個々独立にやっていたグループや、後の教派の萌芽にあたるものが一同に会して、最初の「ニューソート会議」を開催した。一八九〇年代になると「ニューソート」の名はよく知られるようになった。そして一九一四年には、「国際ニューソート連合」(International New Thought Alliance)が組織される。この会議で宣言せられた内容は次のようなものである。

(1) われわれは、神と人間とが分ちがたい一体のものであることを確信する。そのことは霊的直観(spritual intuition)を通して実感されるし、その意味合いは、人間は、その肉体感情、その他一切の外面的な事柄によって聖なる完全さ(Divine perfection)を生み出すことができるということ。

(2) われわれは、信仰問題について、各自の自由を確認する。

(3) 「善なるもの」は、最高で、普遍的で、永遠なものであることを確認する。

(4)　天国はわれわれが内にあること。われわれは「父なる神」と一つなること。われわれは相互に愛し合い、恩に報いるに善を以てすべきことを確認する。

(5)　われわれは、祈りによって病人を治すべきこと。天なる父の完全であるごとく、完全さを明らかにするよう努力すべきことを確認する。

(6)　われわれは、普遍的な知慧、愛、生命、真理、力、平和、美、歓喜としての神の信仰を確認するとともに、その神の中にあってわれらは、生き、動き、存在しているものであることを確認する。

(7)　人間の心的状態は、創造的な因果の法則によって現実化され、自らの経験になるものであることを確認する。

(8)　人間を通して自己をあらわにする神聖性（Divine Nature）は、健康、供給、知慧、愛、生命、真理、力、平和、美、歓喜として自らをあらわにすることを確認する。

(9)　人間は人体内の、目に見えない霊的住人（spiritual dweller）であって、肉体的な死とよばれる変化を越えた霊的存在として持続し、展開するものであることを確認する。

(10)　宇宙は神の身体であるが、本質的には霊的なもので、外見は物質的なものである時でさえ、実体では霊的なものである法則を通して、神によって支配されているのである。

そして、このニューソートの思想は、さらにさかのぼれば、メスメリズムの流れをくむクインビー（Phineas P. Quimby）の思想にもとづく宗教哲学であるとされる。つまり精神こそ、この宇宙の底にあって秩序づけの原理をなすもので、神は精神、人間も精神ということになる。

またニューソートは、人間の神聖性（divinity）と人間の無限の可能性……霊感、力、健康、繁栄の源である内在せる神霊（Indwelling Presence）を強調するものであるともされる（*Baker's Pocket Dictionary of Religious Terms*, 1980）。しかもニューソートは、単なる礼拝に集まる信者から成り立つものでなく、瞑想とプラクティショナーと呼ぶ治療の触媒《しょくばい》役が重要な意味をもつ。

さて数あるニューソート運動を総括して、G・B・スミスは次のように述べている。それはなにより楽天的な宗教的観念論の現代版とみなし、そこでは正しく方向づけられた思考によって生活上の一切の条件をコントロールできるという確信がその底にあり、精神的、肉体的な幸福を手に入れるような訓練を展開するという実践的なものである。そしてこれらの運動に共通な要点として四点を指摘する。

(1)　生々とした神の内在観（vital conception of divine immanence）、神の力や働きは、

われわれの呼吸する空気のように、普遍的で、だれでも接し得るものである。

(2) 人間と神との本来的な結びつき（natural kinship）があるゆえ、人は神の生命を完全に分有する。

(3) 神の生命を利用する手段としての正しい思考の高揚があり、思考は自らへ力を引きつけるダイナミックな実体である。

(4) 霊的な平和、精神的な力、身体的健康は訓練によって獲得できるものである。

（*A Dictionary of Religion and Ethics*, 1921）

こうしたニューソートやクリスチャン・サイエンスが宗教集団の分類では形而上学系のグループに属するものとしている理由を考えるに、ホルムスはその『如何にせば運命を支配し得るか』の中で次のように説く。

「哲学《メタフィジックス》と云う言葉は、その文字の組立が示す如く、physics（物理学）と云う言葉に、meta（超越する）と云う言葉が結合しているのである。従って物理的なるもの以上のものを意味しているのである。それ故哲学を実行に移すと云うことは、物質的方法を超越せる法則を行使することである。哲学は我等が今見るところのもの――現象を遡ってその原因を探求する。それは現象の究極的な原因と、宇宙精神がこの世界を創造して今ある如き物質的形態にその現象をあらわした法則とを、探求するのである」

したがってホムルスの思想は、単に思弁としての哲学、形而上学を云々するのではなく、哲学を物質界を支配する物理的法則に対する心の法則として捉え、その心の法則の運用の仕方に人の幸、不幸もかかわりをもつという実践的な意味を負うことになる。フイユの「観念力の哲学」(idée force)を思わせるものがある。そしてホルムスは宇宙の最始源には、心即ち霊のみがあったのであり、創造された一切のものは、心を素材にして造られたものであり、心は思考によってのみ活動する。心とよばれる材料でもって、見ゆる形のものに造りなせるものは思考である。よって思考こそ一切のものの原因ということになる。

したがって、この哲学(メタフィジック)には聖癒力がそなわっている。つまり人の肉体及びその運命は心によって造られたものだとすると、人間の運命も心によって定《き》まる。そこからイエスは「最大なる哲学者であったと謂《い》うべきである。何故なら彼は権威ある言葉を人の心に実に積極的に与え得た――彼が『起きよ、而して寝床をあげよ』と云えば、全身不随の病者がたちまちその命に従ったからである」とみる。ここではイエスは、イエスだけに可能な法則を使用したのではなく、彼はあきらかに何人《なんぴと》にも許されている法則を使用したまでだと、イエスを人間の次元に引き下ろしてしまう。

ゆえにこの考えは、自由神学を称《とな》えるユニテリアンの思想に通ずるものがある。つまり三位《さんみ》一体《いったい》の神性をみとめず、神だけの神性(unitarius 単一神性)を認め、イエスはヒューマンとみなさるべきで、超自然的な存在ではないとする。そしてイエスだけが神の子ではなく、われわれすべてが内に神をやどす、内在の神をみとめることによって神の子なりとする。つまり神は唯一であるが、人すべてに神の分身はやどっているとの見方である。

かくて谷口は、ユニテリアンの思想を自らの運動である光明思想の先駆者であるとみており、その米国の光明思想の淵源をユニテリアン教会の牧師をしたこともあるエマーソンの思想に求めている。ユニテリアンが唯一神教または帰一教会派と訳され、「それが宗派に偏らないで真理はどの宗教にもあるとして通宗派的な真理を説く為に、世間では宗教哲学の一種だとか、単なる修養団体だとか誤解されたこともある」(谷口雅春・清超著『苦難と恐怖の克服法』昭和三十三年、二一八頁)として、ユニテリアンは現象の奥に超人的な力、宇宙の意志——神——を認識する点で、まごうことなく宗教であり、むしろトランセンデンタリズム(超絶派)のエマーソンの先駆をなすものとする。エマーソンは牧師時代、自分で聖餐式《せいさん》をとり行うことに懐疑をいだき、やがてその職を辞してしまうほどで、合理性と自恃《じじ》(self-reliance)を旨とした彼は、人間だれにでも内在する大霊(oversoul)という観念的な霊的実在のようなものを認めてゆく。今日日本において、ユニテリアン系の帰一教会の孤塁を守っている今岡信一良は、このエマーソンのハーバード大学神学校での講演として次のように要旨を伝えている。

「要するに、彼（エマーソン）は、当時の教会が非常に形式化し、化石化して、平凡な無力な存在となっていることを非難し、特にキリストを神の一人子とすることを攻撃、キリストが神の子なら、我々もみんな神の子である。何故なら、この天地宇宙が霊的存在であって、その霊的神性は人間始め万有に貫通しているからである。彼はこれをオーバーソウル、大霊と名づけていますが、人間はみなこの大霊を分有する。即ち神の子である。キリストだけが神の子ではない。だから、また超自然的な不思議な奇蹟というものもない。奇蹟というならこの自然のままの天地宇宙こそ、そのまま奇蹟である」（『人生百年』六四四頁）

この奇蹟をめぐる論議こそ近代人にとって素直にキリスト教を受け容《い》れにくいものにするつまずきの石であった。十七世紀のパスカルは、姪の眼がポール・ロワイヤル修道院の荊冠《けいかん》に触れたことによって、見えるようになった奇蹟に感動し、後「それでも神は存在する」ということを弁明しようとして『瞑想録』（パンセ）を書き残した。一方、イエスの死のよみがえりや、足を切断された人に再び足の生《は》えてくるようなことはあり得ないと断言して、断乎《だんこ》奇蹟を認めようとしなかった十八世紀の哲学者デービッド・ヒュームは、無神論者であるとして、エディンバラ大学でも、グラスゴー大学でも教授職につくことができなかった。

牧師として聖餐式を執行することに空々《そらぞら》しさを覚えたエマーソンは、一個の哲人となって世を終えた。思想的にはエマーソンやユニテリアンの思想を継承しながら、実践面では別の形でもう一度奇蹟のありかを模索し、それを認めてゆく立場が実践的な面をそなえたニューソートの運動ともいえよう。谷口は後年、こうした微妙な立場のニュアンスをスピノザまで引き合いにだして、次のように説いている。

「奇蹟の観念は、人間の外部に、何か神秘な権能者を仮定する考えから起こるのでありますが、この奇蹟の正体に対して最初に攻撃を開始したのがスピノザであります。彼によれば、宇宙に於ける真の驚異は、法則や秩序に犯干する魔力にあるのではなく、法則や秩序そのものの中にある。あの美しい自然の中に、生命の息吹《いぶき》の中に、天体のノルムの中にこそ、その法則や秩序の中にこそ、真の奇蹟を見るのであるとしました」(『苦難と恐怖の克服法』二二五頁)

そして、従来の奇蹟観を外在力の奇蹟とし、こうした天然自然の中に存在する奇蹟のような不思議な自然の営《いとな》みそのものを奇蹟とみる奇蹟を内在力の奇蹟としておさえている。谷口によれば、エマーソン同様、ユニテリアンもニューソートもスピノザの影響を受けつぐものであるが、奇蹟の捉え方にはちがいがある。ニューソートをはじめメンタル・サイエンス、ディバイン・サイエンスの名で呼ばれる人たち、つまり谷口流に言えばアメリカにおける光明思想のグループは、この外在の神秘力による奇蹟はこれを否定するが、各人に内在する神秘力の活用による各人可能な奇蹟は、これを認めるものとする。これに対して、ユニテリアンの方では、あまり潔癖に奇蹟否定に赴いた結果、奇蹟を起こすまでの宗教運動に至らなかったとみている。

同じ自由神学の母体をもちながら、ニューソートとユニテリアンの違いは、前者が「人間すべて神の子」のメタフィジックから、万人奇蹟可能なある種の精神療法を求める実践活動に向かったのに、ユニテリアンはあくまで自由神学として思想の域にとどまったことといえよう。

しかし、わが国にその例が見られるようユニテリアンは、もう一つ別の実践面へ発展する素地を宿していた。明治二十三年、日本におけるユニテリアンの草分けとして来日した米国ユニテリアン教団派遣の牧師クレイ・マコーレーの秘書及びそのミッションの書記をつとめていた鈴木文治（一八八五—一九四六）は、自由主義の立場の海老名弾正《えびなだんじょう》の本郷教会を退会し、大正元年、労働運動から労資協調の友愛会をユニテリアン協会（惟一館）の内に起こし、やがて大正八年には組合主義の日本労働総同盟に転じ、さらに安部磯雄と共に社会民衆党を結成したことはよくしられている。

ホルムスの思想

さて、ニューソートのホルムスは人間の運命支配の法則を、次の四つに要約する。

(1) 宇宙は霊智的生命体であって、この宇宙の万物は皆生きている。

(2) この霊智的生命体なる宇宙は、吾等《われら》の思考する鋳型《いがた》にしたがって、無形の思考を有形に造り出すための材料であると共に動力者である。

(3) 宇宙の心が物を造り出すのは、宇宙の心みずからの思考、吾等の心が宇宙の心の上に印したる最も強き印象に従う。

(4) 宇宙の心は吾等の生命及び知慧の源泉である。従って、吾等もし許さるることを得ば直覚という形式を通じてその無限の知慧から指導を受けるのである。

こうした原則を生活の場面で実際に活用するにあたっては人間の被暗示性を極力利用することになる。よって実践方法としての暗示性に富む瞑想のことばが工夫される。

「真理に就いての瞑想」と題して、

「吾《わ》れは今愛の霊に充たされている。吾れは今聖なる宇宙の心と調和している。吾れは今心を開いて至上なる者の感情を胸に受けているのである。吾れは今意識的に愛とそして智慧なる宇宙の心に接触している。……」

これは、生長の家の神想観の中の、「吾れ今五官《ごかん》の世界を去って実相の世界に入る。ここがこのまま実相の世界」にはじまる文句の中に、「ああ、神の無限の生かす力に充たされてあるかな。ああ神の無限の生かす力に充たされてあるかな。もはや吾れ生くるにあらず、神のいのちここにあって生くるなり」になんと酷似していることであろうか。しかもこうした瞑想に入る前に信仰的気分をかもし出せるよう聖書その他善《よ》き書物のよい文句の朗読をもすすめている。そして「望むものは必ず得られる」という予期作用の高揚をはかるよう述べている。たとえば、「主を信ずる者の力は更新せん。彼等は鷲の如き翼をもて飛翔せん。彼は疾駆《しっく》するに疲るることなく、歩行するに艱《なや》むことなし」。「爾《なんじ》の信仰爾を癒せり」。「求めよ、さらば与えられん。眼を開いて見よ。さらば求むるものを見出さん。叩けよ、さらば開かれん」など。また、

一、くるあさごとに、あさ日とともに
　かみのひかりを　こころにうけて

にはじまる讃美歌第二十三、あるいは第九十一を暗誦することなどをすすめている。そしてそれは、「吾れは今宇宙心の大海の意識的活動の中心であること」、「吾れは今、霊なる精妙なる力に囲繞《いにょう》されていることを知る」ような境地にいざなわれてゆく。さらに「自分は霊の世界に住んでいる霊的生物であって、宇宙生命の大霊に導かれている」心境に進む。

こうした「真理についての瞑想」は、毎朝十五分ないし三十分ずつ、繰り返し行うのが好しとする。さらに瞑想は美しいファンタジーの世界へ自己を遊ばせてくれる。

「吾れはいま吾が住む世界を一人の友であると観ずる。み空の星は神がわれを看《み》まもりたまう瞳である。梢《こずえ》に鳴る風の声や、小河の潺々《せんせん》たる囁きは神の吾れに告げ給う言葉である。自然界の凡《あら》ゆる力は吾れに奉仕して呉れる生き物である。……」

そしてさらに「神は父であり、人間は神である」とすれば、「神と偕《とも》なる時、凡《すべ》ての事はなし就《と》げられる」。「吾れは神の永遠の生命を呼吸している。吾が生命は神の生命であること」を知ったとき、人間に不可能なことはない。神そのものが全《まった》きものであるごとく。よってここでは「塵によって造られたる者」とか「朽《く》ち行くべき運命をもてる者」などといったペシミスティックな人間観、人生観は除外される。

それでは、「若《も》し神が完全に此の世を造り給《たま》いしならば、此の世界に苦痛がどうして存在しよう」という、いわゆる「悪」の問題、「ヨブ記」の問題をニューソートはどのように切り抜けてしまうのだろうか。神がこの世界を造るにあたって勝手気ままな出来ごころで、「此処にそら足がある。此れに苦痛を生みつけよう、そら此処に腕がある。自分は此を麻痺せしめよう。此れは善人だがリュウマチに罹《かか》らせて、その身体を挫《へ》し曲げてやろう」などと考えたとは思えない。つまり果たして病気は神の造りものなのか。

この問いに対し、ホルムスは、神以外にこの病気の造り手を指摘する。つまり人間側の「不健全な思考」こそその造り手、張本人とみたてる。肉体とは思考によって霊が形象化、具体化したものと解する。そして、ここには「天に坐します吾等の父が完全なる如《ごと》く吾等も亦《また》完全なり」という、全面的な人間肯定のオプティミズムが支配している。

ホルムスの思索では、自我は肥大するのではなく、自我は拡散して無限我になる。つまり思念の世界では、「吾れは無限の生命、無限の愛、無限の叡知《えいち》」となる。そして黙念がかえって雑念の混入を許すことになるようなら、自己の耳に聞こえる程度の音誦《おんしょう》をよしとする。

その例として、フランスのクエの自己暗示のことをあげている。つまり「クエ療法」では病気に対して、「去れ《サ・パス》、去れ《サ・パス》」なる語をリズムを帯びた音調で繰り返すことに治病効果ありとする（『如何にせば運命を支配し得るか』一二五―一二六頁）。

クエ（Coué Emile 一八五七―一九二六）は、フランスはナンシーの小柄《こがら》な薬剤商（一種の開業医をかねる）であったが、一九二〇年代に、自分の患者に自己暗示の療法を用いはじめていた。クエは単純な実験で、人間にとってなによりも注入された観念（implanted idea）の力が如何《いか》に強いものであるかを知る。患者に、手を組み合わさせて、「自分にはそれを開けられない」と考えるように示唆する。すると実際患者はそれを開けられない。

次に被験者に、「私にはそれが開けられる」と考えるよう命ずる。すると直ちに、こわばり緊張していた手がゆるんだ。クエは、患者に家に帰って、自分の身体は健康だという暗示を与えるようすすめる。それは、「日に日に、あらゆる点で、私はよくなっている。よくなっている。」(tous les jours, a tous points de vue, je vais de mieux en mieux) ということばである (Walter Bromberg, *From Shaman to Psychotherapy*, 1975, P. 193)。つまりクエは healing thought の価値をみとめ、イマジネーションや自己暗示が器質的な変化をすら惹《ひ》き起こしうることを主張した点で注目されていた。

このクエの活動を承認していたホルムスはリズムを帯びた音調の反復効果を認め、さらに次のような瞑想のことばをあげる。

「吾《わ》が生きている生命は無限の生命である。それ故に吾れは完全に健康である。吾がいだいている愛は無限の愛である、それ故に吾れは完全に幸福である。吾が心に宿る知慧は無限の知慧である、それ故に吾れは平和であり調和である。今われは平和と、安心と、及び漲《みなぎ》る力の感じとに満たされている。吾れは神の無限の生命の内に生きている、無限の愛の内に生きている、無限の知慧の内に生きている」(同書、一二六頁)

またホルムスのことばの中に、生長の家の大事な標語となる「吾れは円満完全なる神の子である。吾れは健全なるものと調和せるもののみを思考する」(一三二頁) という表現もすでにみられる。

谷口はホルムスの本に出合ったことで、神観念のもとになる自己暗示的なことばの力を知るとともに、また徐々に神観念の再構成に向かう。ホルムスの神観念は理神論の神概念に近い。理神論では、この宇宙は、精巧な時計に似ている。この時計のあるところかならず時計造りがいなければならぬ、これが科学者ボイルの思索であった。ホルムスは神を大美術家になぞらえる。美術品はすべて様式という法則に則《のっと》って造られているが、その様式なるものは美術家の霊の働きによる。かくのごとく宇宙という美術品は美術家の存在をぬきにしては考えられず、この美術家こそ神であるとする。「造り主」は、その法則に従って美が構成されるようにあらかじめ法則を埋め込んでおくのである。法則は非人格的なものである。この「『法則』の背後には、『視えざる者』『不可知なる者』『不変なる者』『永遠なる者』『無限に完全なる者』『円満具足せる者』『普遍なる者』『推理を超越せる真理』『第一原理』『比較を超越せる者』『不可分の大生命』『無差別の大愛』『一切智』——簡単に云えば、実在一切の貯蔵所なる、霊にして創造の力なる絶対者が控えているのである——。此等は智によって認め得る神の異名である」（同書、三〇四頁）と主張する。

しかしここにはキリスト教本来の怒れる神、嫉《ねた》む神としての人格性がぼやけてしまっている。神はもっと拡散してしまう。

「野菫《すみれ》の小さき蕾《つぼみ》や、地中を攪拌《かきまわ》す昆虫や幼虫や、天高く翺翔《こうしょう》して囀《さえず》る鳥や、あらゆる野生のものの発生と成長とがあるのである。また此れ等一切のうちに神は横たわっているのである」（同書、三一〇頁）

ここでは神の御業《みわざ》と神そのものとが一緒になり、むしろ汎《はん》神論的にさえなっている。そして神の分身である人間だからこそ神の保護の当体であるといった風に主客の区別もぼやけてしまう。

「一羽の雀も天の父の許しなくしては地に落ちないのに、また神は空の鳥をさえ養わせ給うのに、神の生命を頒《わか》ち持つ人間が、何とて神の保護に漏れたり、求めるものが与えられなかったりする道理があろうか」（同書、三一〇頁）

という表現になってしまう。

無相の神

谷口はホルムスに触れることで、おぼろげながら再び、キリスト教的な創造主としての神の位置を考える。その自伝の中でいう。

「『聖道へ』なる論文集に於て、現象界の創造者は『神』ではない『無明《むみょう》』であるとし、この世界は『無明』が造ったのであると説いたが、ホームズ〔ホルムス〕は、『無明』

を創造主《つくりぬし》としないで、『無明』は創造主の前に投げ出されたところの創造の雛型《ひながた》であって、応現自在の無相の神が、その『無明』を雛型として現象界を創造してくれると云うのであった」(自伝篇・下、一二九頁)

このように解する。そして創造主といっても神は、創造のエネルギー源のようなもので、そのエネルギーを活用していかなる形を形成するかは、ひたすら人間の抱く「念」によって定まるとする。ここでは人格的な神は後退してしまい、いわば無相のエネルギーに置き換えられてしまっている。

谷口はまたホルムスとの出会いによって、仏教的観法の行法《ぎょうほう》としてはあまりに抽象的で、いかにも観念的であるのに対し、実行的プラグマティックなニューソート式観法を見いだすことになった。天台の止観行《しかんぎょう》は、「止は諸現象の生起変転にとらわれ、引きずられて心が散乱・動揺するのをとどめ、おさえることであり、観とはそこから諸現象を全体的、客観的に観察し、的確に判断を下し、散乱する妄念を制止し、心を静寂にし、明智をもって諸物の実相を観照識別する」(『仏教語大辞典』)と説く。それが浄土教になると観仏、見仏という形をとり、救いの当体である仏像の相好《そうごう》を思い浮かべようとする努力になり、『観無量寿経《かんむりょうじゅきょう》』では、まざまざと仏の相好を見仏できるかどうかが、先の往生の可否をきめる条件となり、いわば往生の確約としての見仏をひたすら請い願うことになる。

また『法華経』の『観普賢菩薩行法経《かんふげんぼさつぎょうぼう》』では、十ある普賢の行願の中で、とりわけ第四の行願が、衆生の業障《ごっしょう》を懺悔《さんげ》によって滅してもらえる功徳ゆえに尊重された。普賢の像はもと『華厳経』に文殊《もんじゅ》と並んで、善財童子《ぜんざいどうじ》のたずねる五十三番目（東海道五十三次はこれによる）の善知識（指導者）であって、すでに『源氏物語』（「松風」）や『栄華物語』（音楽巻）に三昧堂《さんまいどう》にて普賢講の行われたことが述べられているように、経の「普賢行願品《ぼん》」を釈すとともに、この菩薩の像を前にしてその徳を讃嘆する儀式（講式）が執り行われている。そうした講式の場の本尊として普賢菩薩像の多くの画像・彫像が造られ、その白象に乗った優美な姿でよく知られている。また『法華経』最後の「普賢菩薩勧発品《かんほつぼん》」では、如来滅後の濁世《じょくせ》において、この『法華経』を受持する者があれば、「われ当《まさ》に守護して、その患いを除いて、安穏ならしめ」、またこの経を読誦《どくじゅ》すれば、「われはその時六牙《ろくげ》の白象王に乗ってその所に身を現わし、供養し、守護してその心を安んじ慰めよう」と説く。そして「梁塵秘抄《りょうじんひしょう》普賢品」には「草の庵の静けきに、持経法師の前にこそ、生々世にも逢ひ難き、普賢菩薩は見えたまへ」とある。

そしてこの画像の前で行う懺悔が実相懺悔とよばれ重視された。実相懺悔とは「一切の業障海は、皆妄想より生ず。若し懺悔せんと欲せば、端坐して実相を思え。衆罪は霜露の如し、慧日能く消除す」と説かれ、一切皆空《いっさいかいくう》の空観《くうがん》が基調になっているといわれ、「何者か是れ罪、何物か是福、我が心自ら空なれば、罪福も主なし」といい、『法華経』自体これを無罪相懺悔と呼んだ。田村芳朗氏によると、「この無罪相ということが後世、罪とか悪などは存しないという風に誤解されたこともあったが、本来は罪とか悪はとらわれが根底となっているということから実相を観じてとらわれをはらうことをすすめたもの」（『法華経』中公新書、一九六九年、一一二—一一三頁）と説明される。そして比叡山には弘仁三年（八一二）以降法華三昧堂がつくられ、実相懺悔のための普賢道場となる。

　こうした観法による見仏、観仏のよすがとして描き出され、彫造された仏があるにしても、そうしたイメージを抱き続けることの難しさを、法然は「近来の行人観法をなすことなかれ、仏像を観ずとも、運慶康慶がつくりたる仏ほどだにも観じあらはすべからず。極楽の荘厳を観ずとも、桜梅桃李の華果ほども観じあらはさん事かたかるべし」（『法然上人行状絵図』）と述べて、観念の念仏から称名《しょうみょう》の念仏への道をたどる。

　さきの実相懺悔の業障を病気、不幸とおきかえてみると、ホルムスや生長の家の教えにかさなる。つまり実相の世界では、それらは本来存在しない妄想であるからである。『五十年史』の編者はいう。「谷口先生にとって仏教の三界唯心《さんがいゆいしん》は、仏教哲理であって実際生活に応用出来るとは思っておられなかったのであるが、ホルムスによってそれまでの観念は破られたのである」（二〇一頁）と。

神想観における観普賢菩薩行法

後年谷口は、神想観の中に、普賢菩薩《ふげんぼさつ》の観法《かんぽう》をとり入れているが、それは天台と密教の観法をミックスしたような形でできている。

すでに谷崎潤一郎はその作品『少将滋幹の母《しょうしょうしげもと》』の中で、滋幹の父が、奪われた美貌の妻の面影をかき消さんがため不浄観《ふじょうかん》を行うが、そのとき掲げる絵像として、ことさら普賢菩薩をとりあげている。滋幹は、仏間にいる父の姿に、「正面に普賢菩薩の絵像を懸け、父はそれに向い合って寂然と端坐していた。滋幹の方には後姿しか見えないのだけれども暫くじっと窺っていても、父は経を読むのでも、書を繙くのでも、香を薫《た》くのでもなく、ただ黙然と坐っているだけ」で、父は何をしているのかと乳人《めのと》に尋ねると、乳人は「不浄観」というものをなすっていらっしゃるのだ、と答える。不浄観とは、いかに外見が美しい女性も、ほんとは夜叉《やしゃ》のようであり、不浄なものに過ぎぬという無常を観じさせるはずのものである。耽美的信仰といわれる普賢像では、一層思いがまさるであろうと考えられるのに、耽美派作家谷崎にとっては、この菩薩でなければすまされなかったのであろう。

古来、普賢菩薩は女性の姿で描かれてきた。それには『法華経』に女人《にょにん》救済が説かれているためでもあるとされるが、やがて絵図だけでは満足せず、生身の普賢を書写山《しょしゃざん》円教寺の性空上人《しょうくうしょうにん》は、室津《むろつ》の遊君に拝すという説話に発展する。たしかに十二世紀前半（平安）の作といわれる東京国立博物館蔵の国宝普賢菩薩は「ほっそりした体つきとふくよかな頬に当時の高貴の女性をしのばせ、夢幻的な妖しい美しさに満ちている」（水野敬三郎『東京国立博物館』講談社、一九六六年）と評されたり、野間清六氏は、「感傷の子をして随喜《ずいき》の涙をそそがしめる麗容を示すもの」として、宗教画の特色として、「余りにも現実的になってはその香気を失ってしまうもので、そこにはある程度現実的なものから離れている必要がある。しかし現実から離れ過ぎては絵そらごとになって、感化の力を失ってしまうのである。人の世の姿ではないが、達し難い遠い世の姿ではないという、その一種夢幻的な表現に、人の魂は吸い寄せられるものである」（『日本の絵画』創元社、一九五三年、一〇四頁）と述べている。

謡曲『江口』でも、長唄『傾城普賢《けいせいふげん》』でも、題材は説話文学化した性空上人と普賢菩薩の化身である遊女との出会いであるが、そこには『十訓抄《じっきんしょう》』や『古事談』に出てくる普賢が性空に語る文として、「面白や実相無漏《じっそうむろ》の大海に、五塵六欲の風吹かねども、随縁真如《ずいえんしんにょ》の波の立たぬ日もなし、立たぬ日もなし」の文句が出てくる。煩悩解脱の清浄な境地（無漏）である大海でも、表面は種々の機縁にひかれて醜い人間欲望の波立ちがみられるが、真如の大海は、常住不変のものでないことを説いたものであろう。所詮、種々の観法も、現象の世界を離れて実相の世界に遊ぶ心術だとすれば、こうした比喩的表現と優美な普賢菩薩像とが、両々相俟って人を夢幻の彼方《かなた》に誘《いざな》ったであろう。

応永十九年（一四一四）、勝林院（大原の三千院）にてとりおこなわれた御懺法講に、禁中でのそれを窺うことができる。正面中間に、仏台をすえて普賢像をかけ、前机二脚をたてて閼伽《あか》已下《いか》をならぶ、幡、花、鬘などけざやかにさして荘厳《しょうごん》のおもむきは、「御殿にて侍らんもかはるところ侍らじ。……朝座の懺法《せんぽう》をはりて、供花はなびらをあらため、そのまま夕座をはじむ。切音錫杖、早懺法……処がらいとたふとくて、ききなれ侍る梵音《ぼんのん》も、身にしむ心地ぞし給ふ。……衆罪の霜露も、けふは恵日の光にきえぬべう」（堯胤法親王「魚山《ぎょさん》の御のり」、山上〻泉編『日本文学と法華経』ピタカ、一九七九年所収、三〇四―三〇五頁）と、先皇後花園天皇の供養をかねた懺法が行われている。ここではきびしい罪業《ざいごう》意識はなくて、この講を行うことで罪障はきれいさっぱり流し去られ、往生疑いなしといった様子が窺われ、懺悔のことまで優美に儀式化されてしまう。

さらに密教では、普賢は息災と長寿を祈願する普賢延命菩薩になってしまう。こうした普賢の観法を生長の家神想観は、次のような形で活用してゆく。つまり真言密教の立場からすれば、「普賢菩薩を描いた掛軸《かけじく》を目の前一間《いっけん》位のところに掛けて置いて、それをじっと見詰めて精神統一して、その像がずっと自分の方に入ってきて、自分自身が普賢菩薩であるという観じ方」をするのであるが、普通の神想観で「もはや吾れ生くるにあらず、神のいのちここにありて生くるなり」という心境の準備がととのったところで、「吾れ普《あまね》く我が全身を観ずるに此身《このみ》このままの普賢の身なり。六牙《りくげ》の白象に乗り、花《はな》片《びら》が悉く如意宝珠《にょいほうじゅ》なる蓮華の宝座に坐し、合掌の内に一大如意宝珠を持し、全身の細胞悉く如意宝珠にして光明燦然《さんぜん》として十方《じっぽう》世界を照らす。合掌の如意宝珠又々大光明を放つ。

一々の如意宝珠に三千の御仏坐し給う。各々六牙の白象に乗り、花片が悉く如意宝珠なる蓮華の宝座に坐し、合掌の内に如意宝珠を持し、全身の細胞悉く如意宝珠にして光明燦然として十方世界を照らす。合掌の如意宝珠又々大光明を放つ」(『神想観』一三一―一三二頁)

これを繰り返すことによってひどい腋臭に悩む娘さんの腋臭が治った例をあげている。

普賢菩薩の像は普通には何も手に持たない合掌の形(東京国立博物館所蔵のもの)をとるか、金剛杵《こんごうしょ》と金剛鈴をそれぞれ右と左に持つものはあっても、如意宝珠《にょいほうじゅ》をもつものはない。しかし谷口の神想観では、意の如《ごと》く病苦を除くとともに、宝や衣服・飲食のあらわれてくる如意宝珠が欠かせないものとなっている。

したがって、如意宝珠に象徴されるような強力なイメージを観ずることによって、つまり全身細胞のすみずみまで普賢と化することによって、マイナスイメージである病気像を駆逐してしまおうというのである。

就職

養家に居候《いそうろう》して、心霊研究の本を読んだり、そうした雑誌の編集として、家の中で机に向かうような仕事をしている三十過ぎの妻子ある男は、養母にしてみれば何をしているのかよくわからない存在だった。市役所の臨時雇で日給六十銭の口は、養母の探してくれるような仕事だった。そんな時、養家では節約して新聞さえとっていなかったようで、外で拾って読んだ朝日新聞の広告に、「高給翻訳係り募集」というのを見つけた。この仕事は月給百七十円という高給だった。ヴァキューム・オイル・カンパニーという会社であった。

翌大正十四年一月早々、仕事も見つかったことでもあるし、〔兵庫県〕武庫郡住吉村字梅ノ木に三つになる娘恵美子をつれて、親子三人だけの新居を求める。しかし親子水入らずの生活が出来るようになったとたん、娘が急性肺炎になったり、妻の輝子が瀕死の大腸カタルで苦しむやら、当人も病弱で生命保険の加入ができない始末であった。ホルムスの本で読んだ通りには実際生活はうまくコントロールできなかった。

子どもが重病だという電話が職場にかかってくると、何はともあれ顔色を変え、会社を早引きしてわが家へ急ぎ、「電車の中でブルブル戦《ふる》えている」小心なサラリーマンの態だった。自伝にいうよう「私はその頃はまだ心の悍馬《かんば》を乗りこなす名人ではなかった」（自伝篇・下、一三三頁）。また自分たちの借りているこの家の借家人の主人がつぎつぎと何人か結核で死んでいるという話を耳にした輝子は、何か不吉、無気味なものを感じ引越を思い立ち、本住吉神社近くの御影《みかげ》町柳ノ川の家に移る（大正十五年八月）。ここは本住吉神社の境内近くということもあってか、毎朝五時には起床して、「勇湯」という銭湯で朝風呂に入っては、身心を浄めた上で、神社に参拝するという日課をはじめる。

こうした規律ある生活が幸いしたのか、生活にリズムと自信を恢復する。神社参拝後は、自宅で静坐黙念のことを実行する。これは大本で習い憶《おぼ》えた鎮魂帰神と、ホルムスで読んだ黙念の実行でもあった。後の生長の家独自の神想観の坐法や呼吸法を編み出すもとになるものであった。また住吉神社との特別な因縁が生まれたのも、ここでの生活に縁由する。のち、昭和十一年、生活に余裕《ゆとり》のできた谷口は、この本住吉の社殿前に石像の狛犬《こまいぬ》一対を寄付するまでになり、今も神社の拝殿には、生長の家関係のパンフレットが置かれ、参詣者が自由に持ち帰れるようになっている。

兵庫県神社庁神戸支部発行の『神戸市神社参拝絵図』（昭和五十一年）では、本住吉神社は現東灘区住吉宮町七丁目にあり、「神功皇后《じんぐうこうごう》が、みずから住吉大神をお祀りになったと伝えられる古社で、のち大阪にも祀られるようになったところから『本住吉』と称せられる」と注記してある。

住吉神社といえば、旧官幣大社《かんぺいたいしゃ》で摂津《せっつ》一の宮でもあり、式内社の名神大社に数えられる大阪の住吉神社や、長門国豊浦郡（山口県）にいます旧官幣中社住吉神社などがよく知られている。前者は神功皇后の和魂《にぎたま》を、後者はその荒魂《あらたま》を祀ると伝える。そういった意味で、本住吉の方は式内社ではないが、『摂陽群談』では、この旧菟原《うばら》郡住吉村にいます住吉社も「皇后三韓《さんかん》ヨリ帰朝ノ期、住吉ノ荒魂、玉体ニ係リ給ヒ、始メテ爰《ここ》ニ至リ仮ニ鎮座ノ所也。爰ヲ以テ土俗本住吉ノ社ト云ヘリ。古記不詳。郡ノ号ニ因テ世ニ菟原住吉ト称ス」としている。本居宣長はその『古事記伝』（三十巻）の中で、日本紀の大津ノ渟《ヌ》中《ナ》倉《クラ》之《ノ》長峡《ナガヲ》というのは『和名抄《わみょうしょう》』に摂津国菟原住吉村のことで、これは難波《なにわ》の住吉ではなく、本住吉と称している方であると考証している（『神戸市史』本編、八八九―八九〇頁）。またこの本住吉の地は「当社殿は御蔭山と称する連山繞《めぐ》れる処、古の所謂る御蔭の地にて、山名も森名も、この御蔭の称より起り云々」（同書、八九三頁）と記している。

谷口は、この旧御影町にある本住吉にちなむいわれを、次のように説明している。つまりこの地（阪神電車のガード下）に「玉の井」という清冽な泉が噴出する池あり、この水に神功皇后が「御影」をお写しになったところから地名御影の名が生まれ、その付近から出る花崗岩《かこうがん》を称して御影石の呼称ありとし、さらに谷口は、この本住吉と自らとの因縁について、次のように述べている。つまり、彼はその頃朝湯に通っただけではなく、「毎朝風呂場で禊《みそぎ》をして、その浄まった直ぐのけがれのない体で毎朝、その本住吉神社に参拝して日本国家の隆昌のために祈っておった時、霊感をいただいて始まった教えが生長の家であって、その教えの本尊、即ち本統《ほんとう》の教祖は住吉大神であらせられるので、私はただその教えのラッパに過ぎないのであります」(『神秘面より観たる生長の家四十年史』二六頁)と、今後にわたる住吉神社と生長の家のかかわりを示す重要な発言をしている。

谷口ははじめから教祖と呼ばれることをたいへん嫌っていたようで、弁明を繰り返している。そして繰り返し、教祖は神であると主張する。とりわけ、「教祖先生」などとあがめ過ぎることに対し、「私は決して教祖ではないのであります。生長の家の人類光明化運動の教祖は神であり、颱風でさえも自由になし得、原爆さえもその神啓の『甘露《かんろ》の法雨《ほうう》』によって防ぎ得る偉大なる全能力をもちたまう神であります。教祖は決して『私』ではないのであります」と、謙虚にその功を神にゆずり、一歩退いてさらに言葉をつぐ。

「その神からのインスピレーションによって『生命の實相』の真理を伝えられ、それを私が個人企業的に小規模に経営していたのを前述の如く今回、聖使命会に、そのパテントを譲り渡したのでありますから、私は教祖ではなく、『前任経営者』と謂《い》うべ

きところであります」(『聖使命』昭和二十九年十月一日『生長の家三十年史』一九七頁所収)

生命讃歌

大正時代の哲学思想はある意味でアンリ・ベルグソン哲学の日本紹介で明け、それで暮れてゆく。金子馬治と桂井當之助共訳によりベルグソンの『創造的進化』(早稲田大学出版部)の初版の出るのが大正二年で、大正十三年までに八版を重ねる。ベルグソンだけではなく、オイケン、ニーチェなど一連の「生の哲学」が流行する。また一方で既成教団の中からではあるが、仏教学者椎尾辨匡《しいおべんきょう》が「世のなかの生きとし生けるものがみな『生きてゆきたい』と願っていることは、一切を包む天地の生命が『生きよ伸びよ』と育ててくれる現れであります。私どもはこの進化を信じこの共同の大生命を基として、みなのものが本当に生きてゆかれるように」(『椎尾辨匡選集』第九巻、三〇八頁)と共生《ともいき》運動を提唱し、共生結衆なるものを結成し、五日間の朝起き修養会(五時起床)のようなものをスタートするのは大正十一年のことである。

なお白樺派の有島武郎が、武者小路の「新しき村」は所詮失敗に終わることを予言しながら、北海道の有島農場四百五十町歩を、六十九戸の小作人に無償で譲渡し、それを小作人全体の共有農場にしたとき、それを有島共生農園と称したのも大正十一年のことである。こうした生の哲学や共生への精神的ユートピアも、また大正デモクラシーの所産の一つであったろうか。宗教学者石橋智信が宗教の定義に「生の拡充感」をあげるのも、こうした背景と無関係ではなかろう。

かくて成道《じょうどう》の日というべき、谷口にとってユニークな宗教体験を経験するときが来る。ある日、静坐合掌瞑黙していた時、ふと『般若心経』の中の「色即是空《しきそくぜくう》」の文句が思い浮かぶと同時に、「大濤《おおなみ》のような低いが幅の広い柔らかで威圧するような声」で、「物質はない！」と聞いたと『自伝』はいう。さらに、

「無より一切を生ず。一切現象は念《こころ》の所現にして本来無《む》。本来無なるが故に、無より一切を生ず。有より一切生ずと迷うが故に、有《う》に執して苦しむのだ。有に執せざれば自由自在だ。供給無限、五つのパンを五千人に分ちて尚余り、『無』より百千億万を引出して尚余る。現象界は念《こころ》のレンズによって転現せる化城《けじょう》に過ぎない。彼処《かしこ》転現すると見ゆれども彼処に無し。此処に転現すると見ゆれども此処に無し。知れ、一切現象無し。汝の肉体も無し」（自伝篇・下、一三四—一三五頁）

これは啓示の形をとった自問自答の歩みであったかもしれない。そして一切は心の所現だという。その心をも否定して、無ではなく一切皆空《かいくう》の立場にいたる。そしてその皆空こ

そ実相の姿とさとる。小乗仏教の十二因縁をたどる思索では五蘊皆空《ごうん》、つまり事物の存在として認識される一切が、人間側の心的な働き、はからいの結果、仮にそのものとして受けとられるだけのもの、すなわち五蘊仮和合《けわごう》と解される。

しかし谷口の場合、こうして受《じゅ》・想《そう》・行《ぎょう》・識《しき》という心の働きだけを残しながら、さらに「心もない、仏もない、衆生もない」と一たんは一切を抹殺してしまったあと、つまり釈迦も、キリストも否定してしまったあと、『法華経』の本覚《ほんがく》思想的解釈にあるような超歴史的な釈迦、「久遠生き通しの生命（仏）」を復活させる。キリスト教的にいえば「イエスを十字架にかけ」たあと、つまり肉体イエスを抹殺したあと、谷口のことばをかりれば、「実相のキリスト」がよみがえることになる。つまり受肉《じゅにく》以前の神、菩提樹《ぼだいじゅ》下で悟りを開く釈迦ではない、本仏としての釈迦を措定し、それを生き通しの生命と置く。

さらに明治二十六年十月二十二日に母の胎内より生まれ出た谷口正治なる一個の人間も、実は仮現で、実相、本体は「久遠の昔から仏であった」のだと主張する。このあたりの自伝の表現は、自分こそ、釈迦、イエス・キリストに匹敵する覚者、神の一人子《ひとりご》であるという特別の不遜な啓示を受けたものともとれる。あるいは、釈迦、日蓮などの区別なく、万人みな覚者、仏であり、万人すべて神の子であるのであって、谷口正治もその一人にすぎないと主張しているようにもとれる。したがって、この心境を谷口は次のように謳う。

「或る日、私は心の窓を開いて、
大生命のみ空から光線のように降り濺《そそ》ぐ生命の讃歌に耳を傾けた。
嗚呼！　声のない奏楽、声を超えた合唱
けれども私はその声を聞いていた。
宇宙の囁き、神の奏楽、天使のコーラス。
私の魂は虚空に透《す》きとおって真理そのものと一つになった。
何と云う美しい旋律だろう。
『これが真理そのものか！』と私は恍然《こうぜん》として嘆声を漏らした時、
『お前は実在そのものだ！』
私はこう云って天使たちがわたしを讃える声を聞いた」（同書、一三七—一三八頁）

どうやら谷口には、宇宙の大生命を神とも仏ともおき、自分一個もその大生命の分身であるがゆえに、過去未来をつらぬいて生き通しの輝かしい生命だといっているようである。生活に安定を見いだし、生活に張りを覚えるようになった当人の気持ちを、自伝はさらに次のように綴る。

「私はついに神を見出し、本当の自分を見出したのであった。三界《さんがい》は唯心《ゆいしん》の所現である。その心をも、また現ずるところの現象をも、一切空無と截《た》ち切って、その空無を縦に貫く久遠不滅《くおんふめつ》の大生命が自分であった。それ以来、私の見る景色が変貌した。すべての存在が物質ではない、何か後光のような耀光《ようこう》を発するエーテルの波のような存在に見えるのだった。私は朝湯が殊に好きであったが、秋の遅い太陽は、わたしが朝湯をあがっての帰り途《みち》、向うの樹間からさしのぼることが多かった」（同書、一三八頁）

木漏れ日の陽光の中に、生の歓喜をうちふるわせるような感興が表現されている。

谷口の年来の疑問は、「生命とは何か。生命は何処《いずこ》より来り、何処へ行くか」ということであり、これを知るのに二つの方法ありとし、一つは主観的方法であって、直観によって一挙に生命の実相に跳《と》び込む方法であり、もう一つは客観的方法であって、これは心霊術など霊媒実験によるものとする。こうしたところから、かねて浅野和三郎のもとではじめた心霊研究のことを外国の文献紹介で認識しようとする。

そうして読んで理解した発表機関として、倉田百三の主宰する『生活者』にその場を求め、大正十五年六月号から翌昭和二年七月号までこれを連載する。二歳年長で三十五歳になっていた倉田はこの年、個人雑誌『生活者』を発行するが、その資金には大森の家を売却することによってまかなっており、せっかく雑誌ができたのに、当人は強迫神経症に悩む時期である。そして、しきりに彼なりの「生命の実相」なる表記で、彼のいう「法的自然主義」のことを示そうと努力する。それは道元の「彼方より行はれて」、親鸞の「弥陀のはからひに任せて」、漱石の「天に則して」の心持であって（鈴木範久『倉田百三』大明堂、一九八〇年、一四四頁）、法爾自然《ほうにじねん》のことをあらわしているようでもある。

この「生命の実相」という表現は、倉田が谷口に示唆したものか、谷口が倉田に教えたものか、興味ある関係と思われる。いずれにせよ、谷口はこの倉田の雑誌に場をかりて、思う存分、心霊研究の紹介につとめる。そして谷口の執筆に対し、倉田は「色々と珍しい事実や、考えさせられる処が多くて有益であった。この種のものとしてはめずらしく豊富な感のある文章であった」（『生活者』昭和二年七月号）と感謝の意を述べている。

天理教祖と大本教祖について

心霊研究に熱心だった谷口が、いわば宗教教団としては「生長の家」よりはるか先輩にあたる天理教や大本教の女性教祖たちをどのように理解していたかを知ることは、彼自身の宗教経験を理解する上でも充分意味のあることと思われる。谷口は霊媒レイヌの場合、指導霊（guide）が当人に減食を命ずることの意義を、断食と神懸りの関係としてとらえているのは興味深い。

神道では、神懸りによる霊媒的能力を充分発揮させるための「身禊《みそぎ》」というものがあるが、これは、一種の減食水行であるとおさえ、断食とか淡泊な少食は、霊媒的能力の発動に寄与するものであることをいう。霊媒現象は、断食によって、当人の幽体が人体から遊離しやすい状態になっており、その隙間を利用して、スピリット（霊）が、その肉体に入り込み、天言通（霊言現象）、つまりひとりでに言葉が口をついて出る舌語《したがた》りがあったり、あるいは自動書記現象が起こるといった形で、その肉体は霊媒となるのである。しかもわが国の神道では、これを神懸りと称する。このほか主観的現象としては天眼通《てんげんつう》（千里眼）とか天耳通《てんにつう》といったものが現れることもある。しかも「スピリットが目的とする或る人間をとらえてこれに霊媒現象を起こさしめようとする場合に、本人が自発的に断食をすすんでしないならば、スピリットは或る方法で本人を病気にし、或《あるい》は貧苦に陥れて断食を強いた後に霊媒現象を起こさしめる」（谷口雅春『出生前・生・死・死後の研究』生命の芸術社、昭和九年、五一頁）と指摘している。

要するに神懸りを人工的に起こす手段としての断食、滝の行、不眠といった生理生物学的な条件づくりをしておくと、脳への血行が弱まり、意識下の世界に入りやすく、いわゆる無意識的な心の働きを浮上せしめ得ることとは、今日よく知られていることである。谷口はこうした人工的な手段を加えないでも、その他の病疾あるいは極度な貧困生活がこれに代わる生理現象を起こしやすいというのであって、意味のある指摘といえよう。そして天理教の教祖中山みきの場合は、のどけ（扁桃腺炎）を患って一週間も食事がとれないという状態が続いた後に神懸りになっていると説明する〔これは金光教との混同である〕。また大本教の教祖出口なおの場合は、貧苦のために、長期間にわたって、慢性的に断食をした形になっていると解する。東北のいたこなどが一人前になる修行の過程で、「神つけ」と称してはじめて神懸りになる方法として、断食や水行などの結果、最後には俵積みした上に坐らせられて神懸りになるといわれるが、これは人工的な方法であろう。ともあれ、家庭にあっては従順を強いられ、もっとも弱い立場におかれていた中年の主婦が、追いつめられた苦悩、貧苦から脱け出る最後の手段として、社会文化的に用意されている神懸りは、いわば背に神を負って立つことであり、何ものにもたじろぐことなく、神の第一人称で、語り出してゆける（霊言、舌語り）ことである。こうした人格変換の一過性のものを神懸りと称し、長期にわたり、反復神懸りになれるとき、お筆先が出来あがってゆく。

　ある意味で「陽気ぐらし」を説く天理教と、「人間本来神の子、完全・円満」を主張する生長の家とは、W・ジェームスのよく知られた二つの宗教パターン、「健全な精神の宗教」（Religion of Healthy-mindedness）と「病める魂の宗教」（Religion of Sick Soul）とに分けるならば——いずれの宗教も多かれ少なかれ両者の混在ではあるが——、より前者のカテゴリーに属するといえよう。

アメリカにおけるその典型を宗教心理学のW・H・クラークはクリスチャン・サイエンスに求める。クリスチャン・サイエンスは病気、悪、苦悩を否定し、幻影（mirage）とみなす。したがってイエス・キリストの治療奇蹟が、イエスの治した人々においては病気がリアルなものであったと認めることを、イエス自身拒否していると説明する。クリスチャン・サイエンスのエディ夫人は、その『科学と健康』の中でこう述べている。

「正しい祈りのためには、私室に入り、ドアを閉じねばなりません。そして唇を閉ざし、五官を沈黙させねばなりません。熱心な憧れを胸に静寂な聖所にあって、わたしたちは、罪を否定し、神の完全性（allness）を主張しなければなりません」

また、生長の家の神想観に酷似した表現も窺《うかが》える。

「全能の善なるかな、生命、神は死、悪、罪、病気を否定する。病、罪、悪、死は、善にして全能の神、生命を否定するものだ」

つまり、クラークはこうした健全な精神の宗教の特徴は、病める思考（morbid thinking）をすて、人生の陽気な見方（cheerful outlook）を選ぶ生き方であるとする（W. H. Clark, *The Psychology of Religion*, 1958, p. 160）。

天理教の『おふでさき』にも、「何にても病と云うて更になし、心違いの道があるから」（三―九五）とか、「どのような痛み、悩みも、できものや、熱もくだりも皆埃やで」（同、四—一一〇）とあり、「何にても病い、痛みは更になし、神の急《せ》き込み手引きなるぞや」（同、二—七）とある。

ところで谷口は、天理教の教祖中山みき（一七九八—一八八七）のことを教祖としての病気なおしや人助けの人としての面ではなく、中山善兵衛の妻みきの生き方という面からとりあげ批判している。隣家《となり》の安達源右衛門の一人子（五人あって四人は死亡）を、母乳が出なくて病弱なのをあずかって世話したところ、その照之丞という子が黒疱瘡（天然痘）にかかり、医師に手遅れといわれたとき、みきは自分の身はもちろん、自分の子二人を身代わりにしても照之丞の生命《いのち》を助けて下さい、と春日神社に願籠《がんこ》めしたが、幸い照之丞の生命はとりとめたものの、こんどは神に約束したことだから、自分の子をいつ神に召されるかも知れないという不安にさいなまれる。

谷口はここで、他人《ひと》さまの子の生命を、自分の子の生命に代えても救って下さいと願うけなげな主婦の気持ちという方を汲まないで、夫善兵衛に内証で他家《よそ》の子をあずかり、しかも夫に内証で自分の生命と自分の子供とを神に捧げてしまったその所業のことを責めて、彼女は「もう良人《おっと》のものでなくなった」ことを重要視し、そのため女中の「おかの」が夫善兵衛とよい仲になってしまったのも、いかにもみきの夫に対する仕え方の不足があったのだと、みきの責任に帰している。

谷口はいう。「中山美伎子と云う人も奥さんとしては上等の奥さんでも一流の妻でもなかったのであります。神様に仕える事は好きであったが、良人を神様として仕える事が出来なかったのであります」。このように神ごとのため家庭を見ることのできなくなったみきのことを批判する。そして「悲惨きわまる家庭の有様《ありさま》、女中に良人を奪われると云うことや、自分も子供も良人も悉《ことごと》くが病気となることも、みんな良人を神の顕現《あらわれ》として拝まない美伎子自身の心の影だったのであります」（谷口雅春・輝子著『法悦の力』昭和十五年、一三五頁）と結んでいる。

この批判は、天理教本来の宗教としての本質的な性格を批判したものというより、夫婦愛のあり方の逸れたときの一例として、当時教団として隆盛だった天理教を、身近な次元で批判したものといえよう。まだ宗教法人ではなかったが、すでに人助けの面でのライバル意識が、谷口の中にひそかに芽生えていたのであろうか。

求道者谷口雅春の誕生

谷口には、どこか、考えたこと感じたことを人に訴えねばならないといった衝動――、いわば宗教関係の雑誌への投書マニア的なところがあった。もちろん当時、投稿雑誌は少年少女ものに至るまであって、一般に、今日よりは読者の誌上で語る場面が多かったことは事実であった。谷口は投稿した文章がいかに読まれるかの、その反応に大きな関心を抱いていただけではなく、雑誌で感銘した人々と直に会って語ってみたいという意欲も強かった。それが「生長の家」の信者のつどいが、誌友会の名でスタートする先駆的な動きとなった。

昭和三年四月、三十五歳の谷口は、一燈園の雑誌『光』に「一つの提唱」という一文を載せ、その意とするところを述べている。

「……雑誌の上で互いに顔を合せていても、又、しみじみ会って見れば、じかでないと得られないような具体的な生きたものが互いに与えられると思う。筆の旨《うま》くたたない人は雑誌の上ではうったえることができないであろう」

こうしたおもんぱかりから、彼は控え目に、「自分は此の会合の中心人物ではない。ただ提唱者として世話をやかして貰うと共に、人生の行路に艱《なや》める同労者の一人としてその会合に出席させて頂きたい」と、自分も一人の会員となりたい旨の謙虚な文面ながら、いかにも求道の士の「道」と「徳」とを求める者のつどいであることを願って、雑誌と会合との両コミュニケーション手段による交わりの相補性についてさらに言葉をつなぐ。

「此の種の会合に於て人数の多いことは、望まない方が却って好いと思う。一時に多くの人達に話すことが出来ないのは会合が雑誌に劣る点であると同時にまた雑誌に優る長所である。少数な併《しか》し真剣な求道者のたましいとたましいとの会合こそ吾等の望むところである。自分は雑誌と会合とが各々その長所を発揮しながらその短所を相補いつつ、深く求道的な真剣なしみじみした生活態度を人生に押しひろめて行きたい」

谷口はこの主旨に賛同者を得て、昭和三年の中に、月一回柳ノ川の自宅で「求道者の会」をスタートさせている。

そして谷口の一つの提唱（『光』七十六輯）に対して、郵便局員をしていたが病気にたおれ、和歌山県の田舎に静養していた二十七歳の青年が感激し、地方でも「求道者の会」の呼びかけを行ったことを報じている。その書面によると、自らも「求道者の会」を結成し、良い書籍の回覧を始めているという。そして、谷口に書面を送りたく、

「手紙を書き綴り綴り致しましたが、私の思うこと、言うこと、行うことの甚だしく一致しませぬのをひどく恥じまして、その都度手紙を破って差控えました。私は今日は何だか師の御心に甘えたい様なうれしさを覚えまして、思うがままに思う事を書かして頂きます」（昭和三年十月十七日付、『実相体験集成』第二輯、昭和十三年、八四九―八五〇頁）

という書き出しで、『光』八十号の、西田天香の「一燈園と病気」、谷口の「霊魂浄化の過程としての苦痛の意義」を読んだ旨を報じ、自分の不健康も七分通り自分の薄弱な精神か

ら発していると思うと記している。さらに自分なりの「求道者の会」の呼びかけ文として、「……此の同志の集りを仮に『求道者の会』と名づけます。吾等よりも一歩先に進みつつある吾等と同じ気持の人の集りである『求道者の会』が兵庫県御影〔注・谷口雅春のもと〕にありまして色々吾等の為に世話をして下さることになっています」（同書、八五二頁）といい、自分の送る本を読んでくださる人がそのまま会員であること、会費無料で、会員希望者は同封のものに住所氏名を記入返送してほしい旨を書いている。

そろそろ一燈園の『光』を通しながらも谷口個人へ思慕を寄せる個人ファンが出来つつあるプロセスを読みとることができる。

また、伏見町に住む農民であろうか、谷口の提唱に対し、次のような文面もある。

「拝啓　名も無き田園生活者、数年来『光』誌を拝読致して居るものですが、昨夜先生の『一つの提唱』を拝読して、胸の高鳴るを覚えまして、失礼ですが求道会の一名に加えられ度《た》く此書を呈します。……『光』誌を通じて、先生の御文の如何に私の胸に光とうるおいとを与えてくれらしことよ。全く蘇っています。うれし涙のにじむのをおぼえます。何卒向後よろしく。

失礼乍《なが》ら二三日後、私の生活記録の一部御座右に呈し度く存じて居ります。一度お目をお通し願っておきます。合掌」（昭和四年一月十日、伏見町外下三栖、中山賢造、同

集成、八五三頁）

こうした谷口ファンに支えられて、『生長の家』誌は発刊されてゆくのである。

ちょうどその頃、谷口は、自分の名を正治から雅春に正式に改名する。すでに雅号として使っていた呼び名であったが、近所に同姓同名の人があって、たびたび間違いが起こったことによるという。しかし本当の理由は、谷口自身の人生の新しい転機、生まれかわりを、平凡な正治から、いかにも荘重、優美な雅春に変わることによって表現したかったものと解される。そしてそれは同時に彼自身の伝道雑誌ともいうべき『生長の家』発行を前にしての心の準備でもあった。すでに雅春の名は、大正十三年の『心霊界』の第六号では、浅野和三郎と並んで、谷口雅春の名で、「浄土教批判」と題して、浄土教の心霊学的批判をのせており、翌大正十四年『心霊界』二巻三号にも同じく雅春の名で「人格価値と霊力の問題」を執筆している。

そして昭和の初年頃から「三界は唯心の所現である。その心をも、また現ずるところの現象をも、一切空無と截《た》ち切って、その空無を縦に貫く久遠不滅の大生命が自分であった」（自伝篇・下、一三八頁）という、いわば汎神論的な宇宙観、生命観にたどりつく。そして、久遠実成《くおんじつじょう》の仏性《ぶっしょう》を自分も備えているからこそ、実相の世界では、自分こそ大生命そのものだという力強い感覚が、歓喜となってほとばしり、現象としての外観を認知する自分側の変貌から、「私の見る景色が変貌した」（同）という表現になり、さらに詩のようなことばが彼の口をついて出る。

……ああ讃《たた》うべきかな生命
われが生命である歓びよ
生かされている。
生かされている！
生かされている！
生かされている此の歓びを
心にみたして眼《め》をひらけば
眼前に
朝の太陽は微妙《みみよう》の光をはなち
庭の木の若葉に生命が照り輝く。
……

と外界変容感を、つぎつぎと唱いあげてゆく。いわば雅春としての宗教的な覚醒が彼に起こったともいえよう。

彼はこうした回心体験のことを後にこう説明している。

「肉体は神の作り給うた其の儘《まま》『霊なる人間』ではなくして、その上に『念の波』を一枚置いて外界に投影した一つの影に過ぎないのです。今まで『影』なる肉体を自分であると思って、『霊なる人間』が自分であることを忘れていたのが、此の肉体は自分ではないんだ、肉体の奥に生きているところの無限のいのちこそ自分だと云うことが分ることを、生長の家では『自覚の転換』又は『我の置換』と云っています。Conversion即ち廻向《えこう》とか、廻心《えしん》とか云うのがこれであります。キリスト教で云う『悔改』なる語《ことば》も私に云わせればこれに当るのであります」〈谷口雅春『法悦の力』昭和十五年、二八頁〉

そして、フランスのルールドの霊泉《いずみ》による病気なおしやクリスチャン・サイエンスの本をよんで治ることの意義は、ここにあるとする。

世界救済の大導師

昭和三年「同心者の会」の開催の頃からであろうか、谷口は、〈無限の生命によって生かされている自分は、自分の悟ったこの信念を他人に打ちあけるだけで、他人の病気が治る〉ような体験に遭遇することになる。それを『生命の實相』自伝篇・下では、「私は不思議に人の病気を治す力が出て来た。私の悟《さとり》の話をするだけで病気の治る人や、私がその家へ行くだけで病気の軽快する人が出て来た」（一四一―一四二頁）という自信をもつ一方、こうした人助けのための個人雑誌の発行は、会社に二十年勤めて五十五歳で停年退職した後での、恩給でも貰いながらの仕事くらいにもふと考えたことがあった、と記している。そうした控え目な生き方、彼のいう「野の百合の如く自分は生きたい」という消極的な生き方を一方で肯定するとともに、一介の会社の翻訳係などで終わる自分ではない、「社会革命家」「世界救済の大導師」たらんとする抱負とが彼を燃えたたせる。

こんな思いで会社では機械の説明書の翻訳をやり、夜は投稿雑誌の原稿書きに追われるといった二重生活をやっているため、時とすると昼間の仕事にミスを仕出かすことが出てきて、上司の小言を聞くこともあった。

そんな生活を送っている矢先、娘の恵美子が耳下腺と扁桃腺を腫《は》らすような病気になり、発熱が続く。しかし谷口は妻輝子の心配をよそに、「何、病気は本来無いんだ。何か心の間違いだから、自然に消えて了《しま》うだろう」と高《たか》を括《くく》っていた。そして自分は他の人の病気治しのことに奔走していた。

かねがね父とも尊敬してきた今井楳軒が持病の胃腸障害で病んで衰弱しているときくと、これをたずねて、手を按《あ》てて祈ると、一回の思念で、痛みがとれた、とよろこぶその顔を見て帰る。ふとそんなとき彼の脳裏をかすめた思いがあった。それは電車の中でのことであった。それは「私は何故自分の子供の病気を家内の物質的処置にまかせて置いて、他《ひと》の病気ばかりを霊的に治しに行くのであろう」（自伝篇・下、一五五頁）か、という問いであった。そんな思いにかられて、車中ながら申し訳ないという気持ちがうごいたのか合掌して祈ったという。家《うち》に帰ってみると、ちょうどその時刻と思われる頃、不思議な体験をした、と妻に告げられる。つまり、

「昼食後《ちゆうじき》恵美子の湿布薬を取替えようとしていましたら、急に私は神憑りのようになって夢中で両手のひらを恵美子の咽喉《のど》へあててお経だか祝詞《のりと》だかを夢中でとなえ出しました。気がついて見ると、恵美子は膝の上でグッスリ寝ています。折角の湿布薬がカラカラに乾いて了っている」（同書、一五六頁）

という体験を聞かされる。これは自分の祈りの心が遠隔感応したものだとよろこぶ。

後に『生長の家』の誌友から、あなたは病気の非実在を説きながら、自分の子には湿布薬を用いるのはどうか、といった質問にあい、この病因は会社の仕事との両立に悩んでいたストレスの心が子供に反映したのだと説明するとともに、「これが私の家庭で病気に対して物質治療を試みた最後」である（同書、一五七頁）とはいいながら、「停電の時にはローソク（薬物等）を用いてもよい」（同）ということを書き添えている。

こうした踏み迷うような気持ちで日を過ごしているうちに、生活にふん切りをつけるよ

うな事件が外側からやってきた。それは昭和四年十二月十三日、二度目の盗難にあい、せっかく仕事にもありつき、ささやかながら買い揃えてきた衣料類をごっそり盗まれてしまうということが起こった。生活の余裕の中から月々、貯め残した金で雑誌を発行しようというケチくさい考えをきれいさっぱり捨てきる気持ちになりきった。自分には課せられた使命がある。何が何んでも今起《た》たなくてはと思ううちに、「今起て」という勇気を与えられた。彼に十分な成算があったわけではなかろう。しかし雑誌発行にはいささか経験がないわけでもなかった。

『宗教を罵る』の著者、大宅壮一は「谷口雅春論」(『文芸春秋』昭和三十年六月号)の中で、谷口を「いかにも柔軟で女学校の校長」を思わせる人物として捉えたうえで、現代の日本の生んだ大きな怪物の一人とみているが、そのユニークな谷口の文書伝道のあり方について、次のように揶揄している。

「彼(谷口)が個人雑誌を思いついたのは、初めから手持ちのファンが若干あったからである。大本教にいた頃彼は『手紙布教』という役を担当していた。これは各種の名簿によってこれはと思う人物に目星をつけ、あなたの生涯の中で興味ある話があったら、世間に発表したいと思うから知らせてほしいという手紙を出す。少しでも地位のできた人間は、だれでも自分の過去を語りたい欲望をもっているものだから、感激してすぐ返事をよこす。するとまた折り返し、彼の書いてきたものに対する感想を書いて送る」

大宅によると、こうした手段で反応の多いのは男では軍人、女では未亡人が多かったという。確かに軍人華やかなりし頃、大本教にも、その他の教団でも将官、佐官級の軍人の名がよく出てくる。生長の家でどうだったかはわからないが、谷口の大本での経験がこのとき生かされたというのはほんとうかもしれない。

第七章　『生長の家』創刊

『生長の家』創刊

昭和五年一月一日、三十七歳の谷口雅春は個人雑誌『生長の家』を創刊する。そして雄々《おお》しくその発刊の辞をかかげる。

「自分はいま生長の火をかざして人類の前に起つ。起たざるを得なくなったのである。友よ助けよ。同志よ吾れに投ぜよ。人類は今危機に瀕《ひん》している。生活苦が色々の形で押し寄せて人類は将《まさ》に波にさらわれて覆没しようとしている小舟の如き観はないか。自分は幾度も躊躇した。起つことを躊躇した。自分は中心者として増上慢《ぞうじょうまん》のそしりを受けることを恐れていたのだった。一求道者としていつまでも謙遜でいたかった。……」

横文字に親しんでいた谷口には、もはや西田天香の下座《げざ》の行的《ぎょう》な実践に求道者としての生活を続ける気もなかったし、浅野和三郎のように心霊研究にだけ没頭することもできなかった。むしろクリスチャン・サイエンスのようなハイカラな伝道者の道を選んだ。ひとりを慎むというのではなく、広く人々に訴える道に踏みきった。文書伝道にはいささか自信もあった。こうした調子の高いその『生長の家』出現の主旨書にひきかえ、開巻第一面の上段は目次で、下欄には読者への呼びかけとして平易な巻頭のことばが掲載されている。

いわく、

「蛇に睨《にら》まれた蛙は恐怖のために動けなくなって蛇にのまれる。……入学試験に臨んで恐怖する学生はその入学に失敗する。恐怖が自己の境遇を支配すること斯《かく》の如く甚だしい。更にそれが自己の病気や健康に影響するに至っては云うまでもないのである。此の恐るべき恐怖心を人生より駆逐すべき道を示さんとするのが『生長の家』の念願の一つである」

どうやら谷口の中にあって、「蛇と蛙」のイメージは大きなつまずきになっていったようである。しかしここでは、なぜ蛇は蛙を殺さなければならないのか、というこの世のむごたらしい生の世界の矛盾をつきつめてゆく、かつての谷口の姿は消えて、同じ感情移入でも、蛙はおそらく蛇の前で恐怖のため金縛《かなしば》りになり、その身動きの出来ない状態で餌食《えじき》になってしまう様の、生物体における「恐怖心」の働きという心理法則の方により興味をそそぐようになってゆき、この世の悪、不正、罪といった問題へのかかわりがますます薄らいでいってしまう。カルヴィニズムをはじめ福音《ふくいん》主義的キリスト教のもつ、きびしい自己省察の面が欠けてゆくことになる。

よって生長の家の役割は、次のようになる。

1.「心の法則を研究し、その法則を実際生活に応用して、人生の幸福を支配するた

めに実際運動を行うことを目的」とし、
2．その「実証としてメタフィジカル・ヒーリングを修得し、広く隣人の病苦を抜済する」ことを目指し、
3．そのテキストとしてはさしあたり、ホルムスの『如何《いか》にせば運命を支配し得るか』と定める。

そしてなにより、この生長主義精神運動は、今より「凡そ二十年前よりメタフィジカル・ヒーリング、クリスチャン・サイエンス、……等の名に於いて全世界を風靡《ふうび》する一大精神運動」の一翼を担《にな》うものであることを明言し、こうした西欧風の精神運動が、実は日本人本来の「事毎《ことごと》に陽気を尊び、汚れを忌《い》み、宣詞《のりと》にて汚れを祓《はら》った」やり方に通じ、まさに「気枯《けがれ》（即ち生気衰退）を宣詞（即ち言葉の霊力）にて癒す」というやり方と同じであるという視座に立つものである。何でも「お祓い」で帳消しになって、罪も汚れも溶けて流れてしまう、神道のきわめて簡易な消去法の中に、キリスト教では異端視されるクリスチャン・サイエンスのあり方との共通項を見いだしたといえよう。

『生長の家』という雑誌の魅力は、勇気をもって生き、かつ成功するための処方箋《しょほうせん》のかかれた宗教的生活指南書であるとともに、難解な仏教の経典やキリスト教の聖書、それに『古事記』をはじめ神道各書をかみくだいて、クリスチャン・サイエンス的に味つけして

盛り合わせたものというところにある。したがって、基本的内容についてはそれほど隔たりはない。成功のための心理技法書には多少のためらいを感ずる人々も、谷口的な生活哲学には、アメリカ的プラグマティズムではない深淵な真理を学んでいるという充実感が得られる。

たとえば戦後何度も版を重ねたクラウド・ブリストル著、土屋健訳の『信念の魔術』（*The Magic of Believing* ダイヤモンド社、一九五四年）には、大統領F・D・ルーズベルトの例が興味深くあげられている。彼はたえず潜在意識に頼って、暗示を繰り返しておれば、その通り物が実現するものだということを固く信じていた人で、したがって決して〈後〉を見ず、〈前〉だけを見ていた。つまり「昨日」のことは全く無意味なもので、閉ざされた書物のようなものに過ぎないと考え、小児麻痺で苦しめられた病後、何とかして松葉杖を使わずステッキだけで歩こうと決心し、近親者が贈ってくれた松葉杖にもたれて、「フランク・ルーズベルト、お前はきっとまた歩けるよ」と自分自身に繰り返し、声にだしていいきかせていたという。そしてある医者が、小児麻痺の経験者であるルーズベルトに、その闘病法を質問すると、彼は「静かに運動すること、マッサージをして、日光浴をすることが大切である。しかし、それよりもさらに肝要な療法は、患者自身が、結局この病気は治ると信じることである」（同書、一三九頁）と述べたという。これが「生長の家」のアメリカ版の一例である。

内容もさることながら、やっと自由に執筆でき、発表できる自前の雑誌をもてたことの感激は若き谷口夫妻のものであった。骨の折れる仕事ながら、それを発刊し、発送し、読者からのフィードバックをうけとったときの両人のよろこびは大きかった。そのいそいそとした心のはずみを輝子夫人は率直に綴っている。

「一冊分原稿がまとまった時の夫の喜ばしそうな顔は、妻にとっても同じ喜びと安心とであった。有効社印刷所の小林為兄《ためえ》さんが校正刷りを持って来て下さる。お台所を片づけたばかりの冷たい手で、夫の眼を通した校正刷りを取上げて私も赤インクのペンを運ぶすのであった。夫も妻も、一日の仕事の疲れも忘れてハリ切っていた」（谷口輝子『めざめゆく魂』日本教文社、一九六九年、六六―六七頁）

と、その夫唱婦随の協力ぶりがほほえましく回想されている。約一千部刷った雑誌の配送先としては、かねてから出来ていた「求道者の会」会員百五十名をはじめ、高橋正雄編の修養雑誌『生』の会の会員、それに輝子夫人の出身校（富山県立第二高女）の同窓会名簿も役立った。その頃のことを輝子夫人は綴る。

「十二月（昭和四年）中に脱稿し、翌《あく》る年昭和五年の正月までには印刷も終った。発行日は三月一日とし私たち夫婦は心当たりの名簿を探しては発送を開始した。希望に胸

躍る私たち夫婦であった」（『生長の家三十年史』四五頁）

また、『光』とか『新時代』という関連他雑誌にも広告をのせることを忘れなかった。その広告文には世情の険悪を訴えたうえで、「同じ大和国民でありながら階級争闘とて相争い、左傾とか右傾とか言いて真直ぐなる生長の道に居らざる」を嘆いて本誌を出すとの主旨を述べている。政治的に不安定、就職難、治安維持法の公布などの時代背景を控えて、生長の家の狙いが那辺《なへん》にあったかを窺い知ることができよう。

精神分析の紹介

『生長の家』創刊号の目次には、すでに「最近精神分析による心の研究」という一文が出ている。きわめて早い時期のことといわざるを得ない。フロイトが精神分析の研究を志す背景には、学生時代、ウィーン大学で、ひそかに性科学が若い人たちの関心をよんでいたことがあるといわれるが、わが国における精神分析の研究と性科学の問題は同じ、大正末から昭和初年にかけて出て来ている。たとえば、クリフォード・ハワードの『性の崇拝』（一九一七年）の本は大正十一年（一九二二）に訳出（出口米吉）されており、斉藤昌三によってシカゴ大学のフレデリック・スタールの著者『性的神の三千年』の邦訳が出版されるのは大正十年（三徳社）のことである。一方で漸《ようや》く今日の人類学的な興味からの性の関心の高まりを窺うことができる。

そして大正八年には榊保三郎著の『性慾研究と精神分析学』（実業之日本社）が世に出ている。ついで大正十一年には井篦《いの》節三『精神分析学』（実業之日本社）が、越えて大正十四年にも前野喜代治が、最新心理学叢書の一つとして『精神分析』という本を出しており、昭和三年になると医者の丸井清泰が『精神分析療法前篇』という本を書いており、後年フロイトの『日常生活に於ける精神病理』を岩波書店から出している。この年には吉岡永美により『トーテムとタブー』（啓明社）が訳され、安田徳太郎の『精神分析入門』（アルス社）の訳も出、長谷川誠也や大槻憲二らにより東京精神分析研究所も誕生している。翌昭和四年にはアルス社と春陽堂の両社から本邦最初のフロイト全集が出ている。

こうした精神分析紹介の時代背景を先どりして谷口は、本誌においては、フロイトの弟子で、フロイトより四歳若いW・シュテーケル（Wilhelm Stekel 一八六〇―一九四〇）のとり扱ったアカシジア（akathisia, Akathisia）の患者を精神分析によって治療するケースをあげている。このアカシジアとは、座ったままじっとしていることのできない状態を示すもので「着席不能」「着座不能」と訳され、「落ち着かない奇異な動作、たとえば絶えまない起立・着席の繰り返し、足踏み、前後左右への身体の動揺などがよく見られる一種の運動亢進状態」（『精神医学事典』弘文堂）といわれるものである。これを谷口は、「佇立《ちょりつ》地獄の患者」と訳し、この神経症状の原因が、妻や下女をめぐる家庭葛藤に起因することを患者の夢などを分析しながら解きほどいてゆくさまを、次号との連載で、読者に次号を期待させるような仕方で展開する。

またそれとともに、フロイトとの共同研究者J・ブロイエル（一八四二―一九二五）は、一八八〇年から二年にわたってアンナ・Oという婦人患者に催眠を施し、催眠浄化法(hypnocatharsis）により、心的外傷を想起させることでヒステリー症状を解消させているが、このブロイエルの催眠法をはじめ、フロイトと共著で『ヒステリー研究』（一八九五年）が出ていること、ユングの連想試験法、それにシュテーケルの自由会話法を逐次紹介すると共に、「病気でありたい意志」などいわゆる疾病利得（gain from illness, Krankheits-gewinnen）と称せられるものも「神経病患者は其の神経症に執着があるのである。不思議とは云え、患者の潜在意識は、自身のもっている病気を生活の必要品としていたわっているのである」（『生長の家』創刊号、八七頁）と的確平易に紹介している。

谷口の紹介したシュテーケルは、フロイトの弟子の中でも最もすぐれた師説の解説者であるが、アドラーやユングのように一派をなさず折衷的な立場に立つため、今日でも紹介されることの少ない分析家であるのに、谷口はいずれの文献によったかは確かでないが、その紹介で『生長の家』第一号を飾ったことは、谷口のその後の発展方向を大いに示唆するものの一つといえよう。

生命教としての生長の家

『生長の家』第一号の巻末には、生長の家の宣言なるものを掲げている。そこには生命教と称してもよいほど生命への讃美讃歌が述べられている。

◇吾等は宗派を超越し、生命を礼拝し生命の法則に随順して生活せんことを期す。

◇吾等は人類が無限生長の真道を歩まんがために生命の創化の法則を研究す。

◇吾等はリズム即ち言葉を以て生命の創化力なりと信ず。

そして最後に『生長の家』という雑誌を善き言葉の雑誌と定義している。ここにいう「生命の創化」ということばは文字は違うが創価学会の前身、牧口常三郎《つねさぶろう》（一八七一―一九四四）による「創価教育学会」にも通じている。牧口のねらいは小学校の先生方が、子どもの叱り方ほめ方として、どんな成績の悪い子どもに対しても、「君はほんとうはもっとできるんだね」と価値向上的に表現する、つまり価値を創る教育法にねざすものであり、いずれも「ことば」の使い方の重要さを示唆するものであったことは注目に価する。戦後アメリカから「意味論」が移入され、話し方教室まで出来るが、その先駆的な仕事は、日本の新宗教運動の中にも十分その萌芽の秘められていたことを知るのである。ちなみに牧口常三郎の『価値論』（昭和六年）にはこんな文章がある。

「生徒が教師に『これは何ですか』と質問する。この場合に『未だこんなことがわからないのか』と反責するならば、これは明らかに認識作用と評価作用を混淆《こんこう》したものである」（同書、昭和二十八年版、二〇頁）

と記してある。叱り方についての機微にふれた解説であり、またコトバの問題でもある。昭和五年、牧口は戸田城聖《じょうせい》とともに創価教育学会の構想を固めるとともに、『創価教育学体系』第一巻を出版している。『生長の家』発刊と期せずして時を同じくしている。

乳母車に雑誌を積んで

『生長の家』誌発刊は、ささやかな谷口家あげての大仕事だった。八歳の娘恵美子と三十七歳の主婦輝子は、四十歳になった夫雅春の作った『生長の家』誌を毎月、かつて乳飲《ちのみ》子《ご》の娘をのせた乳母車に載せて郵便局通いをした。その思い出を語る輝子の筆は、充実した生活の張りを如実に表現している。

「一人でも二人でも三人でもいい。この書を読んで魂が救われたとか、家庭が調和したとか、病気が治ったとか言って下さる時、私達夫妻の生甲斐は大きく深く、幾日徹夜しても厭わない。人々の喜びのために、人々のお役に立つ仕事のためにと奮《ふる》い立つのであった」（『めざめゆく魂』）

書かれた文字の力は大きく、顔も知らない読者からの反応に谷口夫妻はさらに勇を鼓《こ》して活動した。谷口は無論、突然個人雑誌の発刊を思いついたのではなく、すでに心組みがそれなりにあったものとみえ、また、ごく身近な読者となってくれそうな人には予告もしていたらしい。

創刊号を手にとった人の谷口宛《あて》の文書にそれを窺うことができる。村木朝次郎という人は、

「倉田氏の『生活者』と云い、西田氏の『光』、伊藤証信《しようしん》氏の『無我愛』、光瀬氏の『生命』皆《みな》特色ある中に、私達の指針になり、幸福への光明を与える『生長の家』が生れた事はどんなに歓びでしょう」（昭和五年六月二十六日、『実相体験集成』第二輯、八五四頁）

と述べ、七、八名はすぐ誌友にしてみせるという努力の意欲を谷口に披瀝している。こうした読者に支えられて誌友は雪ダルマのように増えていった。またいささか大形《おおぎよう》な表現かもしれないが、長野県の飯沼敬愛という読者が創刊号を手にし、谷口に寄せた手紙には、感激にみちた表現で、

「謹啓　去る二十八日『生長の家』御送付下され有り難く落手、うれしく拝読いたし

ました。おお「生長の家」！　何と晴れやかな明るい朗らかな雑誌でありましょう。おお何たる喜びの音づれでありましょう。何と驚くべき大福音書でありましょうか。私はこれによって未来の希望に燃え輝き、元気百倍し気力横溢《おういつ》し来り、爽快《そうかい》云わん方なく大光明界に立つ思いがいたします。私は永らくの間、確《しか》と自覚せぬまでもかかる雑誌を猶旱天《なおかんてん》に雲霓《うんげい》を望むが如《ごと》く渇《かわ》きたる小羊が谷川の水を探し索《もと》むる如くに翹望《ぎょうぼう》して止《や》まなかったのでした」（『生長の家五十年史』二三二頁）

そしてこの読者も末尾に「就ては宣伝用見本誌数部御送付下さる様切に御願い申上ます」と早速その感激は、読者誌友の拡大へとはねかえっていった。

谷口は誌友との間に小まめな手紙のやりとりを行う方法でコミュニケーションをはかっていった。谷口の方から誌友宛にどんな文書が送られたかは確かではないが、誌友からの書簡の若干は光明思想普及会の名で保存し、活字に付している。最終的には、その要点だけが『生命の實相』第一巻におさめられている一ケースがある。それは強度の顔面神経痛を訴え、神戸の方にはよい医者もあるだろうから紹介してほしいと書き添えてきた誌友に対し、谷口は一応、神戸のカイロプラクターと東京在の椎骨矯正医二名の名をあげるとともに、

「あなたが物理的にその病気を治そうと思うならばこれらの人たちにかかってみて下

さい。それも一つの方法です。しかし真理を申せば、物質はそれ自身において痛みを感ずる力はないのです。だから痛みを感ずるのは『念《こころ》』です。『痛いと思う念』が痛みを感じているのです。『念』から『痛い』という思いをとってしまえば痛むものではありません。……もし心で病気を治そうとお考えになるのでしたら、『神想観』を実修して神との一体感に完全に精神が統一したとき『自己の生命は神の子であって病気になるはずはない。そして物質には心がないから痛みを感ずるはずがない。痛みは迷いである』と繰り返し念じてごらんなさい」(『生命の實相』第一巻、八九―九〇頁)

という示唆を与えているが、おそらくこうした主旨の谷口の手紙に接したあと、昭和五年六月十六日、この岐阜県の誌友小島富治は、谷口に次のような返書をしたためている。

「……私はこれまで頸椎《けいつい》の物理的脱臼による顔面神経痛は、物理的療法に依るの他には良くなる法は無いと思って居りましたけれども、先生の御高教によりまして、生長の家式の観念法によって治ると云う確信が出来ました。つきましては来る二十日午後九時より第一回と致しまして、向う五日間、朝は七時から神想観の実修を致す事にしますから、どうか宜《よろ》しく御願い致します。終りに臨みまして私は先生の御書物に依りまして、神の実在と其の福音を知りました。……いずれにせよ霊縁に依って先生の霊示に接する事が出来るように成ったので有ります」(『実相体験集成』第二輯、八六五―

八六六頁）

と、神想観実施予定の日限時刻まで報告している。これは何のためかというと、この日付時間を知らされた谷口の方では、神戸―岐阜と距離を隔てながら、「思念」と「祈り」を送りとどけ、当人の実習を助けるためである。いわば思念の遠隔送りであり、思念による遠隔操作でもある。

ちなみに今、病気治しで知られている野田（千葉）の霊波之光《れいはひかり》教会でも、教主、生き神、御守護神さまとよばれる波瀬善雄《はせよしお》（一九一五―一九八四）は天使閣という御守護神様の城にいて、各地の信者に霊波を送っているが、霊波が、物質の形では、午前零時に水道の蛇口をひねって出るその日の初水に化しているので、この初水はご神水となる。かつて自転車で一軒一軒戸別訪問で信者の宅《うち》まで訪れ、按手《あんしゆ》し、九字《くじ》を切って病気治しを行った教主波瀬による大量治療の方法が、この遠隔操作の方法であるといえよう。

ともあれ、谷口のこの誌友に対する指示は功を奏し、当人は翌月七月五日の書面で、「御かげさまで昨今では数年に亙る難病も殆ど全快しました程良くなって参りました。此処に御礼申し上げますと共に取急ぎ経過御報告致します」（同書、八六六頁）と結んでいる。

生長の家の守護神

『生長の家』第一号で唱えているそのねらいの中には、興味ある一項が加えられている。つまりメタフィジカル・ヒーリングこと神癒《しんゆ》を行うには支部員十名以上の単位でやってもらいたい。それは一人ひとりでは手間がかかるからまとめて「遠隔的に感応指導」できるようにするためであり、その十人以上が集まる会合場所と時間も本部に知らせるようにとある。この「十名以上と指定したるは人体磁気の関係上遠隔指導に成功しやすいから」と述べている。人体磁気《じんたいじき》という表現も耳なれないことばであるが、かつてウィーンの医師メスメル（一七三四―一八一五）が一七七九年に言いだしたのは動物磁気説であった。人間の病気は、宇宙をみたす動物磁気の生体内でのアンバランスから生ずるもので、マグネタイザーはこの動物磁気を患者の体内に注入することによってバランスを回復させることができるとするもので、この動物磁気を貯留させるバケー（桶）まで考え、フランスの貴婦人をあつめて集団治療したのが当のメスメルであることはよく知られている。谷口の人体磁気はこの動物磁気の再現であろうか。

さて、谷口の遠隔指導の効果は、時に遠く隔たって神想観を実修中に神姿として生長の家の守護神にあい見《まみ》える者がでてきた。そのことについて輝子夫人自身、谷口の活動ぶりを記述した中で、次のようなことにふれている。「夕方会社から帰って来た夫は、くつろぐ暇もなく、夕食後には誌友たちに逢い、その後で執筆されるのであった。神想観中に白髪白髯の神姿を見た人も相次いで出た」(『生長の家三十年史』四六頁)という。

埼玉県入間郡名細村の笠原政好は、昭和五年十一月二十日付の書簡で、静かに端座しているとき、例えようもないほどの光明につつまれた荘厳な宮を見、その宮の姿の一旦消えたあと、霊人があらわれてきたが、それは「長みを帯びた顔、口許《もと》のしまった、顎髯《あごひげ》の胸まで垂《た》れ下がった、極めて気高い人『中古に見る様な衣裳』で、足の中途迄の所がすっかり見えます。年頃七拾歳前後ですが、顔に皺一つ見えない処は不思議です」(『実相体験集成』第二輯、八六四—八六五頁)と訴え、当人はその神姿に向かって「どなたです?」と質問したところ、「余は生長の家の守護神」と答えたという。

このように『生長の家』誌を通して神想観によって守護神を目《ま》のあたりにしたり、病気の治った例もあるところから、誌友の中にはこの雑誌を「雑誌の形をした聖書」とか「神誌」と呼ぶ人も出てくるほどであった。谷口夫妻にとっては予想以上の成果であったようである。

では、果たして生長の家の神観はどういうことになっているのであろうか。大本教の鎮魂帰神にあらずとも、神想観中でも霊動を発し、神がかりの状態になって神を見たり、神のことばを口走るものが出ないともかぎらない。谷口はよくこのことを承知しているので、人々の中から「私は霊眼がひらいたぞ、霊耳がきこえるぞ」といって有頂天《うちようてん》になるものや、「何か厳《おごそ》かな神示の言葉でもきこえてくれたら、俺は何か新興宗教でも興してやろう」などというような野心を起こすものにつく霊とか神とかは、すべて浮浪霊であるとする。したがって『甘露の法雨』では、生長の家の神は「だからわれは霊媒には憑《かか》らぬ、神を霊媒に招んでみて神が来ると思ってはならぬ」（昭和六年九月二十七日神示）として繰り返し注意しても、自分にかかってきたのは宇宙創造神の神と思いとろうとするものが出て来ることは否定できない。そうしたことに対する心得として、谷口は次のようにいう。

「その浮浪の霊も時には真理の言葉を受売りして厳かに託宣するものですから、時にはそこへ信者が集って来て小さな新興宗教みたいなものができることもあります」

（『新講「甘露の法雨」解釈』昭和五十年、三四頁）

谷口は神がかりを中心とした新宗教の出来方をよく理解し、どの新宗教でも、いったん教団が確立するとこうした神がかり者による分派行動をおさえなければならないので、そうした人につく神を邪霊といって排除してゆかなければならない。

したがって生長の家の場合、創造神は霊媒にかからぬだけでなく、谷口のことばだと「超越的内在神」でなければならず、「五感に感じられる現象、六感に感じられる現象を超えて、すべての人の内に、生命の中に動いていらっしゃる至上者であられます」（同書、同頁）ということになる。

谷口のいう「超越的内在神」という感覚は、「見神の実験」というような表現を用いながら、一種神秘的なインスピレーションを体験した三十一歳の綱島梁川の体験表現に見事に描かれている。

「昨年（明治三十七年）九月末の出来事に繫れり。予は久しぶりにて、わが家より程遠からぬ湯屋に物せんとて、家人に扶《たす》けられて門を出でたり。折りしも霽《は》れ渡りたる秋空の下、町はづれなる林巒《りんらん》遠く夕陽を帯びたり。予はこの景色を打眺《うちなが》めて何となく心跳《おど》りけるが、この刹那《せつな》忽然《こつねん》として、吾れは天地の神と偕《とも》に、同時に、この森然たる眼前の景を観たりという一種の意識に打たれたり。唯だこの一刹那の意識、而《し》かも自ら顧みるに、其は決して空華《くうげ》幻影の類《たぐ》いにあらず。鏗然《こうぜん》として理智を絶したる新啓示として直覚せられたるなり。予は今尚《な》お其の折を回想して、吾れ神と与《とも》に観たりという、その刹那の意識を批評し去る能《あた》はず」（「予が見神の実験」明治三十八年七月『新人』第六巻第七号）

このように梁川は大自然の調和の中に神の存在を自覚すると同時に「吾れは神の子」の強い意志にも支配される。

「われは宇宙の間に於けるわが真地位を自覚しぬ。吾れは神にあらず。又大自然の一波一浪たる人にもあらず。吾れは『神の子』也。天地人生の経営に与《あずか》る神の子也。何等高貴なる自覚ぞ。この一自覚の中に、救いも、解脱も、光明も、平安も、活動も乃至一切の人生的意義の総合あるにあらずや」（同誌）

かくて梁川は自らの見神についてその神観を次のように説明する。

「読者は予の見神の意識が、汎神的なると同時に、又超神的なることを了したるなるべし。予の見た神は、予自身を離れて、空に懸り、幻しに現われたる類いのものにあらずして、正《ま》さしく予自身の存在に即して、内在的に顕現したるなり。この意味に於いて予の見神は汎神的也」（「霊的見神の意義及び方法」明治四十年四月、『新人』第八巻第四号）

まさに梁川の神は、まず内在的にして超神的かつ汎神的性格のものではあるが、霊媒的な神がかりで出てくる神ではない。一般に梁川の信仰の歩みは、三期に分けて考えられている。明治二十年高梁《たかはし》教会で受洗した無差別的盲信の時代と、哲学的思弁的になり、キリストを一個の道徳的天才としてみとめ聖書も一個の修身書として解した第二の時期、そうして再び神を求めだした第三の時期が、この見神の時期にあたる（高坂正顕他『近代日本とキリスト教　明治篇』二三八頁）。こうした梁川の信仰の歩みは、日本人にはきわめて理解しやすい足どりであり、彼を研究テーマとする論説は数多く出ている。

しかし生長の家の神観は、梁川のような立場だけではすまされない。多くの誌友は神想観の中に神を見ようとする。浮浪霊の入り込む隙もなくしておく必要があるところから、谷口は、一方で超越的内在神といいながら、他方では具体的イメージとして白髪老翁の姿、つまり謡曲高砂《たかさご》の翁《おきな》にも似た神像を描く。しかもそれは実相の姿であって、これがそれぞれの歴史的宗教にあっては、キリストとも観世音とも化身する本体としての住吉大神の姿である。谷口はいう。

「住吉大神は白髪老翁の姿であらわれます。久遠無窮《くおんむきゅう》を表象するのが白髪であります。これがキリスト教の聖書『黙示録《もくしろく》』の本尊であられる久遠のキリストの姿です。肉体のキリストは三十三歳の若さで磔《はりつ》けになったのでありますが、そのような弱輩の肉体キリストでなくて、永遠不滅のキリスト、白髪の老翁のキリストこそ本当に実相のキリストであるわけです。仏教ではそれが応化《おうけ》して観世音菩薩として現れていられるのです。かくの如く三十三身に応化して各所に現れておられるのです」(『新講「甘露の法雨」解釈』昭和五十年、二六〇―二六一頁)

こうした解釈からみると神の本地は塩椎《しおつち》の神であって、それがキリストとも観世音とも垂迹《すいじゃく》するともとれる。また、久遠のキリストを立てる立場は、初期教会の仮現説(docetism）にも似て、生き通しのキリストということで、十字架上の贖罪による死も、復活もなくなり、キリストを報身仏《ほうじんぶつ》の一種と見る菩薩化〔化現〕ともとれる。しかし『古事記』にあらわれる塩椎の翁も、本物ではなく応化身だとなると生長の家の神は、名を持たない神となってしまう。つまりそれはただ抽象的に、「普遍なる超越内在の創造の神たる宇宙の大神」（同書、二六一頁）ということである。

如意宝珠

生長の家の神想観はまことに美しい、詩的な幻影の世界へ人を誘ってくれる。

「この大調和の実相の大海原に宮柱太しく立ち甍《いらか》高く聳《そび》えたり、此処龍宮城なり、綿《わた》津見《つみ》の神の宮なり、塩椎《しおつち》の神の宮なり……、住む人悉く身健《すこや》かに、心美しく、相《すがた》形《かたち》美《うるわ》しく、和顔、愛語、讃歎に満たされたり……」

そして、そこにあるわが母、わが夫、わが妻のすがたを思い浮かべ念ずると共に、

「われ今此処龍宮城に坐して、塩椎の大神より如意《によい》宝珠《ほうじゅ》を得たり、わが全身如意宝珠なり、光明燦然《さんぜん》として十分世界を照らす……」

この如意宝珠とは実は、自分の生命《いのち》のみたまのことであって、

「わが全身如意宝珠なり、潮満の珠《たま》なり、汐干の珠なり、欲するもの、好ましきもの、

自ら集り来たり、欲せざるもの、好ましからざるもの自ら去る」と念ずる。大本教の神がかりの鎮魂帰神の法をいわば仏教の観法の姿に変え、『丹後国風土記』などにみられる浦島伝説に、玉手箱ならぬ仏教の如意宝珠を配した神想観は、最後に「有難うございます」と結ぶ。

海幸彦《うみさちひこ》（火照命）と山幸彦《やまさちひこ》（火遠理命）両兄弟の神話では、山幸彦は兄（海幸彦）にかりた鈎《つりばり》をなくしてしまい、途方にくれていたとき海辺に現れるのが塩椎神（海の霊）で、この神は山幸彦を綿津見（海）の神の宮へ導く。海神が山幸彦に塩盈珠《しおみつるたま》と塩乾珠《しおひるたま》とを授け、それを手に故郷に帰るという話になっている。浦島の玉匣《たまくしげ》は海神の女が呪術でもって浦島の生命を封じ込めたものだといわれるが、谷口雅春は、「塩椎の〈ち〉は血とか霊とか、ものの霊を指すもの」と説明し、「しほ《お》つちは『水火津霊《シホツチ》』即水と火との霊、ひいては潮満の珠と潮干の珠」であると説く。また如意宝珠とは、本来意の如く宝や衣食を出し、病苦などを除くとされる宝珠で、如意輪観音や地蔵菩薩の持物として人々の心願を、それによってかなえてくださるものである。この如意宝珠にこの身そのままなり得る姿を観想する仕組みは心憎い発想である。しかもいま、生長の家の長崎の住吉本宮では小粒体のあめ菓子のような恰好《かっこう》の如意宝珠が三方《さんぼう》に盛られており、一人ひとりそれを頂いて口にするシステムになっている。まさに宇宙の生命そのものを頂くことであり、カトリックの聖餅を想起させる生長の家版といえよう。

さて塩椎は本居宣長《もとおりのりなが》によると「知識大都知《シリオホツチ》」の約で、「凡《すべ》て物をよく知れる人」ということであり、鈴木重胤《しげたね》は、底筒男《そこづつのお》、中筒男《なかづつのお》、表筒男《うわづつのお》の三海神を一神にした名とする説明などがあるが、ちなみに、東北の塩釜神社の祭神とされる。なお神功皇后は、潮の干満を意の如くなす働きありとする潮満玉、潮涸《ひき》玉を海神より授かり、三韓を征することができたという。

いま宇治には、「入龍宮幽斎殿《にゅうりゅうぐうゆうさいでん》」という八角堂が建立され、その内部正面には龍宮と大書された神殿がしつらえられており、神想観を行い不可思議界に入ることができるようになっている。幽斎《ゆうさい》とは、形式を通して神を礼拝する顕斎《けんさい》に対比される。つまり魂を鎮めて神と一体となることを期する神想観厳修の場である。しかも、「龍宮は生みの底即創造の根底の世界であり、実相世界であって、神想観によって本来、無病無苦無想の実相に入ることを入龍宮という」と、谷口は説明する。

ところで谷口は、しほつちを水火津霊《シホツチ》という水と火で表現しているが、この水火二元論的な見方はすでに大本教によって説かれているところでもある。皇道大本では万物一に止まる事を本とするがゆえに、天地初発《なりいで》之時は、一の凝をなし、その凝より水（母）と火（父）すなわち水霊《みたま》と火霊《ひたま》が分出し、この両者が相与って亦一つの凝をなし、その凝の重く濁りたるは形体をなし、軽く澄たるものは息となり、しかもこの息の母体（人体）を出て高く現れたるを声と云い、その声の濁音等を含む七五連を言霊という。しかし詞《ことば》は、形象なければ眼に見る事ができない、その声の眼に見えるようになったものは仮りのものだから形（片）仮名である。

また世にカミ（神）というは天地の間の火水《カミ》であって、これによって万物生じ、その中肉眼を以て見ること能わざる水火あり、それがまさに火水《カミ》である。そして神を唱《とな》うるは躰《たい》にて水火《いき》と唱うるは用《ゆう》であり、したがって陰陽《いき》と陰陽をくみて万物が産まれるなりと説く。さらに人の胎内には水火《かみ》あり、これを霊水火《たましひ》といい、また気《いき》ともいう。このように天地は水火《いき》の凝であり、ゆえに人の呼吸《いき》は波浪のつらなると同じで、波浪の打ち寄せてくるときには音があり、引く時には音がない。人間の場合も出る息には音をなすが、引く息には音がない。ゆえに人は一個の小天地なりとする。まことに巧みな大宇宙と小宇宙の呼応が導き出されてくる。

十六世紀のスイスの医者で錬金術師でもあったパラケルスス（一四九三―一五四一）は、鉱物質を医薬に用い、とりわけ山師のやっていた梅毒治療に水銀を用いることに着眼した人物である。天体や遊星が人体に影響を及ぼすという考えや、人体を小宇宙とし大宇宙の縮図とする時代の風潮を抱いていた。また前《さき》にふれた、十八世紀のウィーン生まれの医者で、メスメリズム（動物磁気―催眠術）の名で知られるメスメルは、「遊星が人体に及ぼす影響」という学位論文を書いている。英語で「狂気」を意味するlunaticは、フランス語で月を示すla luneと語源を同じくすることが知られている。この大宇宙と小宇宙の相関という思想こそ、人類にとってたいへん魅力のある、しかも一個の孤独な人間の不安を癒《いや》してくれる考え方であった。

こうした大宇宙と小宇宙との直接的呼応関係の断ち切られてゆく合理主義的な時代の暁鐘を、鋭敏に感じとった人物こそ十七世紀のパスカル（一六二三―一六六二）であって、「この無限の空間が私にはそら恐ろしい」（『パンセ』）と嘆いている。糸の切れた凧《たこ》のように、寄るべなき空間にただよう孤独は現代人のものでもある。

この大宇宙と小宇宙の呼応やつながり、これを意識させ、実感させてくれる世界が宗教信仰の境地であると言えなくもない。

大本教の言霊学では、霊、力、体の三つでもってこれを説明する。霊はわが国の古語では火《ヒ》あるいは血《チ》であり、体はカラあるいはカラタマであって、元来、体《カラ》は血を盛るべきもので、いわば中身のない容器《いれもの》をさす。したがって体は、殻《から》でも、空《から》でもある。また、古来日本では海を隔《へだ》てた外の国を韓《から》あるいは唐《から》の名で呼んできたが、これはさらに外国は体《から》のみを貴ぶ国で、中身である霊性の足らない空唐《から》国《くに》なのだ、と中華思想ならぬ皇国主義につながってしまう。よって中身と外とが一つとなった姿が霊体《ちから》＝力の霊体二元の結合となる。まったく楽しいばかりの言葉の遊戯のようにも見える。

　この内と外という見方は他にもある。植物学者の前川文夫氏は、「キ」と「ミ」という言葉にこれをさぐり当てている。平安初期の辞書である『倭名鈔《わみようしよう》』には、唾液《だえき》をさすツバキのことを都波岐の文字で表記しているが、実はこれには三通りの表現があり、唾液のことをシタキ（舌＋キ）、クタキ（口＋キ）、ツバキ（唇＋キ）ともいった。唾液の出てくる場所を三通りに着目した命名といえよう。この三者に共通な「キ」の意は何であろうか。柳田国男は、「日本は雨露の繁き国であって、人は海川に親しみ、清水を愛し、又最も多くの液体を出し入れする体質」をもち、人体の中で力の在り場所を体に属する液体と考え、「キとは体内より発する漿液である」と指摘した（柳田国男『方言覚書』）という。

　そこから具体的に体内から出る漿液《しようえき》には唾液、精液、尿が考えられるが、古来男子は種《たね》播《ま》き役で、女性は畠に譬えられることがあったが、その男性から発する漿液をキとし、その種子を受け容《い》れ稔らせるものとしてミを想定する。ミは身、実、味などの漢字で示されるように内容の豊かなもの、内容の充実せるものをさす。それはやがて豊満な女体から転じたもの、あるいはそこへ通じたのかもしれない。したがって神話に出てくる男女神は伊《い》諾《ざ》那岐尊《なぎのみこと》と伊《い》諾《ざ》那美尊《なみのみこと》でなければならず、祝詞《のりと》に出てくる神も神漏伎《かむろぎ》神と神漏弥《かむろみ》神ということでうなずける。なおキは、ミキ（み酒《き》）として敬語をつけてよばれ、色に着目してはシロキ、クロキの名もある。どうやら中身と外という点ではこの「キ」と「ミ」にほんとうらしさを感じるが、キとミがいろいろと転用されていく運びに注目したい。

谷川士清《ことすが》『倭訓栞《わくんのしおり》』には、「一語多義にわたり一句数意を兼るは倭語の妙也よて古事記日本紀にも歌は皆字音のみを用られたり……元住法師も倭歌は此国の陀羅尼也といいき陀羅尼はもとより諷詠すへきものにて其用声音にあり」と記されている。このことは一般に一音多義（multivocal）ということで知られている世界であるが、一面でこれが駄洒落《だじやれ》（pun）をもたらすとともに、その音の外連合から豊かな詩の世界ともなり、他方では、音のメタファーともいうべき、豊かな観念の世界、呪術の世界をも現出してくれる。これはまた、シンボル操作の世界でもある。

すでにアリストテレスは、前後する二つの経験がつながる仕方として、類似と、反対（山と川）と、接近（頭と帽子）をあげている。シンボル辞典の著者はシンボリズムの原則として次の四点をあげている。つまり、

(1) この地上のものは何ものといえども無意味ないし中立的なものなし。一切に意味あり。

(2) 何ものも独立であるものなし。一切が何らかの仕方で他の何かに関連している。

(3)　量的なものが、いくつかの本質的なものにあっては質的なものになる。事実、正確にはそれら本質的なものは、量の意味を構成している。

(4)　一切万事が連続的（serial）なものであって、それぞれのシリーズが相互に位置が関連し、各シリーズの構成要素が意味との関係で、関連し合っている。この連続的性格は、精神（霊）的世界だけではなく、物理的世界についてもあてはまる基本的現象である。

たとえば刀剣とか赤い色というシンボルをとりあげてみるとき、それが現実的なものと象徴的なものに分けられることである。まず孤立せる対象そのものをそこに見いだす。次にその使い途《みち》（有用性の機能）に結びつけてそのものを見る。第三番目には象徴的機能に結びつけて考える。言い換えると、一切の類比シリーズの中で相《あい》呼応する等価物（corresponding equivalents）と結びつけるダイナミックな傾向がある。なおこの象徴的機能の中は、象徴的意味と一般的意味とに分けられる。

ところで刀剣、鉄、火、赤色、神アレス（ローマではマルス。戦いの神、軍神で、いわば戦う精神の化身）、岩だらけの山は、一つの象徴的な線に沿って並べられるがゆえに、いずれも相互に関連性をもっている。これらはすべて精神的な確定と物質的なものの絶滅（spiritual determination, physical annihilation）への憧れを含んでいる。そのうえ、これら現象を結びつける内面的な親縁性によって結びつけられている。これは本質的な一つの宇宙的様式（one cosmic modality）の付随物である。物質的なもの（眼に見えるもの）と精神的なもの（眼に見えないもの）との間の普遍的な相互連関を示すことによって、象徴的な秩序が確立されるのである。たとえば水というものは、次の三つの働きがある。

(1)ものを豊かにする（fertilize）、(2)ものを浄化する、(3)ものを融解する。

これらの三要素はさまざまな仕方でそれらの連関が表現されるけれども、一つの変わらない要素が出てくる。それは形体《かたち》の未定（suspension）ということで、これに物の世界の豊饒《ほうじょう》性あるいは再生性と精神的世界の浄化とが結びつく。

こうした象徴的秩序の考え方というのは、卑近な例では、「黄金の穂波」や「花吹雪《ふぶき》」という表現に見られるように、秋の稔りを示す稲穂の風にそよぎゆらぐ姿と、海の波の寄せてはかえすうねりとの間に、「共通のリズム」を感じとるがゆえに、メタファー（比喩）の世界が成立する。このような共通リズムを呼び起こすものによって、この宇宙には一つの調和、すなわちカオスではない、コスモスの存在することを認識するのである。

ユング（一八七五—一九六一）のもっている象徴的論理のわく組からみると、リビドー（生命エネルギー）について、彼は象徴化を四種に分けている。

(1) 類比比較（analogous comparison）、つまり共通リズムをもった同じ調性の上で二つの対象間を比較するもの、たとえば火と太陽。

(2) 象徴的対象それ自体の属性にもとづく客観的な因果的比較で、たとえば、生命体付与者（life giver）としての太陽。

(3) 主観的、因果的比較で、たとえば男根と蛇といったもの。

(4) 機能的比較で、たとえば「リビドーは雄牛のように多産で、猪のように危険である」。

アナロジーというものは象徴的な構築物全体の礎である。「太陽は暗闇《やみ》を克服する」と「英雄が怪物を殺す」という二つの並行せる行為をとりあげるなら、両表現の間には一致がある。これを主語、動詞、賓辞《ひんじ》という三つの部分に分けて考えると、機能上の類似がある。両主語、両動詞、両賓辞は相互に関連し合っている。その上、共通リズムをもった二つの行為を選んできたので、そのシリーズの各部分はそのシステムの内で、裂け目あるいは混乱なしに置き換えられ、相互に交換可能である。つまり、「太陽は怪物を殺す」、あるいは「英雄は暗闇を克服する」といえる。似たような例をもうひとつ挙げると、「太陽は黄金の輝きをもって輝き」また「金は黄金の輝きをもって輝く」といえる。

その共通の賓辞は、主語の相互交換だけではなく、主語の同一的同等性を許す。中間的な句、「太陽は黄金のように輝き」、あるいは「金は太陽のように輝く」から、論破できない結論、「その輝きが黄金色であるかぎり太陽は金である」となる。

さて大本教では、神を火水《かみ》であるとみることは先に述べたが、生長の家では、カミを三種考える。つまり、第一に「醸《か》む」という表現からきたカミで、酒を醸《かも》すために米をかむとき、上下のあご、上下の歯がかみ合わねばならぬところから、「上」と「下」とが和合すること、天と地が結び合うこと、陰と陽との和合、愛の働き、「創造の原理神」としてのカミをあげる。第二に「輝く身」つまり、発光神としてのカミを考える。また第三に幽《かく》り身からくるカミを考える。つまり肉眼で見える体を備えてはいないが幽微な身を備えており、この段階のカミの種類は千差万別なりとする。

カミという言葉も、一音多義の在り方を示す明らかな例である。『倭訓栞』によると、神は明見《あけみ》の義で、神明の照臨ましますことに由来するといい、また赤見《あかみ》の義で、これは、鏡の出来る前に、日月の事を天鏡尊といったことからきているという。『史記』の註には、鬼の霊なる者を神というともみえている。天皇を神と称することは宣命《せんみよう》古歌にも多く見えており、『日本書紀』にも明神御宇《アキラカミアメノシタシラス》と書き、『古事記』雄略天皇の歌にも自ら神とよんでいる。雷を雄略紀ではかみとよみ、髪も上にある毛であり、七人の妻をカミともよぶ、などその多義性をあげている。

『生長の家』誌第一号には、

「日本人が事毎に陽気を尊び、汚れを忌み、宣詞にて汚れを祓ったのは実は気枯（即ち生気衰退）を宣詞（即ち言葉の霊力）にて癒すと云う意味にほかならなかった」

と述べている。つまり、汚れは気枯れで、生命力の低下を表すとされる。

前《さき》にも示したように、『生長の家』誌第一号の巻末には、「生長の家の宣言」なるものがあり、「吾等は宗派を超越し、生命を礼拝し生命の法則に随順して生活せんことを期す」とか、「吾等はリズム即ち言葉を以て生命の創化力なりと信ず」とかが含まれている。これらは「生長の家」運動の骨子を見事に言い得ているように思われる。いわばベルグソン（一八五九—一九四一）の生命哲学と、大本教の言霊学がうまく生かされているともいえる。

生長の家の宇治別格本山には宝蔵神社なるものがあるが、そこには生長の家大神と一緒に薬師如来が祀られているが、これは単なる薬師《やくし》ではなく、クリスト→クスリ人→薬師《クスリシ》であると、神道、仏教、キリスト教は言霊学的に融合されている。この手の語呂合《ごろあ》わせは柳田国男にもある。茨城県大洗にある磯前神社の祭神は、延喜式《えんぎしき》による薬師如来となってい る。仏教嫌いの柳田にとって神社の祭神が仏の名とあってはおさまらない。これは薬師《やくし》ではなく薬師《くすし》であって、日本神話で薬師《くすし》にあたるのは、医療の神とされる少彦名《すくなひこな》の神のことだ、と主張する。ときに言霊学的解釈は便利なものである。

日本人はどうも一音多義の音通にとりわけ鋭敏な感覚を持っているのであろうか。「笠《かさ》森《もり》」稲荷《いなり》は「瘡守《かさもり》」であるから疱瘡《ほうそう》の守り神ということになるし、人麿神社は「火止まる」だから愛宕神社と同じく火伏せの神、火災除けの神にされてしまう。そういえば、お隣に引っ越してきましたから、つまりおそば近くに来ましたからといってご近所にお蕎麦《そば》を配る習慣を江戸町民は愛した。

谷口は、『古事記』に出てくる日本神話の「久羅下《くらげ》なす漂へる」という国造りの話を、「くらげなす」ゆえ、「暗気」であると解釈する。

言霊学では、言葉には表の意味と裏の意味があり、その表の意味の裏にある、もしくは根柢にある精神を理解するのが真の解釈であるとみる。ゆえにことさら一音多義を利用した符合が生まれることにもなる。津田塾大学ではキャンパスの一隅に創立者津田梅子の墓地がある。入学試験にやって来た学生の内には、この梅子の墓に、受験の帰途詣《まい》って、「五円」貨をお供えしてゆくという言い伝えがある。「御縁」がありますように、との願いからである。ゴエンは両者に通ずるというのである。

声字即実相

ボードレール（一八二一―一八六七）であったか、「詩は音楽からその栄光を奪還しなくてはならない」といった意味のことを述べている。詩は確かに意味と音のヒビキからなっている。意味だけを重んじ、意味だけを通じようとすると散文に近くなる。言葉のもつヒビキを重視すると音楽に近づく。したがって、その言葉一つひとつのもつヒビキを大切にして、そのヒビキの組立てによって詩を作ろうとする意向は、いわば、言葉一つひとつを一つのもの（chose）として、煉瓦の積立てのように詩を作ろうとするものが詩における象徴主義であることはよく知られている。言葉の意味と音のヒビキ〔音楽〕との関係を次のように図示することができる。

音　楽┐
　　　├詩―散文―論文―数学的言語―機械的言語
夢　　┘

下にゆくほど意味は厳密に限定され、感情的要素が稀薄になり、上にゆくほど感情的要素が高まってゆく。機械的言語はコンピュータ言語のことである。言いかえれば人間のより合理的思考の面を強調したければ下の方へ向くし、非合理的な面、あるいは無意識な働きの面を強調したければ上に向かうともいえよう。

　したがってヒビキ合いを中心にしてゆき、意味の限定をゆるめてゆくと、ヒビキ合う世界は同じ一つの世界になり、通じ合ってしまう。これが一音多義の世界でもある。比喩的表現の成立するゆえんでもある。人間の思考はメタファー（暗喩《あんゆ》）で始まって代数で終わる、というい方もこの点を述べているものである。こうした根源的思考、あるいは根源的感覚受容の働きの場では一音が多義に通ずるだけでなく、ある感覚で受容したものが他の感覚表現を呼び起こすことにもなる。「黄色い声」、「真赤《まっか》な嘘《うそ》」という表現には視覚と聴覚、さらに視覚と道徳感覚までが通じ合っている。芭蕉の「海暮れて鴨の声ほのかに白し」という表現にもこれを見ることが出来る。

「お前の言うことは飲み込めない」「思うことを吐き出してしまえ」「思うこと言わぬは腹ふくるるわざなり」（『徒然草』）、「俺をなめているな」「彼はすぐ喰ってかかり、かみつく癖がある」など人間関係を表現する言葉には、妙に生理学的、触覚的な表現が多い。「眼は口ほどに物を言い」ではなく、身体がコトバに代わって物を言いだすのを「転換ヒステリー」、つまり心の葛藤が身体症状に転換してヒステリー性盲目、ヒステリー性麻痺のあることはよく知られている通りである。

書かれてしまった文字、あるいはさらに活字化された文字記号に訴える文化を中心に発展してきた人類の歴史は、こうした五官どうしがヒビキ合う世界を次第に後方に押しやってきてしまった。言葉の表現に音のリズム、ヒビキをとりわけ大切にした作家に『文章読本』を書いた谷崎潤一郎がいる。日本語本来の美しさを音のヒビキに探ろうとしたがゆえに、あの流麗な文章を生み出すことができたともいえよう。

幸い、文字を持たず、音声表現だけをもっていた時代に、中国から表意文字としての漢字を輸入したわれわれの祖先は、その一音多義を生み出すにふさわしい言語的環境にあった。それゆえ、まさに「言霊《ことだま》のさきはう国」になり得たともいえよう。それゆえ原初的・根源的思考をよく伝え得た風土にあったとも解せられる。

西洋文明も、聖書にいう「はじめに言《ことば》ありき」の世界をもっていたが、これを「はじめに行為（行動）ありき」の文明に変えていったのが西洋的合理性の発展であったとすれば、「はじめに言ありき」の段階を仏教語の「声字実相《しょうじじっそう》」に結び付け、真言密教に、その草木みなものいう世界を融合させてきたのが日本文化であるともいえよう。

こうした宇宙の万象がヒビキ合っている世界、それはとりもなおさず、大宇宙と小宇宙が呼応する世界でもある。こうした世界への人間のひそかな郷愁を表現したものが、人類学者のエドマンド・リーチやヴィクター・ターナーの「メタファー的思考」への注目であり、哲学においては、ノエマよりノエシスの働きを重視する現象学の流れであり、心理学においては、オカルトに近いユングの心理学の流行となって現れている。

谷口は昭和七年一月十一日（三十九歳）の神示を「声字即実相《しょうじそくじっそう》の神示」と名づけている。谷口の意中には自らの著作『生命の實相』を、人間谷口の作ではなく、神からの啓示の言葉として、一種生長の家の「聖書」と見なす気持ちが高まってくるとともに、この神示に

よりその裏づけが行われているように思われる。いわく、

「『言葉』を載《の》せた書物を『本』と云うのも『言葉』こそ事物の本であり本質であり、本体であり、本物であるからである。『言葉の宇宙』が先ず出来て、『形の宇宙』がその映像としてあらわれるのである」

ここには、声字即実相の意味が「言葉の宇宙」と「形の宇宙」との対比で語られている。これは音声がまずあって文字という形がととのったという意味では、日本語の成り立ちにまことにふさわしい説明であるとともに、もっと広く、形ある物質に先立って思念があるとの意味にもなる。ある形あるもののイメージなくして、形ある粘度細工や彫刻、あるいは建築もないように、思念はまず言葉で表現され、それが形となって現れるという意味において、声字実相とは、音声と文字それ自体が実相にほかならぬという真言宗の教義で、本来、森羅万象ことごとく大日如来《だいにちにょらい》の身密《しんみつ》（身体そのもの）であり、仏そのものであり、実相（ありのままのすがた）であるのだが、衆生にはそうはいっても、それが自覚しがたいので、如来《ほとけ》は声と文字によって教えを悟らせようとしている。したがって声字は如来の語密《ごみつ》であり、それは如来の身密である実相とまったく等しいものゆえ、声字そのものが実相だと見る立場である。

谷口は言葉のヒビキを次のように説明する。

「大宇宙には実に無数の声が鳴り響いているのでありますが、地球が自転するような大きな声も聞えないし、分子が振動するような小さな声も聞えない。吾々は宇宙に鳴り響いている声のほんの一部の範囲の声を聞くだけに過ぎないのですが、然《しか》し、それでも人間は小宇宙でありますから大宇宙にある声の模型として、その見本的ハタラキのある声を出すことが出来るのであります。言葉はヒビキであり波動であり、ものの本質でありますから、(符牒的に数音を組合わせたるものは別として) 自然発生的な言語は一音一音で一つのヒビキがあり、ハタラキがあり、生命があり、意味があるのであります」(『生命の實相』信の巻)

と述べて、とりわけ音声の世界の重要性を指摘している。さらに続けて、赤ん坊に放尿させるときの「シーシー」という音声の意義を、

「赤ん坊は親から抱っこされて『シー、シー』と言われると何の意味だか教えられてはいないが、『シー』という言葉のヒビキに身を引き締め水分を絞り出すハタラキ即ち音霊があるので、そのコトバの響きを直接に赤ん坊の生命が受け取っておしっこをするという風になるのであります。『古事記』に書いてあるような日本古代の言葉は凡《すべ》てそれに類した宇宙の霊動《ひびき》を其儘《そのまま》直写して神様の名前にしたようなのが多いのでありますから、言葉のヒビキを直観的に捉えた学——即ち言霊学によって解釈して行く

と本当の意味がよくわかるのであります」（同書）

小尿（オシッコ）のシーと流れる状況を描写した一種擬音語の「シー」にも音霊があるというのは、いささかオーバーな表現にとれるかもしれぬが、ヤッホーと呼べばヤッホーと応える山のコダマに木霊《こだま》を感じた素朴な情感に通じるものありと思えば、音霊という表現もうなずける。

その音霊ということでは西欧人は、音の霊（poltergeist）というものを考えていた。だれもが寝静まった夜、窓をたたく音によって死霊が何かを告げているといった情景である。死人のあったあかずの家などにありそうな話である。霊が音によって通信してくると信じられた。

そういえば、川端康成の『山の音』、三島由紀夫の『潮騒』という小説名には、物理的な音ではない、生ける者の声を連想させるものが含まれているからこそ題名としての魅力がそなわっているのではあるまいか。戦没学生の手記、『聞けわだつみの声』こそまさに水《み》づく屍《かばね》となった死霊の声を表現したものといえよう。

『生長の家五十年史』は、渡部昇一氏の『言語と民族の起源について』（大修館書店、一九七三年）を引いて、言語学者、国語学者にとってある種のタブーになっている言語起源論を生長の家が取り上げていることの意義を示そうとしている。氏は、「日本では国語の語源をやるのは素人か大学の外の人ということになってしまった。その結果、我々は今日に至るまで語源にも十分詳しい国語辞典を持っていない」と論じる。そして「『生長の家』の谷口雅春氏は日本語の言霊を説き、それにもとづいて古事記の新解釈を下している」ことを指摘し、「その主張を一がいに否定しないで謙遜に耳を傾けてみるべきであろう」と述べている。

起源論をやり出すと面白いが泥沼に入り込んでしまう危険を言語学者は知っているからである。ただし、宗教的な体験内容を、各種聖典を含めた古典の新解釈をかりて表現するということは、その語源論の正否とは別に、当人の世界観、宗教体験の理解としては当然検討されるべきものである。そういった意味で、言霊学を継承したという大本教をはじめ、生長の家の言霊学には十分耳を傾けてみるべきであるし、いままで述べてきたように、むしろそれは言語学プロパーの領域の人より多少ずれた言語人類学的なアプローチ、あるいはダイナミック（力動）心理学、あるいは精神医学畑からのアプローチに興味ある示唆が得られるように思われる。

左と右ということは、一般に左大臣と右大臣はどちらが優位か、あるいは京都の左京区と右京区はどうして出来たのか、また右利《き》き、左利《き》きの問題、さらになぜ左が悪魔の手なのか、これらはどの考えが正しくて、どの考えが間違っているかの問題ではなくて、どうしてそういう考え方になるのか、という点に興味の焦点を移すとき、それを考察する意義が生まれるように思われる。

大本教でも生長の家でも霊主体従という。浅野和三郎によれば、そのとき左は火足《ひたり》に通じ、右は水極《みぎ》に通じるという解釈を導入する。火足の火は霊の系統を示し、水極の水は体の系統を表すが、われわれが拍手をするとき、そしてそれは三歳の小児が拍手するときでも、常に合わせた手で、先に出るのは左手であって後方にひくのは右手である。また人が擂鉢《すりばち》で味噌《みそ》を擂《す》るとき、農家が碾臼《ひきうす》で籾《もみ》を碾《ひ》くとき、いずれも左回りである。ここから宇宙の運動の法則は進左退右である。このことは人が歩むときも左足が踏み出して前進する、植物の蔓《つる》の巻き方も左巻き、これ自然の天則である。したがって、左の優位は明らかで、火は霊、水は体なるゆえ霊主体従が成立するという。

経済倫理

実業家渋沢栄一の若い頃の挿話にこんなのがある。安政三年（一八五六）、栄一（天保十一年生まれ）が十六歳のとき、親族の者のすすめで家に修験者《しゆげんしや》を招いて、祟《たた》りを祓《はら》おうということになった。祈禱の結果、「金神と井戸の神が祟って居る。又無縁仏《むえんぼとけ》があってそれが祟りをする」との御託宣であった。そこで栄一が、「その無縁仏の出たのは凡《およ》そ何年前の事でしょうか」と問うと、「凡そ五六十年以前の事だ」と答える。「その時の年号は」とたたみかけると、修験者は「天保三年（一八三二）頃だ」という。（天保十一年生まれの栄一にとって）天保三年は、その時より二十四年前にあたる。二十四年前のことなら両親がはっきり知っているはずだ。座にあった母はそんなことは知らぬという。栄一は修験者につめより、「合点《がてん》が行きませぬ」といった。その修験者は尻尾《しっぽ》をまいて退散したという。こうして成長した栄一は生涯特定の宗教を持たなかった（白石喜太郎『渋沢翁と青淵百話』日本放送出版協会、一九四〇年、五四頁）。

この栄一は、「論語と算盤《そろばん》は調和する」との立場から、『論語』について、「これに拠《よ》りさえすれば、万事に間違なく、何事か判断に苦しむような場合に遭っても、論語という貴い尺度を標準にして決しさえすれば、必ず過をする憂は無いと信じて居る。論語を読み、論語に拠り、知行合一によって商工業の発達を計り、国を富まし、国を強くし、延いて天下を平らかにするに努むる様、一般商工業者にも読むことを勧める積りである」（同書、二二頁）

と述べている。これが明治・大正・昭和の実業人を支配した代表的な経済倫理であった。およそウェーバーの説いたプロテスタントの職業倫理とは縁のない考え方であった。

谷口よりは年長ではあるが、同じく昭和五年（谷口、三十歳）に、創価教育学会の名を称した牧口常三郎は五十八歳であったが、牧口はユニークな価値論を展開し、一般に真・善・美と称されてきた三価値の中の、「真」の価値に代《か》うるに「利」の価値をもってし、

「各個人の生命の伸長に有利な対象は、その個人にとって価値のある存在である。このような場合に対象は主観に利としての吸引力、又は害としての反撥力を起させるだけの力を具有する」（牧口常三郎『価値論』昭和六年、九二頁）

と説く。つまり利害得失、経済的価値を前面に押し出すが、ゆえにこれが宗教（創価学会）となるとき、現世利益《げんぜりやく》が第一義的に尊重される。そして牧口のいう宗教の考えるべき対象は生命に他ならず、宗教の研究対象は、

「人間の生命あらゆるものの生命、社会及び国土の生命進んでは大宇宙の生命」（同書、一六九頁）

となる。したがって人間日々の生活の幸福をめざすことにもなる。

こうした宗教的思索のはじまりを釈迦に求め、「釈迦の研究の最高峰は法華経である。法華経に説かれた教をごく簡単に云うならば、宇宙に仏と云う境涯の実在があり、我々の如き凡夫でも仏になり得ると断定し、仏の境涯をさとり得たる人格の出現は一切を仏にせしめんとするにある」（同書、一七一頁）と説く。そしてさらにこの仏の生命は永遠であり、したがってそれを信ずる者の生命も永遠、その永遠の生命を感得したものがとりもなおさ

ず仏であり、さてこの仏という生命を感得しえたものには、人生最高の幸福な生活が享受できるのである。ただしその仏の生命を感得するには、末法《まっぽう》の今となってはもはや苦行や菩提樹下の瞑想も必要でなく、永遠の生命の集約されてあるものが、『法華経』であり、ひいては御本尊《ごほんぞん》ということになるのである。同じ『法華経』を重視する生長の家の哲学も究極のねらいが永遠の生命であるのは興味深い。

かつて西田天香のなかに、一燈園の活動と宣光社の活動との両面を見ていた谷口は、武者小路実篤や有島武郎のようなユートピアづくりに専念できるほど坊っちゃん育ちではなかった。倉田百三が有島の言ったこととして、こんなことを書いている。有島は倉田に向かって、「自分は財産なんて投げ出してプロレタリアになったら、これまでなかった新しい別の世界が拓《ひら》けて来ると思っていたのに、実際はなにも出来ない。今迄あったものがなくなって行くだけだ」と。これについて谷口はコメントをつけている。

「氏がやはり白樺派のおぼっちゃんを脱しきっていないのを笑わずにはいられなかった。氏はその首釣《つ》りにつかった自分の別荘も持っていたし、首釣ったときに遺留品として残していた金側《きんがわ》時計も持っていた。……これ位の程度の放棄でプロレタリアになったつもりに思い上がって見たところで、『別の世界が拓けて来』てたまるものかと思う」（大正十二年七月三日記、谷口雅春『人間死んでも死なぬ』昭和十三年、一二六―一

二七頁）

となかなか手きびしい、辛辣な評を加えている。

そういった意味で、谷口ははるかに大人だった。したがって昭和初期の深刻な社会情勢を前にしても、社会運動についても冷静な眼をもっていた。

『生長の家』第二号（昭和五年四月）では、「無一物中無尽蔵《むいちもつちゆうむじんぞう》」という文章を書き、当時の階級闘争云々《うんぬん》の波に対しても、貧困はまず貧困な側の心がけの問題という見方から、「心から貧困の原因を取去らないで置きながら、暴力で富める者から掠奪して貧者を富ませても、その人の心に貧困の原因が存在している限り、掠奪した物質を使い果して了《しま》ったら直ぐ又其の人は貧乏に帰ります」。だから「最も大切なのは心であって物ではありません」と言いきる。

こうした谷口の割り切り方には賛成もあったが反論もあった。それに応えて、第五号でまた応酬する。

「はっきり云いますが、『生長の家』には階級争闘意識はありません。『生長の家』は人間を軽蔑すること、人間を排斥すること、人間同士が互いに争うことには賛成できません。『生長の家』は『生命』を拝む主義です。だからブルジオアでもプロレタリヤでも、等しく『生命』の兄弟であるとして拝みます」

と社会正義をふりまわすことを避け、卑近な例をあげて説得する。

「かりにAが原稿を書いてその原稿が高い値段で売れますならAは富むでしょう。これに反してBの書いた原稿が安い値段でなければ売れなかったならばBは貧しきままでいるでしょう。この時AはBより横取りしたのでしょうか」

と、貧富の差をここでは当人の能力の問題にしている。そしてさらに、

「漫然と『貧者が貧しいのは富者が横取りする結果である』と思っている人達があるのは人間が自分の受けている不幸を自分の責任にしたがらないからではありませんか」

とつめよる。しかし社会的制度の矛盾を無視せよといっているのではなく、

「無論、制度の欠陥もあります……制度の改革も必要でしょう。……だから制度改革の方面に天才のある人は、この方面に全力をつくして頂きたい」

と問題意識をそらしてしまう（『明窓浄机　草創篇』昭和五十四年、一六―一七頁、所収）。

しかし谷口は、『生長の家』（第三輯第十号、昭和七年）では、「生長の家経済聯盟の提唱」を行っている。いわく、

「肉体の病気は個人の悩みであるが、貧乏と失業と不景気は社会の病気である。『生長の家』の唯心的経済理論は此の社会的病気を救い得る唯一の経済理論である。……貧

乏と失業と不景気とは社会全体の人の心の反影であるから、この聯盟《れんめい》に加わる者一人多ければ多き程、天下に失業者なき理想世界の出現が一日早くなる」

と説き、その方法として幸い今、職を持てる人は、その仕事の時間の半分を失業者に分けてゆくという気持ちになり、この念願が達成されるようになると、人は喜んで自分の仕事の半分の時間を失業者に提供し、購買絶無の人を却って有力な購買群に一変できるという提案である。人口過剰で仕事が減れば、結局、みんなで仕事を分け合うかわりに一人ひとりのとり前は少なくなっても辛抱しようという経済理論である。ところでこの提唱は、「意外にも最も遅い賛成者であろうと思われていた大会社の社長重役その他の富豪たちの間に続々賛成者が得られつつある」と十一月号で報じているが、実現は見なかったようである。

第八章　甘露の法雨

呪詛の否定

自分の雑誌『生長の家』を発刊する以前、谷口がすでに各種の個人雑誌に文章を寄稿していたことは前述の通りであるが、『生長の家』創刊の前夜ともいうべき大正十五年に、彼が、鳥谷部《とやべ》陽太郎の個人雑誌『新時代』大正十五年三月号に載せた一文を、後ほど九州の一信者が「生長の家」本部に報告しているので見てみたい。その題は「人類の偉大なる生長を希い」という一文である。

それは潑溂《はつらつ》とした生気にあふれた書きぶりで、後年の生長の家哲学のあり方が仄《ほの》見えていて興味深い。

「偉大なる進歩を遂げようと思う者は、偉大なる心を有《も》たなければならない。心狭き者は偉大なる進歩を遂げる事は出来ない。彼は心を広くゆたかに有たねばならない。彼は神の如き心を有たねばならない。彼は太陽の如くあらゆるものにおおらかな心をもって光を投げかけねばならない。太陽の心に呪詛《じゆそ》はない。太陽は光を受取るものにも、光を受取らない者にも無差別に照らすのである。……呪詛は呪詛を招き、祝福は祝福を呼ぶ。吾等は万人を祝福しなければならない。……人は丑《うし》の刻詣《こくまい》りをして他の人の運命を傷けようと思うようなことは滅多にないであろう。また神社の杉に呪い釘を打つことも滅多にないであろう。しかし眼に見えない呪い釘が其の人の脳髄から放射して誰かの心臓を一つすら突刺していない人は殆んど無いであろう。呪詛の最も陥りやすき形式は、『ケチをつける』心である。『ケチをつける心』あるものは大なる運命から祝福されない……」

わが国には、決して天理教でいう陽気ぐらしのあかるい面だけではなく、この谷口の文に見られるように、陰湿な呪いの世界もあった。丑刻参りの元型は京都の貴船《きふね》に参籠《さんろう》して鬼神にならんことを祈った橋姫の伝説にはじまるといわれるが、柳田国男のいう怨念《おんねん》余執《よしゅう》のわだかまっている世界でもある。こうした暗い面に目をつむって、せめて心の持ちようでも明るくしてゆこうという気持ちの鼓吹こそ近世近代の日本の新宗教の大きな特質であろう。

したがって天理教でも、八つの埃が心の鏡を蔽《おお》っている。よって「歓天喜地の妙境に詣らん、蓋《けだ》し八埃《はちあい》を祓《はら》はざれば至善を全《まっと》ふすること能《あた》はざる以て也」と述べ、オシイ（貪《どん》婪《らん》）、ホシイ（欲《よく》）、カアイ（邪愛《じゃあい》）、ウラミ（怨恨《えんこん》）、ニクミ（憎悪《ぞうお》）、ヨコシマ（慳吝《けんりん》）、イカリ（忿怒《ふんぬ》）、タカブル（高慢《こうまん》）、という八つのほこりを祓除することをそのねらいとする（『天理教教典』〔いわゆる「明治教典」〕第六祓除章）。

こうした天理教の背景を周知の谷口は、さらにことばをついで、

「あらゆる呪詛の心を捨てよ。怒りを放下《ほうげ》せよ。嫉妬《しっと》を捨てよ。偉大なる愛の心を持て。そうだ、あらゆる者に対して燃ゆる太陽の如き愛を有《も》つとき、恰《あたか》も太陽が宇宙に浮遊する微塵《みじん》を吸収して、それに養われつつ光と熱とを与えても自分の光熱を減じないかの如く、吾等もまた無限に進歩し成長し、新生し得るのである」

と、文字こそ「生長」と「成長」の違いはあるにせよ、太陽を身一杯に浴びて生産する植物のイメージが、谷口哲学の基調をなしている。これは昭和八年の第四号（『生長の家』）より、表紙画が現今の雲間《くもま》より光がさし出で、大地には若芽が萌え出るという図柄に落ち着くことに象徴される。それこそその思想の萌芽がこの大正十五年の論文にすでにうかがわれる。

思考万能の思想

他人に向ける呪文に二つある。一つは相手を怨恨によって呪い殺してしまいたいと思うまでの呪詛、つまり否定的な呪文であり、反対に相手の幸福を願う呪文、これは年賀状の文句にこめられているように、新春を賀することによって、向こう一年にわたって相手の多幸・健康を祈る呪文ともとれる。あえていえば肯定的呪文である。

要するに呪文にはマイナス呪文とプラス呪文があり、人類学者は前者を黒呪術《くろ》と称し、後者を白呪術《しろ》と呼んで区別してきた。黒呪術は black art とも呼ばれ、悪魔、悪霊との交渉による呪術ともいわれるが、キリスト教の世界では、恵み深い効果とは反対に働くもので、実際には、ミサの称《とな》えごとを逆に誦したり、十字を切るとき、右手で虚空に十字をきる普通のやり方と違って、左足で床に十字架を切ることでマイナスの影響が相手に伝わるとするものである。

このように、ある所作なり、言語なりを発することによって現象の世界にある効果を及ぼすということについて、フロイトは、患者から聞いたことばから「思考万能」（All-macht der Gedanken, omnipotence of thought）というものの存在をみとめた。これは「思考だけで、それに対応せる行為や外的な物の助けを使うことなしに願望が満足される」との信念であり、一切の心的過程の過剰評価（overvaluation）によるもので、意志によって物理的行為を惹き起こし得ると信ずる態度、幼児及び、ある程度は未開人、神経症者の行為にみられるものとする。幼児はやがて、彼にとって〈I want〉が必ずしも〈I have〉と同義でないことを知るようになる。しかし幼児は自分の経験するさまざまな不快ごとを除去しようとするとき、まず当初は願望しただけで（幻覚的な態度で）自分の欲求を満足できると考えるようだ。幼児は、そこで餓えの感覚は食べたいという願望の結果として消えてしまわないことを学習によって認めはじめる。そして自分の餓えを満たすには外《ほか》なる対象物が必要なこと、つまり母親を求めることになる。

フロイトは一九〇七年に奇妙な患者に出くわす。それは二十九歳の弁護士だが、軍隊に召集されていた。上官の大尉から、罪人に対し肛門にねずみを押し込む刑のあることを聞かされ、もしも自分の父親や恋人がこんな刑を受けるようになったら大変だという強迫観念に駆《か》られる。その強迫観念をふり払うために、お祓《はら》いのような「しかし」(aber)という言葉を発したり、手を打ち振る動作などの強迫行為が生じた。その上、この大尉から着払い小包で鼻眼鏡を渡され、「A中尉が立て替えてくれている代金を返さなくてはいけない」といったが、今度は、この金を返してしまうと父や恋人がねずみ刑を受けることになるという禁止命令と、「いや返すべきだ」という反対命令という両感情の板ばさみに苦しむ。このように自分が行うささいな行為が重大な結果を呼び起こすという観念のとりことなってしまうケースである。フロイトはこれを「強迫神経症の一例に関する考察」としてその年に発表している。これがいわゆるねずみ男(Rattenmann)の症例である。つまり強迫神経症者は思考と行動との区別が立たなくなる。この態度は未開人の思考に似ている。しかし違うことは、もし自分が呪術的強迫行為の実行を抑制しないなら、悪いことの起きるのは、当の本人ではなくて他者であるという点である。

船乗りや鉱夫など、身の危険を伴う職業の場合には、いろんなタブーがつきものである。

航海中、あるいは漁中の夫に何か災難があってはと船乗り家族には禁忌《タブー》が課せられる。たとえば筆者は戦時中、学徒動員によって一年間鉱山で働いたが、鉱山地区では口笛は厳禁であった。表面的には、口笛を山神がきらうからというのであるが、誰かが口笛を吹いたことで山くずれ、落盤の災いが惹き起こされるというのである。危険な山仕事に、注意の散漫な鼻歌まじりの仕事ぶりではだめだ、もっと緊張していなくてはという慎みの態度を暗にほのめかしたものであろうが、タブー侵犯の危険を教えるものである。

さて、フロイトは、一九一三年『トーテムとタブー』の中で、一切の神経症者と、たいていの未開人は、外なる現実（external reality）よりも思考（thought）、すなわち内的現実（inner reality）の重要性を過度に評価する傾向のあることを指摘し、これは心的発達の面からいうと、ナルシシズムの段階（narcissistic stage）へ退行ないし固着しているもので、そこでは思考の方が過度に評価されるものとみている（*Encyclopedia of Psychoanalysis*, 1968）。

こうした思考万能の見方を逆手《さかて》に使うと、ニューソートやクリスチャン・サイエンスのような、思い浮かべたことは、そのまま現実化するというイメージの積極的活用の哲学が生じるともいえよう。

神想観の公開

昭和五年七月発行の『生長の家』第五号に、神想観のいかなるものであるかが発表された。就眠前に合掌正座して十分間行う神想観によって霊交を行うのであるが、それは、

「生きとし生ける物を生かし給える無限智、無限光明、無限生命と一体となると観じ、吾れの全身の細胞ことごとく光明遍照《こうみょうへんじょう》の『神詰《かむづま》ります』姿で見、或は阿弥陀仏の無量光に遍照されている姿で見、或は十字架より照射する霊光に全身の罪が洗い清められた姿で見、吾が五尺の身体の力で生きるのではない」

と説いて、『仏説観無量寿経《かんむりょうじゅ》』に出てくる観法を踏まえるとともに、月輪《がちりん》観をはじめとする密教のマンダラ図像を前にして、宇宙の象徴である大日如来と自分とが一体であると観ずる即身成仏《そくしんじょうぶつ》の観法を受けついだ行法を確立する。当時、光明会運動として山崎弁栄《べんねい》を中心として、念仏を称えながら山越《やまご》しの弥陀《みだ》を目のあたりにすることが行われていたことも偶然の符合とばかりはいえまい。谷口の場合には、その神想観中に現れてくる、見えてくる姿については特定の形姿をあらかじめ指示することなく、「私自身だけに就ていいますれば、吾れは生きとし生けるものを生かし給える無量無限の大生命に生かされていると観ずるのも（自然科学的な見方）、吾れは光明遍照の神詰ります姿であると観ずるのも（神道

的な見方）、吾れは阿弥陀仏の無量光に遍照されていると観ずるのも（仏教的な見方）、吾れは十字架より照射する愛の霊光で一切の罪が洗い清められていると観ずるのも（基督教的な見方）」同じ一つの真理をめざすものとして、きわめて自由に門戸を開いて、神像にこだわりを示していない。やがてこうした万教帰一的な考えは、後に星と十字と卍《まんじ》を配した「生長の家」教団のシンボルマークへと結実してゆく。

『生長の家五十年史』はこの神想観のユニーク性をたたえて、「〝神想観〟は、これまでの坐禅や鎮魂や祈りと違って、全《すべ》ての人に神人合一の世界を招来するところの行法として、実に画期的なものである」（同書、二三八頁）と述べている。同年八月号にその坐法、呼吸、思念法についての詳しい解説をしたあと、九月号では「実修歌四首」、現今の招神歌《かみよびうた》が披露された。つまり、

生きとし生けるものを生かし給える御祖神元津霊《みおやがみもとつみたま》ゆ幸え給え。
吾が生くるは吾が力ならず天地を貫きて生くる祖神《みおや》の生命《いのち》。
吾が業《わざ》はわが為すにあらず天地を貫きて生くる祖神の権能《ちから》。
天地の祖神の道を伝えんと顕れまし生長の家大神護りませ。

この招神歌は朗々《ろうろう》と節《ふし》づけにして声高にとなえるも可、黙誦も可とする。

この生長の家の大神とは一体何なのであろうか。『詳説神想観』（昭和三十二年）による

と、この神は他の神と対立するような小さな神ではなく、全包容的な神であって、「自己のうちにすべての神仏を包容して少しも矛盾を感じない神」であって「どの神とも同体《どうたい》である」から、キリスト教徒は、キリストの神を通して、また「キリストへの聖名《みな》と一緒に生長の家大神の聖名を称えても一向矛盾を感じない」ものと説かれている。しかも生長の「生」は時間を、「長」は空間的な拡がりをさすもので、「家」とは時空が結合してできた大宇宙ということになる。したがって生長の家の神というのは、大宇宙の神という意味となるという（同書、七三―七四頁）。

遠隔指導

生長の家の指導方法には、直接指導と、間接指導つまり遠隔指導とに分かれる。生長の家が飛躍的に発展したかげには、この遠隔指導の活用が大いに功を奏したといわざるを得ない。

昭和六年三月、谷口夫妻は同じ住吉村八甲田の中ではあるが、いわゆる発祥の家のこと「藤棚の家」を離れて二階屋に移る。そしてここの二階を「仮見真道場」と名づけている。つまり直接指導の道場を設定したのである。その頃の活動について、輝子夫人は懐しく思い出を語っている。

「その家は、当時の誌友数に比例したら広すぎるほどのものであった。普段は八畳間に廻《まわ》り縁《ぶち》の室《へや》で、会社員だった夫は、夕食後だけ誌友たちに面会して居られ、日曜日は午前中も指導して居られた。月一、二回の誌友会の日は、二階の六畳三室と四畳半一室との襖《ふすま》をはずして一室とし、百人以上の人が集って居られた。広くもない庭でもいろいろな花が咲き、泉水には金魚も泳いでいた」(「心に強く残りしこと」『生長の家四十年史』六二頁)

神想観の大々的な文章による指導を始めるのは、昭和五年十月であるが、その第八号(十月一日発行)誌上に「神への道しるべ」という文章を掲載している。これは「藤棚の家」と称せられる発祥の家で行われた神想観の実修会の時、谷口が講演した内容を筆録したものである。しかもこれは、神の内在観を強く訴え出たもので、人間すべてに仏(神)になり得る性質(仏性・神性)が具《そな》わっていると説く大乗仏教的な考えを敷衍《ふえん》したものである。

「……わたしの考えでは吾々が神を知ることが出来るのは吾々各々の内に神と同じものがあるからであります。……(例えば)薔薇《ばら》の花を見て美しいと云うことが吾々にわかるのは、吾々自身の心のうちに『美しさ』があって薔薇の花と云う鏡に映し出して見てはじめてこれを美しいと感じるのであります。……若《も》し吾々が神を見ることが出来、或は神を感ずることが出来ますならば、その人のうちに神がやどっているからであります。……吾々がこのように現実世界の状態や現実世界の人間の不完全不円満にあきたらないで円満な世界や人格をもとめようとするのは、不完全な現実世界とはピッタリ調和することの出来ない完全円満な或るものを吾々の内にもっているからでありります。吾々が完全円満な或るものを内部に有《も》っていなければ完全円満な人格や状態を予想することが出来ないのであります。この吾々の内にある完全円満な或るもの、これ即ち神であります」

ここでは超越的な神ではなく、自分も実は神の分身であるという神観が表面に出ており、単独で孤独な人間ではなく、宇宙大の大生命の分身としてのファンタジーで身を包む暗示効果が如実に出ている。後年、生長の家では題目や念仏の代わりに称え文句として、「実相円満完全」の文句を反復口誦するようになる。つまり完全円満唱行とよぶものである。

この「神への道しるべ」や「生長の家の健康学」といった文章がいかに、谷口にとって深淵な真理の発見発表であったか、自認自賛するような宣伝文句をつけ加えている。つまり、これらは、

「霊学教授の諸所の学会では多額の献納金を収めた人にのみ奥伝として許したものです。これを纏《まと》めて載せたい為に、已《や》むを得ず他の続きものは次号に廻しました。『生

長の家』は誌友に如何《いか》なるものをも出し惜しみはしないのです」（『生長の家』十月号）と、いかにも秘伝的内容を惜《お》しげもなく公開するぞという口吻《くちぶり》があからさまに出ている。

『甘露の法雨』

谷口は、インスピレーションによって口を衝《つ》いて出てくる言葉を、出口王仁三郎のように短歌にするよりはむしろ自由詩の形で表現する方が多かった。昭和五年十二月発行の『生長の家』誌に、「生長の家の歌」と題して掲載した自由詩三題が、聖経『甘露の法雨』のもとになっている。つまり「神」「霊」「物質」の三章である。そしてこの詩を雅春は一冊五銭のパンフレットの詩集にしたが、売れ行きが悪かったという。

「その頃生長の家の信者になる人は余り芸術とか、文学とかいうことには興味のない人が多かった。本当に宗教的な扱いが欲しいので、文学のようなものはいらん、詩というようなものはいらんというような意味からでありましょうか……」（『新講「甘露の法雨」解釈』昭和五十年、一四頁）

と述べて、当人もこれが聖経となって信者に日夜読誦されるものになるとは思っていなかったようである。

その書き出しは、「或る日天使生長の家に来りて歌い給う――」ではじまる。そしてその歌は「創造の神」であるとともに、「神こそ渾《すべ》ての渾《すべ》て、神は渾《すべ》てにましまして絶対なるが故に、神の外にあるものなし、神は実在のすべてを蔽《おお》ふ。存在するものにして、神によって造られざるものなし」。しかもその神は創造にあたって、「如何《いか》なる道具も材料も用い給わず、ただ『心』をもって造りたまう。『心』はすべての造り主、『心』は宇宙に満つる実質、『心』こそ『全能』の神にして遍在したまう」と歌いあげ、「はじめにコトバありき」のコトバの先に「心」をもってきて、「『心』動き出でてコトバ」となるとして、「物質はただ心の影」という谷口哲学につながってゆく。聖書と『古今集』の序「よろづことのはとなれり」が結びついたような形になっている。

また「霊」の章は、

「感覚はこれ信念の影を視るに過ぎず。
汝ら霊眼を備えて霊姿を視るとも
実在を視たるに非ず、
感覚にて視得るものは
すべて心の影にして第一義的実在にあらず」

という。ここで谷口は、自分が一応、心霊現象そのものの研究から遠ざかり、新しいメタフィジカル・ヒーリングの方へ進み、むしろ汎《はん》神論的形而上学と病気治しとの連繋の面に移行してゆくことを断言したことばともとれる。その「解釈」にあたって、後年、彼は「禅宗などでは坐禅中にそのような霊覚にて色々のものを視《み》ることは〈魔境〉であるとして排斥せられているのです」（同書、一一三頁）として、霊視現象をもって誇りとするような態度をむしろ戒める立場に立つ。ただし谷口は、その霊魂観については、心霊研究者が想定している霊体についての考え方を受け容れている。興味ある比喩で生命と霊との関係を解説する。

池の面《おも》に石を投げたときの波紋の拡がりにたとえる。その中心は渦巻きの振動の速度が速く、波長が短く、力の本源から遠ざかるに従い、振動の速度は緩やかになってゆく。ところで渦巻きの起きる中心である波長の短いところは振動が速くて、肉眼には見えない。この眼に見えない中心のところに生命の本体があり、それをとりまいて、その中心に近いところは振動速度の速い波が起こっており、これが霊体であるとし、ここもまだ波長が短いから見えないが、やがて波形が外に拡がって波長が弱まり、肉眼に見えるような動きになってゆくのを、幽体、エーテル体、そして最後に肉体という順序で、順次形姿が明瞭になるとみなす。

なお人が臨終に際して、その〈霊〉はどうなるかについては、つぎのように説明する。

「肉体の死期が近づくと、霊魂は後頭部の下方の〈ぼんの窪《くぼ》〉（首の後ろのくぼんだ所）

のあたりから、『ブスブスブスブス』と、ちょうど煙草《たばこ》の〈喫《す》いがら〉を置いておくと、紫灰色の煙がスウーと立ちのぼりますが、あれみたいに、霊魂の成分が〈ぼんの窪〉あたりから煙のように立ちのぼって、霊体、幽体が肉体から去って行く」（同書、一一八頁）

いかにも具体的な説明をつけ加えるとともに、しかし、この出てゆく霊魂は霊の糸でまだ肉体と繫《つな》がっており、これが日本でいう「玉《たま》の緒《お》」であり、この玉の緒が肉体から完全に切れるとき、肉体の完全な死がくるという（ちなみに、玉の緒の原義は玉に通した緒の意である）。

ところで生長の家でも、死んだ祖霊が子孫をたよって生きている人間にとりすがることのあることを主張する。その祖霊の祟《たた》りについて、

「溺れる者は藁《わら》をも摑《つか》むというわけで、将《まさ》に溺れようとする者が自分が苦しいから、やむを得ず藁をも摑むのと同じで、苦しいので、どこかにすがりたい、すがれば自分が助かると思って頼る。頼られた人も一緒に波にのまれてしまうようなものなんです。決して子孫や縁者をわざと病気にしてやろうというような気持があるのではなく、唯《ただ》苦しさをのがれるために心の限りをつくして呼ぶ。その呼ぶ念波が受信されるために、霊界からの病念を受けてそれが受信者の肉体に具体化するだけのことです」（同書、

一三一頁）

と。したがって、このすがりついてきた霊魂をはらいのけるのに、またここで、『甘露の法雨』を読誦して、「人間は肉体にあらず、物質にあらず」と強調すれば、その霊は悟りを開いて病念が消え、病念を送りこんでくること無しという。他の宗教では、このとりすがってくる霊魂は、生前の遺念余執のためまだ成仏していないためだから、成仏できるよう先祖供養、とりわけ水餓鬼《みずがき》をしてやる必要があると説くところである。

つぎに「物質」の章では、物質は無にして、心の妄念のなすわざであることを巧みな比喩をもって力説する。

「物質は畢竟《ひつきよう》『無』にしてそれ自身の性質あることなし。
これに性質を与うるものは『心』に他ならず。
『心』に健康を思えば健康を生じ、
『心』に病いを思えば病いを生ず。
そのさま恰《あたか》も
映画の舞台面《スクリーン》に
力士を映せば力士を生じ
病人を映せば病人を生ずれども、

映画のフィルムそのものは
無色透明にして本来力士も無く
病人も無く
ただ無色透明の実質《フィルム》の上を蔽《おお》える
印画液によりて生じたる色々の模様《くもり》が、
或は力士の姿を現じ、
或は病人の姿を現ずるが如し」

所詮万事、心の影の投じられたスクリーンに、そのものありとかかずらう人間のあり方を指摘し、われは肉体ではなく、「常住健康永遠不滅なる『生命』」であることを自覚せよとせまる。

『甘露の法雨』と「罪」

昭和六年二月の『生長の家』になると、雅春の自由詩ははじめて「甘露の法雨」なる題をもって出現する。霊感で詩作する雅春にとって、この題名は、ふと感じて浮かんだものであって、意識して『法華経』普門品《ふもんぼん》第二十五（観音経）の一句に観世音《かんぜおん》が、「甘露の法雨を澍《そそ》ぎ給うて煩悩の炎《ほのお》を滅除し給《たま》ふ」とあるのを詩の題にしたのではないとことわっている（「神秘面より観たる生長の家四十年史」『生長の家四十年史』三九頁）。しかし結果的にはこれを読誦すると、「医界難治の奇病・難病が治癒することがあり、霊界の祖先が救われると見えるような奇瑞が屢々《しばしば》ある」（同書、三八頁）ところから『法華経』の意にそっていることを確認するようになる。よってこれは観世音菩薩が一切衆生に甘露の法雨を注がれるのだと解す。そしてやがてこれが、生長の家の京都教化部で経本式折本《きようぼんしきおりほん》という現行の形をととのえるようになる。昭和十年六月のことである。

さて「甘露の法雨」とは本来、どんな意味を備えているのであろうか。甘露とは、梵語《ぼんご》アムリタの訳語で不死天酒の訳もあり、不死の意をもつといい、ヴェーダではソーマ酒のことをさしたという。しかも諸神の常用とする飲み物で、これを飲むと不老不死となるといい、その味が蜜のように甘いといわれるところから甘露という（中村元『新仏教辞典』）。その他ソーマは、ヴェーダ宗教では、アルコールないしその他の幻覚的効果をもった聖なる植物及び神とされ、イスラムのハオマ（Haoma）にあたるともいう。さらにソーマはインドラ神の好みの飲み物で、これを飲むと敵前にのぞんで荒々しさが湧き出ると称す。また、『リグ・ヴェーダ』の第九本では、病気治癒の神ともされ、月（candra 月天《がつてん》）と同一視される。（*Dictionary of Comparative Religion*, 1970）またこれは月読命《つきよみのみこと》の持てる若がえり、生まれかわりの水、変若水《おちみず》に通ずるものであろうか（西郷信綱『日本古代文学史』一二三頁）。

甘露の名は『華厳経』にも出てくる。親鸞は『教行信証』の中で引いている。「華厳経（唐訳巻七七）に曰《いわ》く。汝善知識《なんじぜんちしき》を念ずるに我を生める父母のごとく、我を養ふ乳母の如し、菩提分《ぼだいぶん》を増長す。衆《もろもろ》の疾を医療するが如し。天の甘露をそそぐが如し、日の正道を示すが如し、月の浄輪を転ずるが如し」

といって、導き手の善知識にひたすら帰依することを説いている。

また『古今著聞集《ここんちょもんじゅう》』の巻二、釈教の部にも、蓮花王院《れんげおういん》の兵士がみた夢の中にやんごとなき老僧が出てきて、「この水はほそく見ゆれども、八功徳水《はちくどくすい》、甘露利益《りやく》、含識方便水にてあらんずるぞ。よく〱精進して汲《く》むべきなり」とあり、『無量寿経』の上にも「八功徳水、湛然盈満、清浄香潔、味如甘露」とある。これらでは八功徳水が甘露になぞらえられている。つまり八功徳水とは八種のすぐれた特質・効き目のある水。極楽浄土の池や、須弥山《しゅみせん》を取り巻く七内海に満たされているといわれる。八種の功徳とは、甘く、冷たく、やわらかく、軽く、清らか、無臭、飲むときのどを損せず（飲時不損喉）、飲み終わって腹を痛めず（飲已不傷腹）などの性質をいう（『仏教語大辞典』）。

こうした仏教用語とともに、甘露の名は、人口に膾炙《かいしゃ》せることばとなり、文芸物（読本《よみほん》、浄瑠璃）などにも引かれることばになっており、中国では古来、伝説として天子が仁政を行う、めでたい前兆として天から降る甘い不老不死の霊薬（『日本国語大辞典』）として言い伝えられてきた。この甘露と弥勒下生《みろくげしょう》の期待が重なるとき、世直しによる世の建替《たてか》えが待たれることになる。それが天理教祖中山みきの『おふでさき』では、地場《じば》におけるかんろだい（甘露台）のせき込みとなってあらわれる。つまり、理想世界の実現は天理市の天理教やかたの中心に、天の柱たる（世界の中心）かんろだいが建設されることである（『稿本天理教教祖伝』二二六―二二八頁）。

さて、昭和六年二月の『甘露の法雨』は、「実在」の章ではじまる。「生命は実在の又の名」と称して、実在の生命に求める一種の生命哲学で、

「生命は主にして空間は従なり。
空間の上に投影されたる
生命の放射せる観念の紋《あや》、
これを称して物質と云う。
物質は本来無にして
自性なく力なし」

と、独自の物質観を展開する。つぎの「智慧」の章では、

「智慧はこれ本来神のひかり、
実在に伴う円相的光なり、

それは無量光、無辺光にして局限《かぎり》なし、（略）」
暗夜を照らす光を智慧とおく。しかも、
「神は無量光、無辺光の智慧、
かぎりなき善、
かぎりなき生命、（略）」

ここは、浄土教の阿弥陀仏が無量光、無量寿を意味することにも符合する。しかし絶対者＝神を善とすることには、雅春自身も多少問題を感じとっているものとみえて、その解釈で自問自答している。つまり「神は善であるということはどうして判るか、悪かも知れんじゃないか」と問いかけ、神が善であるという理由として、「吾々が心に描き得る〈最高完全な善〉なるものを吾々は神と称する」という（『新講「甘露の法雨」解釈』二〇四頁）。

これはある意味で、アンセルムス（Anselmus 一〇三三―一一〇九）の神の本体論的証明を思わせるものがある。つまりアンセルムスは、その著『対話録』の中で、神の存在をつぎのように証明する。「最も普遍的なるもの、従って最も完全なるものは、その属性の中に存在性を含まねばならぬ」。というのは、もし存在性を欠くならば、それはもはや最も完全なるものとはいえないからである。ところで神は最も完全なるもの（the most perfect being）である。それゆえ神は存在せねばならぬ、と（淡野安太郎『哲学思想史』七五頁）。

このアンセルムスの表現の「最も完全なもの」の代わりに、谷口の「最高完全な善」を置いてみることもできよう。かくてアンセルムスは「最も完全な」という普遍者の実在を主張する普遍者実念論の立場に立つ。

しかして、谷口はさらに自問して、有限で不完全な人間がどうして「完全なもの」を思い浮かべられるかについては、不完全とみえるこの人間の肉体の奥に、初めから「完全なもの」を孕《はら》んでいるからだとして、

「内部に宿る完全なものを〈神〉とたてて外部に投影する。……本来『自己の内にないもの』は思い浮べようがない。嫩《ふたば》の朝顔にとっては完全な『花』は、……実は種の中に初めからあるのであります。それと同じように吾々の心の中に、神を外にあるかの如く描くのは『外』にあるものを単に想像するのではなくて、自分の〈内に〉すでに〈完全なもの〉があるからそれを心に描くことができ、それを外界に投影（project）するのであります」（『新講「甘露の法雨」解釈』二〇四―二〇五頁）

という。これは、いささかトマス・アクィナス（Thomas Aquinas 一二二七―一二七四）の立場に近いものを思わせる。つまり、普遍者は、かかる実体的形相として、すでに（種なる）個物の中に内在するのであり、しかして、その最高純粋形相こそ神……（未完）

解説

島薗　進

一

谷口雅春（一八九三―一九八五年、一九二九年改名、それまでは「正治」）は新宗教教団、生長の家の創始者として知られる宗教家・思想家である。生長の家教団が近代日本の宗教史に占める位置は小さくない。谷口は昭和以降の日本人の心に大きな刻印を残した人物の一人といってよい。谷口の思想や信仰に導かれて一生を送った人たちは少なくない。そうではない人でも、谷口が広めるのに貢献したものごとの考え方、あるいは谷口が代表するような生き方・感じ方を説明すれば、何か身辺に思い当たる節があるのではなかろうか。

そのように歴史上、重要な人物でありながら、谷口について論じた書物や論文はまことに微々たるものである。たとえば大本教の創唱者の一人である出口王仁三郎について書かれたものの山と比べてみるとき、谷口に対する学問的な関心の低さはいぶかしさを通り越して、不可解ですらある。

本書が雄弁に語っているように、谷口雅春は単に新宗教史という点から見て重要であるだけではない。その劇的で波乱に富んだ人生遍歴とその中での生き方・考え方の曲折そのものが注目に値するような人物である。本書を通して、読者は近代日本という舞台に生きた、一つの個性あるキャラクターに出会うことだろう。著者の意図の一つが、谷口雅春というキャラクターを、彼が生きた時代背景の下に、ヴィヴィッドに描き出そうという点にあったことは確かである。

『生命の實相』自伝篇、頭注版、第十九、二十巻（日本教文社、初刊『超宗教を建つるまで』一九四〇年）や『生長の家五十年史』（日本教文社、一九八〇年）の叙述を踏まえて、伝記のように年を追って叙述する形式をとったのは、そうした意図によるものであろう。著者は谷口の生まれた家のことから話を起こし、少年時代、青年時代と順次筆を進めて、三十八歳の昭和六年（一九三一）頃までに及んでいる。残念なことに、そこで原稿は中断しており、九十一歳でなくなった谷口の後半生については、語られていない。しかし、生長の家の教えと信仰の骨格ができるところまではカバーされており、谷口の生涯の事績のもっとも重要な部分は、ここに述べられているといってよい。

谷口はまことに多くの著作を残しており、その概略をつかむだけでも容易な作業ではない。著者は谷口の著作に広く目を通し、前半生の思想遍歴を余すところなく捉えている。その上に輝子夫人へのインタビューを行い、伝記的事実についての裏付けをも取ろうとしている。本書は谷口雅春の生い立ちと遍歴を語る伝記的物語としても、おおいに読みごたえのあるものである。

二

しかし、本書の魅力は伝記的叙述そのものにあるというよりも、思想や信仰の系譜をたどったり、同時代の他の人々を登場させたりして、谷口の思索の材料や対話の相手の発言にも耳を傾けながら、その思想形成、信仰形成の過程をあとづけたところにある。宗教史や時代思潮というコンテクストの中で、谷口の内面の軌跡が浮き彫りにされていく。

とりわけ明治四十四年（一九一一）に早稲田高等予科に入学してからのおよそ二十年間については、さながら同時代の宗教思想家群像を眺めるかのようである。取り上げられている同時代人の多くは、宗教に深い関心を寄せる知識人である。その主な名前を生年順にあげて、振り返っておこう。

――内村鑑三（一八六一―一九三〇）、木下尚江（一八六九―一九三七）、岡田虎二郎（一八七二―一九二〇）、西田天香（一八七二―一九六八）、綱島梁川（一八七三―一九〇七)、浅野和三郎(一八七四―一九三七)、牧口常三郎(一八七一―一九四四)、有島武郎(一八七八―一九二三)、江渡狄嶺(一八八〇―一九四四)、今岡信一良(一八八一―一九八八)、武者小路実篤(一八八五―一九七六)、賀川豊彦(一八八八―一九六〇)、倉田百三(一八九一―一九四三)――

これらの人物の多くは宗教的であるがゆえに実践的姿勢をもち、頭の中の「思想」や学問的知識に満足できず、大衆運動に関わったか、あるいは関わりかけた人々である。また、産業社会の形成とともに深刻化する社会問題や階級対立を重大な問題と考え、その解決策に思いをこらすとともに、どちらかと言えば個人の心の平安の方に心をひかれながら、自分の生き方を探ろうとした人々である。

読み進むうちに、これらの宗教的知識人が相互に影響しあいながら試みていた、思想的探索の世界に引き込まれていく。同時代が相互刺激の中でこだわっていたテーマがある。「万人の争い合う社会」という認識を具象化した「蛙を呑み込む蛇」というイメージをめぐり、倉田、谷口、西田らの思索が展開していくさまの叙述などは、その良い例である。その意味で、本書は、谷口をめぐる人物群像によって描き出された、明治末から昭和初期にかけてのユニークな思想のドラマの書物といってもよいだろう。

著者の視野はまことに広く、近代思想史を広く見渡しているだけでなく、民俗宗教・神道・仏教はいうまでもなく、日本の古典文芸の世界から、さらにはヨーロッパやアメリカの宗教史、思想史にも及んでいる。とくに、ロマン主義から現代の大衆神秘主義につながるような、神秘主義的な思想、生の哲学、無意識の心理学（力動精神医学）、癒しの大衆運動などが谷口思想の背景として的確に捉えられている。メスメリズムや催眠術のような近代「疑似」医療が宗教史とどのような接点をもつかについての着眼などは、著者ならではの卓抜なものである。

三

本書の叙述は、『生長の家』誌が刊行され、谷口雅春を崇敬する信徒集団が形成され始めたところで終わっている。本書の内容を理解するには、その後の教団をめぐる知識が必須というわけではない。しかし、そうした知識があれば、本書の内容の理解が深まることも確かである。そこでこれから、生長の家とはどういう宗教なのか、谷口雅春はどのような宗教を作ったのか、ということについて、あらまし述べていくことにしよう。

『生長の家』誌の創刊後、数年の間に、信徒の日常的信仰実践や信徒集会の形態、あるいは教義体系の骨格が定まっていく。教団は昭和十年頃までにすでに基礎が据えられ、昭和十年代前半（太平洋戦争中は布教は容易でなかった）、および昭和二十年から三十年代にかけての時期に大発展をとげた。昭和三十年（一九五五）の公称信徒数が約一四六万人、昭和五十年（一九七五）のそれが約二三八万人とされる。教祖が亡くなった直後の平成元年（一九八九）が約八十二万人となっているのは、信徒の資格を明確にして、従来の月刊誌購読者数に代えて、毎月の献資を行う聖使命会会員数を発表するようにしたためである。昭和四十年代以降は、ブラジルなど海外での発展が著しく、一九八〇年代には数十万人の信徒数に達したと言われる。

生長の家は雑誌の購読者の団体として発足した。『生長の家』誌に続いて、女性のための『白鳩』など幾種類かの雑誌が刊行されていく。これらの雑誌を読むこと、また谷口雅春や他の指導者の著作を読むことが信仰活動の重要な要素となっている。谷口が説く「真理」を理解すること、また谷口が伝える言葉に親しむことが、人間本来の幸福な生活を可能にすると信じるのである。「読んで救われる」宗教という点に生長の家の特徴の一つがあるとされる。読むのは一人でもよいが、仲間で読めば理解が増す。そこで、「誌友会」等とよばれる地域の信徒集団ができる。これが、教団組織の末端を支える。教育の普及やメディアの発達という事態を踏まえて、「読む」ことのメリットを最大限に引きだした宗教と言えるであろう。

本や雑誌を読むことと並んで重要な儀礼的実践は、神想観と聖経読誦《とくじゅ》とよばれるものである。神想観は理想的には毎日、朝夜二回、ほぼ三十分をかけて行われる、一種の瞑想法である。本書にも記されているような唱え言葉を唱えながら（黙想でもよい）、自分の心が、清らかで、安らかで、生命力に満ちた状態にあることを思い、そういう方向へ自己誘導していくのである。また、聖経読誦とは、本書の末尾で取り上げられている谷口の詩作品、『甘露の法雨』を先祖に向かって唱え、先祖など霊界に住む霊の安らかならんことを祈るものである。これは人間の霊魂は死後、霊界に行くという信仰、また、霊界にいる先祖やその他の霊的存在がこの世の人間の運命に影響を与えているという信仰に基づいている。大本教の鎮魂帰神の行法によって、またその後の「心霊主義」との関わりで培われた、霊界への信仰がこうした形で生かされている。

この他にもさまざまな行や実践があり、それを身につけるための「練成」とよばれる合宿修行がある。自己中心的な自らのあり方を省みて、涙のうちに悔悟するような場面も、そこでは珍しくない。そのような集団的実践を通して連帯感が築かれ、教団秩序の基盤を作っている。この点で、他の新宗教教団との大きな違いはない。谷口は教祖として崇められることをきらったこともあったが、信徒の間では教祖谷口に対する崇敬は今なお強いものがある。

何よりも信仰生活の目標が、他の新宗教集団と共通である。現世利益を得ながら、この世での幸福な生活を実現しようとするのである。教団の団結が、事実、家族生活の立て直しを助けるであろう。神や仏が個々人の心身のうちで働いており、生命力の源をなすという信仰も共通である。生命の根源ともよぶべき存在すなわち現世内在的な中心神格（神＝仏）を信じ、生命力に満ちあふれたこの世の生活に救いを見る、という現世救済の思想構造を他の新宗教と共有しているわけである。

四

生長の家に特徴的なのは、そうした生命の充溢を「心」の技術的転換を通して得ようとする点、またそれを首尾一貫した体系的存在論と結び付けている点である。ここでは、主に前者について述べていこう。

新宗教には「心なおし」とよぶべき内面形成のシステムが幅広く見られる。自分の心を温かく清らかなものにし、神（仏）的なものに近づけていくことによって、人格を高め救いに至ろうとするものである。この「心なおし」の歴史の中で、生長の家は特異な位置を占める。すなわち他者との関係や、人格的な神との関係の中だけで心というものを捉えるのではなく、それ自体で存在する「意識」として心を捉え、瞑想や言葉の感化作用といった技術的方策によって自らそれに働きかけていくのである。

こうした考え方が、行法として具体化されたものが神想観である。本書は神想観について詳しく述べているが、聖経読誦についてはあまり論じていない。この先の叙述で論じられる予定だったのかもしれないが、おそらく著者は聖経読誦を詳しく論じるつもりではなかったであろう。逆に言えば、神想観にこそ生長の家の特徴があると見ていたわけである。事実、神想観は生長の家の人間観、世界観の特徴、とくに心に対する姿勢の特徴を如実に示す行法と言える。

神想観が代表するような心に対する向き合い方は、心を道徳の次元からさし当たり引き離して考えようとするものである。具体的には心の悪しき状態を「罪」として考えるよりも、たとえば「暗さ」として考える。また、「愛」を神によって心に課された道徳的な義務や規範と考えるよりも、宇宙に遍満する聖なる生命力の現れと観じ、まず自らの心内、体内に感じとろうとする。もはや裁く神を恐れる必要はない。むしろ明るく、恐れのない心を作ることこそ、愛への接近である。そうした意味での愛こそ、幸せと神人合一への第一歩と見るのである。

これは他者との共同にまず目を向けるよりも、自らの心を整えることをまず重んじようとする姿勢ともいえる。もちろん、愛という語を用いるのは、他者との共同を十分に配慮しているからである。しかし、そのためにもさしあたっては孤独な心の調整や自然との一体化に関心が向かうのである。

五

道徳的規範の前に立たされた心から、聖なる生命力の容器としての心へというこの転換は、大正・昭和の日本の大衆思想の大きなテーマとなった。大正末に設立されたひとのみち教団（昭和十二年〈一九三七〉に弾圧され、戦後ＰＬ教団として再興された）にも、その転換の現れを見ることができるはずである。

だが、それはキリスト教国アメリカにおいても、実は大きなテーマになっていた。峻厳なピューリタンの裁く神に対して、人間のこの世での幸せをやさしくアシストしてくれる神や聖なる力の観念が、十九世紀以後のアメリカでは次第に広がっていく。そうした新しい宗教意識を代表する流れが、スピリチュアリズム（心霊主義）やニューソートやクリスチャン・サイエンスである。谷口はこうしたアメリカでの運動にヒントを得て、生長の家の思想に到達した。そして、自ら「光明思想」という大きな世界的宗教思潮の一翼を担うものとの自覚をもっていた。

こうした宗教思想の流れは、その後も衰退するどころではない。むしろ、多様化しつつ、巨大な潮流へと広がっていると見た方がよいだろう。世界的に発展著しいキリスト教のペンテコステ派の運動（信仰の深まりとともに、聖霊が人間の体内に宿り、人間を癒し、変えていくことを期待するもので、聖霊カリスマ運動ともよばれる）の中には、恐れを取り去り、「明るさ」を求めようとする考え方が顕著に見られる。また、「ニューエイジ」や「精神世界」の語でよばれる大衆神秘主義やセラピー的霊性追究の運動（これらを私は、新霊性運動と総称している）では、明るさ志向や思念転換の重視がもっとはっきり出ている。昨今、注目を浴びている日本の新新宗教とよばれる教団の中でも、幸福の科学や真光や白光真宏会などにそうした傾向が強い。

ただし、日本の場合、支配的な宗教伝統と「光明思想」との対照はそれほど明確ではない。生長の家に先だって「陽気ぐらし」を目指す天理教があったこと、また、ニューソート的な瞑想である神想観と、ある種の仏教の瞑想法がよく似ていることは著者が示しているとおりである。にもかかわらず、谷口の解放の体験の中には、アメリカのキリスト教徒の「罪意識からの解放」との共通点が少なくない。谷口の智恵に学ぼうとした日本（そしてブラジルやアジア）の多くの人々の体験も同様であろう。谷口は、現代の宗教思潮の中心的テーマを自らつかみとって、同時代の多くの日本人に示して見せたのだった。

本書が描き出そうとしたのは、こうした新しい世界的潮流に棹さす一つの体系的思想・信仰の日本における誕生の場面である。谷口の体験や考え方が、アメリカの光明思想のそれとどこまで共通のものなのか、どんな違いがあるのか——こうした問題を考えていく上で、本書は多くのヒントを提供している。

生長の家の宇宙論・人間論についてはもちろん、その政治思想や社会観について触れる余裕はほとんどなくなってしまった。ただ、この教団がかつて天皇に対する崇敬を鼓吹し、保守的な政治運動に与したという点だけを指摘しておこう。こうした政治性が、谷口と生長の家に対する一般の関心をかたよった、また限られたものにしてきた一つの要因であるように思えるのである。

そうした政治的立場が、谷口のどのような経験を通して形作られたものなのか、これまで述べてきたような思想や信仰の特徴とそうした立場にどのような関連があるのかといった問題は、本書でもわずかに言及されているだけである。本書のような豊かな叙述を読んだ後でも、谷口雅春について論じるべきことは、まだまだ少なくない。

あとがき

本書は一九九〇年に亡くなられた小野泰博先生の遺稿である。

小野泰博先生は一九二七年、京都府与謝郡加悦町の浄土宗の家に生を享けられ、一九五四年、東京大学の宗教学科を卒業され、大学院に進まれた。その後、医学部で精神医学を学ばれたり、民間宗教のフィールドワークを重ねられたり、図書館学を身につけられたりした。その知識の幅はまことに広く多分野に及んでいた。一九六六年より図書館情報大学（当時、図書館短期大学）の専任教員（後、教授）となられ、図書館学の方面では、『図書および図書館史』（雄山閣出版、一九七八年）、『図書館学の源泉』（小野泰博先生図書館学論文集刊行会、一九九一年）のご著書がある。

宗教学界ではつねに第一線の研究者として活躍されたが、とくに早くから、民間宗教の癒しや新宗教の教祖に興味をもたれ、そうした分野の研究ではまことに豊かな成果をあげられた先駆的存在である。今日、ますます関心が高まっている「癒し」や「カリスマ」の問題に鋭い切り口から切り込み、博識を駆使してしばしば思いがけない視点を提示された。学問分野の枠を越えた多くの業績を残され、今後、宗教社会学、宗教心理学をはじめとする諸分野で、その成果が継承されていくであろう。重要な論文のいくつかは、『「救い」の構造』（耕土社、一九七七年）に収められているが、その他にも数多くの論文がある。R・メイやR・J・リフトンなどの宗教学と精神医学にまたがる領域のものなど、訳書も十冊以上を数える。

谷口雅春研究に取り組んでいるというお話を初めてうかがったのがいつだったか、もう記憶がうすれてしまっている。しかし、遅くとも一九八五年頃には、そろそろ本が出せそうだと話しておられたように覚えている。一九八七年年頭の『中外日報』紙に執筆された「今年私はこれをやりたい」という記事には、「今年は、『谷口雅春氏と生長の家教団』のことをすでにまとめてあるので上梓させていただく」としたためておられる。それ以前、ゆうに五、六年はかかって執筆を進めていらっしゃったのではなかろうか。本書の原稿はすでに十年以上前に書かれたものが主と見てよいだろう。本書の中で、一九八五年に亡くなった谷口雅春が現存の人物として語られているのは、そのためである。

その後、膵臓を病まれて、一九九〇年六月四日、六十三歳で、その温かい人柄と学識を惜しまれつつ、世を去られた。谷口雅春論は遺稿としてノンブル社の竹之下正俊さんの手元に残された。これはぜひとも出版しなければということで、竹之下さんと私は意気投合した。また、図書館情報大学で助手、専任講師として勤務していた宗教学者の星川啓慈さん（後、大正大学助教授）にもいろいろ調べていただいた。ところが、原稿はすべてそろっていなかった。小野先生は生長の家の経営者会員を中心とする組織である「栄える会」の研修会に参加され、その体験を記して結びにもっていきたいと語っておられたが、その部分はなかなか見あたらなかった。竹之下さんとともに、純子夫人のもとにうかがい、出版のお許しを受けるとともに、残りの原稿を探していただいたが、ついに見つからなかった。

本書は昭和六年、谷口雅春が三十八歳のところまで述べてきて、中断した形になっている。その先がどのような展開になっていたのか、今となっては推測の手だてがない。しかし、ここまでだけでも十分な厚みと深みをもった谷口雅春論であることはまちがいない。近代思想史という文脈からも、新宗教研究という文脈からも、あるいは教祖論という文脈からも、きわめて価値の高い労作であると私は考えている。

原稿の整理編集は島薗の責任において行ったが、ノンブル社の竹之下さんと、東京大学大学院の永井美紀子さん（後、帝京大学非常勤講師）の助力に負うところが少なくない。原稿が欠如している箇所は、本書全体の最後の部分以外に、第五章の末尾部分がある。その他にも、まだ書かれたものがあったかもしれないし、書き足されるつもりの部分があったにちがいない。表記法の統一の他、明らかに原稿の誤りと思われるところや文章不明確なところで、修正した箇所がいくつかある。原稿に忠実であることを第一義としたことはいうまでもないが、校正のときに著者が直されたにちがいないと思われる最小限の箇所に筆を加えた。表題は内容を単純明快に指し示すものとして、『谷口雅春とその時代』とした。

引用文については、可能な限り原文に当たるようにした。しかし、博識の著者による引用はまことに多岐にわたっており、チェックができたものは半ばにも満たない。原稿はまとめて保存されていたが、順番が入れ違っていると思われる部分が二カ所ほどあったので、小節単位で適切と思われる箇所に移動した。また、原稿には小節以上のまとまりが示されていなかったので、内容を考慮して、全体を八章に分けた。各章の表題は、その章の中の小節の表題の中から、章全体のテーマとしてふさわしいと思われるものを選び出した。

著者は後に註をつけようと思われたところもあったらしく、註番号だけが残っているところがあったが、削除した。〔　〕による注は島薗の責任で挿入したものである。たくさんの人物名が登場するが、話の筋に関わりが深い人物については生没年を付すようにした。小野先生の原稿にも生没年が付されたものがあったが、編集整理の際に加えたものもある。

生前、小野先生は本書の刊行元として、二、三の出版社と話を進めておられたらしい。

しかし、約束というところまでは至っていなかったようである。本書の原稿の所在が、小野先生をよくご存じの小林英太郎さんの耳に届き、東京堂出版から刊行されることになったのはごく自然ななりゆきだった。原稿整理にお骨折りいただいた竹之下正俊さんとともに、本づくりの仕上げの道を整えていただいた小林さんにお礼を申し上げたい。

刊行の準備にとりかかってから、刊行までに長い時間がかかってしまった。小野先生のみ霊とご遺族、また本書を待望しておられた方々には、怠惰や不手際で刊行が遅れてしまったことをお詫びしなければならない。しかし、刊行時期が遅れたことによって本書の価値に影響が及ぶようなことは、ほとんどないであろう。時の流行を越えて生きうるような厚みのある書物だからである。今後、この本が長く愛読され、参考にされることを期待している。

平成六年十一月

島薗　進

小野泰博（おの　やすひろ）

1927年京都府生まれ。東京大学文学部宗教学科卒業。同大学大学院博士課程満期退学。東京大学医学部研究生、図書館短期大学助教授等を経て、図書館情報大学教授在任中の1990年、63歳で逝去。主な著書に、『「救い」の構造』（耕土社）、『図書および図書館史』（雄山閣出版）、『図書館学の源泉』（小野泰博先生図書館学論文集刊行会）、『日本的宗教心の展開』（共著、大明堂）、『日本宗教事典』（共編著、弘文堂）などがある。

谷口雅春《たにぐちまさはる》とその時代《じだい》

二〇二五年三月一五日　初版第一刷発行

著者　小野泰博
発行者　西村明高
発行所　株式会社 法藏館
京都市下京区正面通烏丸東入
郵便番号　六〇〇-八一五三
電話　〇七五-三四三-〇〇三〇（編集）
〇七五-三四三-五六五六（営業）

装幀者　熊谷博人

印刷・製本　中村印刷株式会社

ISBN 978-4-8318-2691-6　C1114

法蔵館文庫既刊より

価格税別

し-1-1
ポストモダンの新宗教
現代日本の精神状況の底流
島薗進著
一九七〇年代以降に誕生・発展した「新新宗教」の特徴を読み解き、「新新宗教」を日本・世界の宗教状況とリンクさせることで、現代宗教論に一つの展望を与えた画期的試み。
1200円

し-1-2
精神世界のゆくえ
宗教からスピリチュアリティへ
島薗進著
なぜ現代人は「スピリチュアリティ」を求めるのか。宗教や科学に代わる新しい思想を網羅的に分析し、「スピリチュアリティ」の興隆を現代精神史上に位置づけた宗教学の好著。
1500円

い-4-1
仏教者の戦争責任
市川白弦著
仏教者の戦争責任を粘り強く追及し続けた禅研究者・市川白弦の抵抗と挫折、煩悶と憤怒の記録。今なお多くの刺激と示唆に満ちた現代の仏法と王法考察の名著。解説＝石井公成
1300円

い-3-1
日本の神社と「神道」
井上寛司著
日本固有の宗教および宗教施設とされる神社と、神社祭祀・神祇信仰の問題を「神道」との関わりに視点を据えて、古代から現代までをトータルなかたちで再検討する画期的論考。
1500円

さ-1-2
陰陽道の神々　決定版
斎藤英喜著
泰山府君、牛頭天王、金神、八王子、大将軍、盤古大王、土公神など、冥界や疫病、暦や方位などに関わる陰陽道の神々。忘れられてきたもう一つの「日本」の神々を論じる書。
1500円